KB273929

하나님의 막내아들

하나님의 막내아들

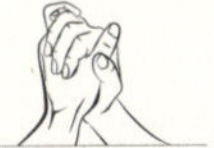

전 능 자 의 그 늘 아 래 머 무 는 인 생   여진구 지음

네 길을 여호와께 맡기라 그를 의지하면 그가 이루시고 시 37:5

규장

그가 너로 말미암아 기쁨을 이기지 못하시며

너를 잠잠히 사랑하시며

너로 말미암아 즐거이 부르며 기뻐하시리라

습 3:17

다시
심장이 뛰다

2013년 7월 26일 금요일 밤 9시.

여느 때와 다름없는 평온한 밤이었다.

저녁 회식을 마치고 귀가하는 길에

기도도 할 겸 집 앞 탄천으로 향했다.

옷을 갈아입을 겨를도 없이

차를 대고 산책로로 내려갔다.

15분쯤 걸었을까.

갑자기 목이 타들어 가기 시작했다.

단순한 갈증이 아니었다.

왼쪽 가슴이 뻐근해지더니,

이내 불에 달군 쇳덩이로 심장을 짓누르는 듯한

끔찍한 압박감이 밀려왔다.
본능적으로 직감했다.

'이건 단순한 통증이 아니다. 위험하다.'

떨리는 손으로 아내에게 전화를 걸었다.
5분 만에 달려온 아내의 차를 타고
분당차병원 응급실로 향했다.

응급실 문을 열고 들어서는 순간,
가슴을 쥐어짜는 통증이 쓰나미처럼 덮쳐왔다.
마침 다가온 간호사에게 힘겹게 입을 뗐다.

"가슴이… 너무… 아파요."

그 말을 끝으로,
마치 영화관의 불이 꺼지듯 눈앞이 캄캄해졌다.
'블랙아웃'(blackout)이었다.
의식이 끊어지는 찰나,
간호사의 다급한 호출이 귓가를 때렸다.

"선생님! 여기 환자분 쓰러지셨어요! 도와주세요!!"

내 심장은 멈췄고, 몸은 바닥으로 고꾸라졌다.

"코드 블루!"

의료진이 다급히 달려들어
사활을 건 심폐소생술을 시작했다.

접수를 마치고 돌아온 아내는
응급실 한쪽이 소란스러운 것을 보았다.
한 의사가 침대 위로 올라가 땀을 뻘뻘 흘리며
누군가의 가슴을 필사적으로 압박하고 있었다.

불길한 예감에 이끌리듯 다가갔다.
축 늘어진 몸 위로 사정없는 전기 충격이 가해졌다.
얼굴을 확인한 아내는 그 자리에 주저앉았다.
사투의 주인공이 바로 나였기 때문이다.

○

그사이 나는 생과 사의 경계를 넘나들었다.
응급실 천장이 보였다가,
칠흑 같은 암흑 속으로 추락하기를 반복했다.
사람들의 다급한 얼굴이 파편처럼 스쳐 지나갔다.

"환자분! 정신 차리세요! 눈 뜨세요!!"

의료진의 외침이
메아리처럼 멀어졌다 가까워졌다 했다.
심장충격기가 '빵' 하고 터질 때마다
내 몸은 허공으로 튀어 올랐다.

기적적으로 가느다란 호흡이 돌아왔지만
여전히 위태로운 상태였다.
의료진은 촌각을 다투며 나를 수술실로 옮겼다.

수술실 앞, 보호자로 홀로 남겨진 아내는
정신이 번뜩 들었다.

**'이렇게 울고만 있을 때가 아니야.
기도해야 해. 나 혼자서는 감당할 수 없어.'**

아내는 터져 나오는 눈물을 삼켰다.

혹여 울면 하나님이 믿음 없게 보실까 봐,

목구멍까지 차오르는 비명을 억누르며

제발 살려만 달라고 하나님께 매달렸다.

무너져 내리는 마음을 간신히 부여잡고

목사님과 지인들에게 비상 연락을 돌렸다.

잠시 후, 내과 의사인 셋째 형님과

지인 10여 명이 달려왔다.

수술실 앞 복도는 이내 간절한 중보기도로 가득 찼다.

ㅇ

내 육신이 생사를 오가는 아비규환의 순간,

내 영혼은 차원이 다른 세계로 진입하고 있었다.

그것은 희미한 꿈도, 환상도 아니었다.

빛과 어둠이 격돌하고,

내 영혼을 노리는 검은 그림자와

이를 막아내는 기도의 불빛이 교차하는

치열하고도 실재적인 영적 전쟁터였다.

나는 똑똑히 보았다.
우리가 발 딛고 사는 이 땅보다
더 생생하고 냉혹한 영적 세계가 존재함을.

눈을 떴을 때, 나는 중환자실에 누워 있었다.
의사는 '천운'(天運)이라고 했다.
멈췄던 심장이 수십 번의 전기 충격을 견디며
다시 뛰는 건 기적에 가깝다고.

하지만 나는 알았다.
하나님이 나를 이 땅으로 다시 돌려보내신 것임을.
아직 해야 할 일이 남았기에
생명의 시간을 연장해 주신 것임을 말이다.

그날의 사건은
내 신앙의 차원을 송두리째 바꿨다.
하나님은 나를 더 깊은 영적 세계로,
더 치열한 사명의 현장으로 밀어 넣으셨다.

다시 뛰기 시작한 심장은 이제 내 것이 아니다.
호흡이 다하는 날까지,

나는 이 '덤'으로 얻은 시간을

오직 그분의 뜻을 흘려보내는 데만 쓸 것이다.

이 책은 죽음의 강을 건넜다 돌아온

한 평범한 신자의 기록이자,

한때 탕자로, 무늬만 그리스도인으로 살았던

고집 센 영혼을 끝까지 추격하여

기어이 당신의 심장을 가진 사명자로 세우신

하나님의 집요한 사랑 이야기다.

철저히 깨지고 부서져 '빈 항아리'가 된 내 안에,

하나님이 어떻게 당신의 기적을

채우고 흘려보내셨는지를 보여주는 생생한 증언이다.

이제, 내 삶의 진짜 주인이 써 내려가신

그 기적과 반전의 드라마를 시작하려 한다.

여진구

PART 2   광야, 무릎으로 통과하다

PART 1

성령님을
만나다

chapter 01

너는 내 아들이다

너희는 다시 무서워하는 종의 영을 받지 아니하고
양자의 영을 받았으므로 우리가 아빠 아버지라고 부르짖느니라

롬 8:15

생애 첫 가출

5형제 중 막내로 태어난 나는 부모님의 지극한 사랑 안에서 유년 시절을 보냈다. 육신의 아버지와 서먹하거나 관계가 어려워, 하나님을 '아버지'라 부르는 것조차 어색해하는 이들을 보곤 한다. 그런 면에서 나는 더할 나위 없는 복을 받았다. 아버지의 헌신적인 사랑이 내 안에 단단히 자리 잡고 있기 때문이다.

그 사랑의 깊이를 온몸으로 체험했던, 중학교 1학년 때의 일이 지금도 기억에 선명하다.

철없을 때라 학교에서 이런저런 사고를 쳤다. 한번은 참다못한 담임 선생님이 당장 부모님을 모셔 오라며 엄포를 놓으셨다. 눈앞이 캄캄했다. 혼나는 것이 두려워서가 아니라 나를 믿어주시는 부모님이 선생님 앞에서 고개를 숙이셔야 한다는 사실을 견딜 수 없었다.

'어떻게 부모님을 학교에 오시게 하나….'

도저히 집으로 향할 용기가 나지 않았다. 부모님께 큰 불효를 저질렀다는 자책감이 발길을 무겁게 붙들었다. 한참을 서성이며 망설이다가, 결국 귀가하는 대신 그 길로 곧장 가출을 선택했다.

거리를 떠돌았지만 마땅히 갈 곳이 없었다. 한두 시간 동네를 배회하다 무작정 버스에 올라탔다. 당시 집이었던 성북 시장을 지나 우이동과 서울역을 오가는 버스였다. 맨 뒷좌석 구석에 몸을 파묻고 창밖만 하염없이 바라보았다. 버스가 몇 번이나 회차하는 동안 밤은 점점 깊어만 갔다.

막차 시간이 되어 버스에서 내렸는데 버스비를 내고 나니 수중에 돈도 거의 없었다. 당시는 12시 통행금지가 있어서 방범대원에게 걸릴까 두려워 나는 눈앞에 보이는 우이동 산길로 무작정 들어갔다. 멀리서 방범대원들의 호각 소리가 들렸다. 들키지 않으려 수풀 사이로 몸을 숨기고 숨죽이고 있었다. 배도 고프고, 무섭고, 추웠다.

어둠 속에서 사각거리는 벌레 소리와 산짐승의 울음소리가 들릴 때마다 머리카락이 쭈뼛 섰다. 뜬눈으로 지새운, 내 생애 가장 길고 고통스러운 밤이었다.

새벽 4시, 통금이 풀리자마자 산에서 내려왔다. 여전히 갈 곳이 막막했다. 벤치에 앉아 해 질 무렵까지 오가는 등산객만 멍하니 바라봤다. 흙투성이 얼굴에 눈물 자국으로 얼룩진 내 꼴은 영락없는 거지였다. 꼬박 하루를 굶어 기력조차 없었다. 하지만 다시 무서운

산속에서 밤을 보낼 수는 없었다.

'어떡하지….'

주머니를 뒤져보니 딱 20원이 있었다. 공중전화 부스로 들어가 떨리는 손으로 집에 전화를 걸었다. 나중에 안 사실이지만, 집안은 발칵 뒤집힌 상태였다. 학교 간 막내아들이 밤새 돌아오지 않으니 경찰에 신고하기 직전에 전화벨이 울린 것이었다.

신호가 가자마자 아버지의 다급한 목소리가 들렸다.

"여보세요?"

"…."

순간, 참았던 눈물이 터져버렸다. 아무 말도 할 수가 없었다. 잠시 정적이 흐른 뒤에 아버지가 물으셨다.

"진구냐? 지금 어디냐?"

입술을 깨물며 간신히 대답했다.

"여기… 6번 버스 종점 앞…이요."

아버지는 짧고 단호하게 말씀하셨다.

"거기, 꼼짝 말고 있거라."

전화를 끊고 주저앉아서 살았다는 안도감과 혼날 것에 대한 두려움으로 펑펑 울었다.

30분쯤 지났을까, 택시 한 대가 어둠을 가르며 산 초입으로 올라왔다. 부모님이었다. 차에서 내린 아버지는 나를 향해 단숨에 달려오셨다. 나는 몸을 잔뜩 웅크렸다. 등짝을 맞든 따귀를 맞든, 크게 혼날 것을 피할 수 없을 거라 생각했다.

그런데 아버지는 나를 보자마자 와락 끌어안으셨다. 마치 돌아온 탕자를 맞이하는 성경 속 아버지처럼. 당신의 겉옷을 벗어 내게 덮어주시고, 거친 손으로 내 눈물을 닦아주셨다. 그리고 아무 말씀 없이 당신의 볼을 내 차가운 볼에 비비셨다. 나도 아버지 품에 안겨 목 놓아 울었다. 너무 감사하고 죄송했다.

집으로 가는 택시 안에서도 아버지는 나를 품에서 놓지 않으셨다. 그때 내 볼 위로 뜨거운 것이 툭 떨어졌다. 아버지의 눈물이었다.

"감사합니다… 감사합니다…."

눈을 감고 기도하시던 아버지의 그 뜨거운 눈물과 떨리던 목소리를 평생 잊을 수 없다.

그날의 기억은 내 신앙의 가장 단단한 뿌리가 되었다. 가출한 죄인을 조건 없는 사랑으로 맞아주신 육신의 아버지를 통해, 하나님께서도 나를 그렇게 품어주실 거라는 믿음이 내 영혼에 깊이 각인되었다.

훗날 복음을 깨닫고 나서야 알았다. 아버지의 그 눈물이 바로 우리를 향해 흘리신 하나님의 눈물이었다는 것을.

지금도 기도할 때면 그날의 뜨거운 눈물이 내 볼에 닿는 듯하다. 나는 여전히 그날의 막내아들이 되어 하나님 품에 안긴다.

우리는 연약하여 매일 죄를 짓는다. 그럴 때 도망가거나 숨어서는 안 된다. 모른 척한다고 해결될 일도 아니다. 그 즉시 하나님 앞에 "제가 잘못했습니다"라고 인정하며 납작 엎드려야 한다.

많은 이가 잘못을 스스로 해결하고, 어느 정도 온전한 상태를 갖춘 뒤에 주님 앞에 나아가겠다고 말한다. 거룩한 모습으로 포장한 뒤에 비로소 하나님을 뵐 면목이 선다고 생각하기 때문이다. 하지만 우리에겐 스스로를 씻어낼 힘도, 방법도 없다.

몸을 씻고 격식을 갖춰 나아갈 필요가 없다. 죄를 깨닫는 순간, 더러운 누더기를 걸친 모습 그대로 주님께 달려가라. 주님은 우리의 깨끗한 의복이 아니라, 상하고 통회하는 그 중심을 기다리신다.

나는 지금도 삶의 자리에서 크고 작은 잘못을 저지르곤 한다. 그리고 그 잘못을 스스로 깨닫는 즉시, 하나님 앞에 나아가 이실직고 한다.

"하나님, 제가 또 넘어졌습니다. 잘못했습니다. 용서해 주세요."

그러면 나를 품으시는 주님의 따뜻한 온기가 전해진다. 그때 그분과의 관계가 더 깊고 단단해진다.

내가 하나님과의 친밀함을 갈망하는 이유는, 신앙의 본질이 어떤 행위가 아닌 하나님과 맺는 '생명적 관계'에 있기 때문이다.

혹여 육신의 부모로부터 받은 상처 때문에 하나님께 나아가길 두려워하는 이가 있다면, 부디 육신의 부모와 하늘 아버지를 분리하여 바라보기를 권한다. 당신을 조건 없이 용서하고 사랑하시는 '진짜 아버지'를 만나야 한다. 그분과 새로운 관계를 쌓아가야 한다.

물론 공의의 하나님을 아는 것도 중요하지만, 내가 경험한 하나님은 공의보다 사랑 쪽으로 조금 더 기울어 계신 분인 것 같다. 만일 그분이 사랑과 똑같은 무게의 공의로 우리를 심판하셨다면, 과연 이 땅에 살아남을 자가 누가 있겠는가!

오래 참으시는 사랑, 그 끝없는 용서의 은혜를 깊이 경험하는 것. 그것이 하나님과 친밀해지는 첫걸음이다.

God First

부모님에게서 배운 삶의 대원칙은 명확했다. 바로 'God First', 하나님 우선주의다. 두 분은 막내아들인 내 요구라면 웬만한 건 다 들어주셨지만, 이 영역만큼은 결코 타협이 없으셨다. 한 치의 양보도 없는 준엄한 원칙이었다.

부모님은 주님께 언제나 최고의 것, 가장 처음 것을 드리는 삶을 몸소 보이셨다. 하루의 시작과 끝을 기도로 채우셨고, 주일성수는 목숨처럼 소중히 여기셨다. 모든 생각과 행동의 중심에는 늘 하나님이 계셨다.

주일 아침이면 어머니는 평소와 전혀 다른 사람이 되셨다. 화장대 앞에 정갈하게 앉아 고운 단장을 하시고, 전날 정성스레 다려놓은 가장 좋은 옷을 꺼내 입으셨다. 평소의 수수한 모습은 온데간데없어서 "엄마, 어디 선이라도 보러 가세요?"라고 장난 섞인 농담을 던지면 수줍게 웃으며 대답하셨다.

"하나님 뵈러 가는데, 당연히 예쁘게 하고 가야지."

헌금 역시 늘 깨끗한 새 돈을 미리 준비하셨고, 신권이 없을 때는 다리미로 지폐를 빳빳하게 다려 봉투에 넣으셨다. 수입이 생기면 가장 먼저 하나님의 몫을 구별해 떼어놓으셨다. 나의 첫 월급날 역시 예외는 아니었다.

"진구야, 봉투째 가져오너라. 첫 열매는 온전히 하나님의 것이야."

나는 월급을 구경도 못 하고 고스란히 어머니께 드려야 했다. 하지만 주일예배 때 내 이름으로 첫 예물을 올려드리며 아이처럼 기뻐하시는 어머니의 모습을 보며 나 역시 가슴 벅찬 뿌듯함을 느꼈다.

어린 시절, 주일에는 학원이나 학교 행사에도 갈 수 없었다. '주일은 온전히 하나님께 드리는 안식일'이라는 부모님의 철칙 때문이었다(덕분에 공부를 안 해도 돼서 내심 좋았다). 그런 엄격한 훈련 덕분에 나는 주일을 생명처럼 지키는 아이로 자랐다.

초등학생 시절, 하나님은 내게 주일성수 훈련을 아주 집중적으로 시키셨다. 어린 마음에 딴청을 피우고 싶을 때가 왜 없었겠는가. 하지만 그럴 때마다 내 몸에는 독특한 경고등이 켜졌다. 예배를 대충 때우고 친구들과 신나게 놀고 들어온 날이면, 어김없이 몸에 탈이 났다. 희한하게도 꼭 엉덩이에 종기가 났다. 한번 나면 일주일 내내 앉지도 서지도 못하고 끙끙 앓아야 했다.

처음에는 그저 우연인 줄 알았다. 그런데 가만히 보니 일정한 패턴이 있었다. 꼭 주일을 온전히 지키지 않은 채, 친구들과 어울려 돈을 쓰며 세상 놀이와 재미에 빠져 돌아다닌 날에만 종기가 돋았다.

'정말 내가 주일을 어겨서 하나님이 경고하시는 걸까?'

궁금했다. 우연인지 필연인지 직접 확인해 보고 싶었다. 당돌하게도 하나님을 시험해 보기로 마음먹었다.

어느 주일, 작정하고 꾀를 부렸다. 아침 일찍 교회에 가서 눈도장만 찍고 몰래 빠져나왔다. 친구들을 만나 오후 내내 수영장에서 물장구를 치고, 떡볶이와 달고나를 사 먹으며 실컷 놀았다.

밤늦게 집에 들어올 때까지 아무 일도 없었다. 월요일, 화요일, 수요일이 지났지만, 멀쩡했다.

‘역시 우연이었구나.’

하지만 방심은 금물이었다. 목요일 아침, 눈을 떴는데 엉덩이 부위가 묵직했다. 손을 대보니 이전의 종기와는 차원이 달랐다. 화산처럼 벌겋게 부풀어 오른 종기는 주위까지 시뻘겋게 번져 있었다. 당시 만병통치약이라 불리던 ‘이명래고약’조차 아무런 소용이 없었다.

결국 어머니 손에 이끌려 피부과로 향했다. 의사 선생님은 고개를 저으며 당장 시술해야 한다고 했다. 마취도 없이 생살을 찢는 시술이 시작되자, 나는 병원이 떠나가라 비명을 질렀다. 시술 후에도 퉁퉁 부어오른 엉덩이 때문에 2주 가까이 고생했다.

극심한 고통 속에서 성령님이 내 마음을 조명해 주시는 것을 깊이 느꼈다. 주님이 내 영혼에 이런 마음을 부어주시는 것 같았다.

‘너는 내 아들이다. 내가 너를 사랑한다. 그러니 곁길로 가지 마라.’

신기하게도 두려움보다 안도감이 밀려왔다. 다른 친구들은 똑같이 놀러 다녀도 멀쩡한데, 하나님은 유독 나만 콕 집어 간섭하고 계셨다. 그것은 구속이 아니라 특별한 사랑이었다. ‘너는 내 아들’이라는 확실한 인증이었다. 나는 하나님께 감사 기도를 드렸다.

엉거주춤한 자세로 부모님께 자초지종을 털어놓자, 아버지는 박장대소하시며 나를 꼭 안아주셨다.

"진구야, 축하한다! 하나님께서 너를 친히 인치셨구나. 너를 향한 사랑이 그토록 각별하다는 증거니 감사하거라."

비록 극한의 고통이었지만, 그 종기의 흉터는 내게 평생 지워지지 않을 '언약의 흔적'이 되었다.

히 12:8

그날 이후, 하나님 아버지는 우리가 더 큰 죄의 수렁으로 빠지지 않도록, 아프지만 확실한 사랑의 울타리를 치신다는 사실을 깨달았다. 징계 없는 신앙생활이야말로 진짜 위기라는 것도 배웠다.

하나님의 경고를 즉각 알아채고, 죄에서 돌이켜 그분의 품으로 파고드는 것이 진짜 복된 삶임을, 나는 엉덩이에 남은 흉터를 통해 영혼 깊이 새겼다.

아버지의 축복

2022년 3월 15일, 아버지이자 영적 거목이셨던 여운학 장로님은 90년의 생애를 마감하고 하나님 품에 안기셨다. 아버지를 떠올리면 가장 먼저 떠오르는 모습이 있다. 장성한 막내아들의 머리에 손을 얹고, 민수기 말씀으로 축복해 주시던 아버지.

아버지는 이 말씀을 입술에 달고 사셨다. 기회만 닿으면 나를 축복하셨고, 나 역시 그 시간이 좋아 수시로 아버지 품을 파고들었다.
"아버지, 저 기도해 주세요."
그렇게 아버지 앞에 머리를 들이밀 때면, 아버지는 인자한 미소를 지으며 내 머리 위로 따뜻한 손을 얹으셨다. 어린 시절에는 그저 나를 향한 사랑의 표현이라 여겼지만, 훗날 이것이 얼마나 위대한 축복의 통로인지 깨달았다. 그 비밀은 이어지는 27절에 숨어 있었다.

부모가 주의 이름으로 자녀를 축복하면, 하나님께서 그 기도를 들으시고 직접 복을 내리시겠다는 엄중한 약속이다. 우리는 '만인 제사장 시대'를 살고 있다. 가정의 영적 제사장인 아버지와 어머니가 그 권위로 자녀의 머리에 손을 얹을 때, 하늘의 문이 열린다.

돌이켜보면, 지금의 나는 부모님의 치열한 영적 전쟁 덕분에 존재한다. 가문의 묵은 쓴 뿌리였던 제사 문화를 온몸으로 막아내신 어머니의 눈물과 틈날 때마다 내 머리에 손을 얹으신 아버지의 축복이 나를 지탱해 왔다. 그래서 나 또한 내 자녀들에게 그 축복을 고스란히 흘려보내려 애쓴다.

자녀에게 어떤 값진 것을 남겨주어야 할까? 세상에서 살아남는 기술이나 부를 축적하는 방법일까? 아니다. 우리가 전해줄 유일하고도 영원한 유산은 오직 '믿음'뿐이다. 하나님이 우리를 얼마나 사랑하시는지, 그분이 기뻐하시는 예배가 무엇인지를 가르쳐야 한다. 말이 아닌 삶으로 말이다.

자녀는 부모의 등을 보고 자란다. 부모가 오늘 흘린 눈물과 기도의 뒷모습이 자녀의 내일을 만든다. 내가 아버지의 생애를 통해 전수받은 최고의 유산은 로마서 8장 28절이다. 아버지는 이 말씀을 가장 사랑하셨고, 입에 붙도록 줄여서 '롬팔이팔'이라 부르셨다. 이 용어의 창시자가 바로 여운학 장로님이시다.

우리가 알거니와 하나님을 사랑하는 자 곧 그의 뜻대로 부르심을 입은 자들에게는 모든 것이 합력하여 선을 이루느니라 롬 8:28

아버지는 '합력하여 선을 이루시는 하나님'을 신뢰하는 법을 온몸으로 보여주셨다. 억울한 일을 당하거나 감당하기 힘든 시련을 만날 때도 아버지는 기어이 '감사'를 선택하셨다. 그리고 남을 원망하거나 불평하는 법이 없으셨다. 인간이기에 흔들리는 순간이 왜 없으셨겠는가. 하지만 그때마다 아버지는 오뚝이처럼 다시 일어나 외치셨다.

"롬팔이팔!"

그것은 단순한 주문이 아니라 모든 것이 합력하여 선이 될 것이라는 결연한 믿음의 선포였다. 아버지는 늘 고백하셨다.

"하나님이 이 일을 통해 나를 훈련하고 계신다. 잘 훈련받아서 하나님의 일을 더 잘 감당하자."

아버지는 말씀 그 자체가 되어 사셨다. 소천하시기 직전까지 성경 2천여 절을 암송하셨을 만큼 말씀을 향한 열정이 지극하셨다. 연세가 들어 기억력이 희미해지자, 아버지는 아침에 눈을 뜨면서부터 잠들 때까지 온종일 말씀을 읊조리셨다. 잊지 않기 위한 처절하고도 거룩한 몸부림이었다.

말씀 암송과 감사의 능력으로 삶을 채우신 '말씀 한평생.' 늘 말씀 안에 거하셨던 아버지의 뒷모습이야말로, 내가 물려받은 가장 위대하고도 배부른 유산이다.

어머니 고 배정희 권사님, 아버지 고 여운학 장로님

어머니의 기도

어머니를 떠올리면 가장 먼저 기도의 자리가 그려진다. 어머니의 하루는 언제나 기도로 시작되었다. 새벽 4시 30분이면 어김없이 일어나 단정히 채비를 마치고, 5시 정각이면 우리 집 2층에 마련된 기도실 문을 여셨다. 찬송가 2곡을 부르고 성경을 3장씩 소리 내어 읽으신 뒤에야 비로소 기도가 시작되었다.

어머니는 정겨운 경상도 억양으로 하나님께 조곤조곤 말을 거셨다.

"하나님, 제가요, 오늘 이런 일이 있었는데요, 속이 좀 상했어요."

어린 마음에 나는 늘 궁금했다.

'도대체 저 방에 누가 있는 거지?'

문밖에서 듣기에 어머니의 목소리는 마치 누군가와 마주 앉아 정답게 대화하시는 듯했다.

어느 새벽, 잠결에 화장실에 다녀오다 기도실 앞을 지나게 되었다. 문틈으로 새어 나오는 어머니의 낮은 목소리에 발길이 멈췄다. 가만히 들어보니 누군가에게 내 일상을 낱낱이 이르시는 게 아닌가!

"어저께요, 우리 막내 진구가 말을 안 듣고 학원도 빼먹었어요. 제발 말 좀 잘 듣게 고쳐주세요."

'기도실에 아버지가 계시나?'

슬쩍 들여다보니 방 안에는 어머니뿐이었다. 어머니는 보이지 않는 하나님께 삶의 작은 부분까지 미주알고주알 보고하고 계셨다.

‘참, 별걸 다 이야기하시네.’

학교에 다녀와서, 나는 어머니에게 따지듯 물었다.

“엄마, 하나님은 다 아시는 분인데 뭘 그런 것까지 다 얘기해!”

어머니는 대꾸 없이 그저 빙그레 웃기만 하셨다. 하지만 그 기도 소리는 내게 가장 달콤한 자장가였다. 기도실에서 나지막이 들려오는 어머니 음성과 은은한 찬송을 들으면 마음이 놓였다.

‘엄마의 기도가 나를 지켜주고 있구나.’

그 믿음은 내 유년 시절을 지탱해 준 가장 든든한 울타리였다.

철없이 밖으로 나돌던 청년 시절에도 마찬가지였다. 밤새 친구들과 어울리다 동틀 무렵 집에 들어와 방에 누우면, 어김없이 문지방 너머로 어머니 목소리가 들려왔다.

“아부지, 막내가 아직도 정신을 못 차리고 세상에서 놀다 옵니다. 얘를 어쩌면 좋겠습니까!”

피식 웃음이 났다. 나는 이불 속에서 어머니에게 이야기했다.

“엄마! 나 들으라고 일부러 크게 기도하는 거죠?”

어머니의 기도실은 누구에게도 말할 수 없는 속마음을 털어놓는 하나님과의 은밀한 성소이자, 무거운 삶의 숨통을 틔워주는 유일한 통로였다. 내 이야기뿐 아니라 차마 털어놓기 힘든 가슴속 응어리까지, 그 방에서 모든 것을 하나님 앞에 토해내셨다. 평소에는 조금도 힘든 내색을 보이지 않으시던 강인한 분이었지만, 오직 그 방에서만큼은 하나님 아버지를 붙들고 모든 짐을 내려놓은 뒤에야 비로소 평안을 얻어 나오시곤 했다.

나는 결혼할 때 한 가지 확고한 조건이 있었다. '어머니처럼 기도하는 여자'를 만나는 것. 정작 나는 기도하지 않으면서 욕심은 컸다. 그러다 지금의 아내를 만났다. 감사하게도 아내는 어머니가 하시던 그대로, 새벽을 깨워 기도하는 사람이었다. 내 삶의 배경음악이던 어머니의 기도 소리가 지금은 아내의 기도 소리로 이어졌다.

부모님이 살아계실 때, 우리 부부와 같은 아파트 단지에 사신 적이 있다. 어머니는 화요일마다 아내를 부르셨다.

"새아가, 나랑 같이 교회 가자."

고부의 데이트 장소는 늘 교회 기도실이었다. 하루는 아내가 그곳에서 있었던 일을 들려주었다.

그날은 평소와 달리 조금 널찍한 기도방에 함께 들어갔다고 한다. 멀찍이 떨어져 자리를 잡고 눈을 감았는데, 옆에서 어머니의 목소리가 들려왔다.

"하나님, 제가 급한 일이 있어서 그 일 먼저 처리하고 오느라고 좀 늦었습니다. 정말 죄송해요."

누구랑 대화하시나 싶어 눈을 떠보니, 어머니는 눈을 꼭 감은 채 허공을 향해 고개를 숙이고 계셨다. 마치 하나님이 바로 앞에 앉아 계신 것처럼 너무나 송구스러운 표정으로. 아내는 그 모습에 마음이 숙연해졌다고 했다. 형식이 아닌, 하나님과 진짜 '생명적 교제'를 누리는, 살아있는 기도를 본 것이었다.

에스더 같은 여인

어머니는 하루 세 번, 정해진 시간에 기도하셨다. 새벽 5시, 정오, 그리고 잠자리에 들기 전. 그 기도 습관은 내게 최고의 유산이 되었다. 시시콜콜한 것까지 하나님께 다 말씀드리는 어머니의 모습이 곧 내 기도가 되었고, 내 삶의 원형이 되었다.

어머니가 소천하신 후에야 깨달았다. 어머니의 기도가 내 삶을 지탱하는 얼마나 든든한 기둥이었는지를. 어머니를 여의고 한동안은 기도할 때마다 영적인 공허함에 시달렸다. 나를 감싸고 있던 거대한 보호막 하나가 사라진 느낌이었고, 기도가 허공을 맴돌다 힘없이 툭 떨어지는 듯한 기분이었다. 나를 위해 단 한 순간도 쉬지 않던 최고의 중보자, 어머니 기도의 빈자리가 너무나 크게 느껴졌다.

어머니 유품을 정리하다 낡은 일기장을 발견했다. 평생 써 내려간 노트에는 어머니의 깊은 속내와 삶의 애환이 고스란히 담겨 있었다. 가족 문제로 힘겨웠던 시절의 비통한 심정이 시(詩)가 되어 적혀 있었다. 글자마다 억울함, 분노, 슬픔이 꾹꾹 눌러 담겨 있었다.

하지만 놀랍게도, 모든 문장의 끝은 한곳을 향했다. 마른 눈물 자국 위로 번진 고백은 결국 '십자가'였다.

어머니의 일기장을 읽으며 많이 울었다. 오직 하나님 앞에 무릎 꿇으며 그 모진 세월을 견뎌낸 한 여인의 처절한 심정이 활자 너머로 전해졌기 때문이다.

어머니는 선교사의 심정으로 시집을 오셨다. 당시 아버지 집안은 불교와 유교적 가풍이 강했고 1년에도 몇 번씩 제사가 돌아왔다. 결혼 초에는 뭣 모르고 제사 자리에 앉았지만, 어머니는 제사 음식을 입에 대지 않으셨다. 거의 금식하다시피 하며 버티셨다. 그러다 우리 형제들이 태어나면서 어머니는 결단하셨다.

'내 아이들만큼은 제사에 참여시킬 수 없다.'

그 일로 집안이 발칵 뒤집혔다. 평소에도 '예수쟁이'라고 탐탁지 않아 하던 친척들의 비난이 빗발쳤다. 하지만 어머니는 물러서지 않았다. 어머니의 심정은 에스더와 같았다.

'죽으면 죽으리라.'

집안에서 쫓겨나고 이혼을 당하는 한이 있어도, 자식들을 우상 앞에 절하게 할 수는 없다는 일사각오였다.

아버지는 결국 아이들의 뜻을 묻기로 하셨다. 강제로 시키지 않고 자유 의지에 맡기겠다고 공표하셨다. 그런데 형제들의 의견이 나뉘었다. 나와 몇몇 형은 어머니의 눈물을 보았기에 제사에 가지 않겠다고 선언했고, 다른 형들은 아버지의 뜻을 따라 제사에 참여하기도 했다. 그 후로도 핍박은 계속되었지만, 어머니는 기도실에 머

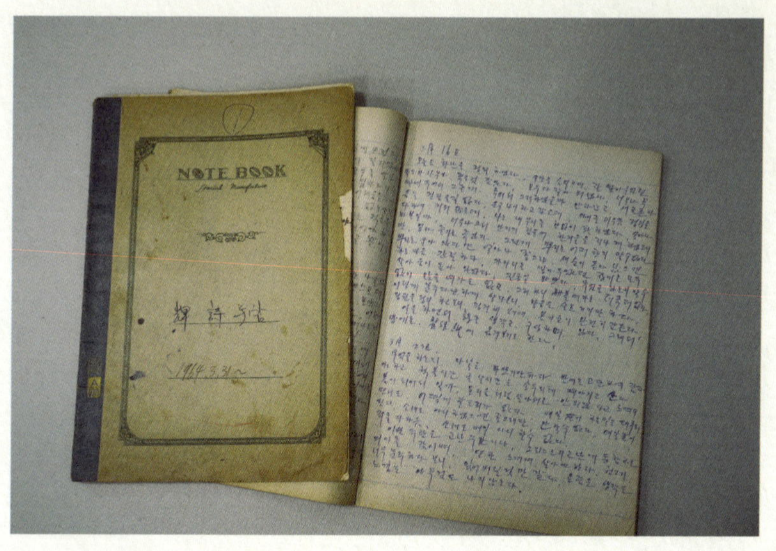

어머니의 낡은 일기장

물며 모든 풍파를 견뎌내셨다.

그 눈물의 기도가 마침내 가문의 영적 흐름을 바꿨다. 몇 년 뒤 아버지가 하나님 품으로 돌아오셨고, 대대로 내려오던 제사 문화는 서서히 자취를 감췄다. 아버지는 친척들을 한 명씩 전도하셨고, 이후 우리 가문에 목사와 선교사가 배출되는 축복이 이어졌다.

누구나 남에게 보이지 않는 아픔이 있다. 중요한 건, 그 고난을 '믿음의 눈으로 읽어내느냐'이다. 그 아픔을 믿음 안에서 해석하고 풀어내느냐, 아니면 평생 억울함 속에 사느냐에 따라, 상처가 사명이 되기도 하고 삶이 지옥이 되기도 한다.

어머니는 기도하지 않고는 견딜 수 없는 삶의 고비마다 기도의 끈을 더 강하게 붙들고, 십자가 아래서 그 시간을 통과하셨다.

어머니가 소천하신 지 얼마 되지 않아 꿈을 꾸었다. 꿈속에서 어머니는 당신이 섬기던 교회 본당의 긴 의자에 평온히 앉아계셨다. 내가 다가가 물었다.

"엄마, 왜 여기 계세요?"

어머니가 나를 보고 환하게 웃으셨다. 그러고는 어머니의 모습이 눈부신 금가루처럼 흩어지더니, 본당 강대상을 타고 올라가 천장에 있는 커다란 십자가 너머 하늘로 사라지셨다.

잠에서 깼을 때, 말할 수 없는 평안함이 밀려왔다. 어머니가 천국에 잘 도착하셨다고, 하늘에서도 여전히 나를 위해 중보하고 계신

다고 알려주시는 것 같았다. 그날 이후, 어머니의 빈자리로 인한 시
린 허전함은 하늘 소망으로 조금씩 채워지기 시작했다.

chapter 02

터진 웅덩이

내 백성이 두 가지 악을 행하였나니 곧 그들이 생수의 근원 되는 나를 버린 것과
스스로 웅덩이를 판 것인데 그것은 그 물을 가두지 못할 터진 웅덩이들이니라

렘 2:13

중독의 사슬이 끊어지다

'부모님의 신앙'이라는 든든한 울타리 안에서 자랐지만, 청년 시절의 나는 그 울타리를 수시로 넘나들며 꽤 오랜 방황기를 보냈다.

그중에서도 술과 담배는 도무지 떨어지지 않는 질긴 악연이었다. 모태신앙인으로서 술을 끊어야 한다는 영적 부채감이 늘 가슴 한구석을 무겁게 짓눌렀다. 하지만 친구들과 어울리다 보면 어느새 내 앞에는 술잔이 놓여 있었고, 분위기에 휩쓸려 방탕한 시간을 보내며 허무한 갈증을 달래곤 했다.

하나님은 한동안 그 모습을 묵묵히 지켜보셨다. 그러다 내 의지만으로는 도저히 벗어날 수 없음을 아셨는지, 어느 날 강권적인 은혜로 그 질긴 고리를 단칼에 끊어버리셨다. 이 기적 같은 변화의 배후에는 역시 부모님의 눈물 어린 기도가 있었다.

하루는 친구들과의 술자리가 깊어졌다. 다들 취기가 올라 이성의 끈을 놓기 직전이었다. 나 역시 분별력이 흐려진 상태였지만, 마음 깊은 곳에서 경고음이 울렸다.

'이건 아닌데….'

하지만 자리를 박차고 나갈 용기가 없어 엉거주춤 앉아 있었다. 그때, 시끄러운 음악 소리와 친구들의 왁자지껄한 소음을 뚫고, 그 장소에서는 절대 들을 수 없는 소리가 희미하지만 또렷하게 귓전을 때렸다.

"하나님… 우리 진구… 하나님 품으로 돌아오게 해주세요."

순간, 눈앞에 어머니의 뒷모습이 선명하게 환영처럼 그려졌다. 술 냄새 진동하는 테이블 너머로, 나를 위해 무릎 꿇고 눈물 흘리는 어머니의 애타는 실루엣이 겹쳐 보였다. 정신이 번쩍 들었다.

'여기서 선을 넘으면, 영영 돌아올 수 없겠구나.'

겉옷을 챙길 새도 없이, 유혹을 피해 도망친 요셉처럼, 나는 그 자리를 박차고 나왔다. 만약 그때 머뭇거렸다면 나는 지금 이 자리에 없었을지도 모른다. 어머니의 기도가 나를 깊은 수렁에서 건져 올린 것이다.

하지만 중독의 고리는 생각보다 견고했다. 그날 이후 술을 멀리하려 애썼지만, 친구들을 만나면 습관처럼 한두 잔 들이켜곤 했다. 그러던 어느 날, 맥주 첫 잔을 입에 댔는데 목에서 턱 하고 막히는 기분이 들었다. 마치 썩은 물을 마신 것처럼 역한 냄새가 올라왔다.

그대로 뱉어버릴 수밖에 없었다. 친구들은 멀쩡하게 마시는 술인데, 나만 이상했다.

'컨디션이 안 좋은가?'

다시 잔을 들었지만 결과는 같았다. 지독한 구역질이 치밀어 화장실로 달려가 다 게워 냈다. 빈속에 위액까지 토해내는 고통은 끔찍했다. 결국 몸살이 나서 사흘간 앓아누워야 했다.

몸을 추스르고 며칠 뒤, 친구를 만나러 가는 길이었다. 전철역 근처 슈퍼 앞을 지나는데, 빈 소주병이 가득 담긴 플라스틱 상자들이 쌓여 있었다. 주인아저씨가 상자 하나를 그 위에 '쿵' 하고 내려놓는 순간, 며칠 전 맡았던 그 역겨운 냄새가 다시 코를 찔렀다. 입안 가득 썩은 맛이 진동했다. 나는 길거리 한복판에 주저앉아 헛구역질을 했다. 식은땀이 비 오듯 흘렀고 속이 뒤틀렸다. 또다시 이틀을 꼼짝없이 앓아누웠다.

결정타는 TV 광고였다. 며칠 뒤 식탁에 앉아 죽을 먹으려는데, TV 화면에 술병이 등장했다. 그 순간, 화면 속 술병을 보는 것만으로도 구역질이 올라와 화장실로 직행했다.

그날로 술은 내 인생에서 완전히 퇴출당했다. 단순히 의지로 참는 수준이 아니었다. 술이 더러운 구정물처럼 보이기 시작했다. 쳐다보기도 싫고 근처에 가기도 싫어졌다.

아버지가 내 이야기를 듣고 껄껄 웃으며 말씀하셨다.

"진구야, 그게 바로 '은혜'란다. 네 노력으로 끊은 게 아니잖니. 하

나님이 강권적으로 끊어주신 거지. 구원도 이와 같단다. 네 자격이
아니라, 오직 하나님의 은혜로 거저 받은 선물이란다."

그 주 주일, 나는 감사 헌금 봉투에 차마 "술 끊게 해주서서 감사
합니다"라고는 적지 못하고, 조금 돌려서 적어 냈다.

"오래된 나쁜 습관을 고쳐주서서 감사합니다."

술의 단짝인 담배도 문제였다. 금연 껌과 패치 등 온갖 수단을 동
원했지만 소용없었다. 며칠 참다가도 술 한 잔 들어가면 담배 생각
이 간절해졌고, 담배를 물면 술이 당겼다. 악이 악을 불렀다.

이 질긴 굴레를 끊어주신 분 역시 성령님이셨다. 어느 날 말씀을
읽는데, 두 구절이 비수처럼 마음에 꽂혔다.

너희는 너희가 하나님의 성전인 것과 하나님의 성령이 너희 안에 계시는
것을 알지 못하느냐 고전 3:16

머리를 한 대 쾅 맞은 것 같았다.

'내가 하나님의 성전이라고? 내 안에 성령님이 계신다고? 그럼 내
가 담배 연기를 빨아들일 때마다 성령님도 그 매캐한 연기를 다 마
시고 계셨다는 거잖아….'

성령님이 내 안에서 고통스럽게 콜록거리고 계실 것만 같아 등골
이 서늘해졌다. 이어지는 말씀은 더 무서웠다.

누구든지 하나님의 성전을 더럽히면 하나님이 그 사람을 멸하시리라 하나님의 성전은 거룩하니 너희도 그러하니라 고전 3:17

'성전을 더럽히면 멸하신다니….'

두려움이 임했다. 나는 그 자리에 엎드렸다.

"하나님, 잘못했습니다. 제가 하나님의 성전을 쓰레기장으로 만들었습니다. 제발 담배 좀 끊게 해주세요. 제 안에 계신 성령님이 더 이상 괴롭지 않도록 저를 도와주세요!"

나는 그 즉시 주머니에 있던 담배와 라이터를 쓰레기통에 던져버렸다. 놀랍게도 그날 이후 거짓말처럼 담배 생각이 사라졌다. 아니, 술과 마찬가지로 담배 냄새만 맡아도 속이 울렁거렸다. 인간의 의지로는 불가능한, 성령님의 완벽한 일하심이었다.

나는 안다. 이 모든 기적 같은 변화 뒤에는 부모님의 눈물 어린 기도가 있었음을. 자녀를 위한 부모의 기도는 결코 땅에 떨어지지 않는다. 때가 되면 반드시 싹을 틔우고 열매를 맺는다.

요즘도 하나님은 내게 넌지시 이런 마음을 부어주신다.

'진구야, 네가 지금 누리는 이 모든 것은 네 부모가 눈물로 뿌린 기도의 열매란다.'

눈물을 흘리며 씨를 뿌리는 자는 기쁨으로 거두리로다 울며 씨를 뿌

부모님이 남겨주신 믿음의 유산 덕분에, 나는 공로 없이 은혜를 누리는 '영적 빚진 자'가 되었다. 그 기도가 나를 지켰고, 위기의 순간마다 바른길로 인도했다.

주변을 보면 자신이 믿음의 1세대라며 홀로 고군분투하는 이들이 있다. 하지만 기억하라. 누군가는 눈물의 씨앗을 뿌려야 한다. 그래야 자녀의 대에 꽃이 피고 열매가 맺힌다. 당신이 뿌린 그 눈물의 기도가, 훗날 당신의 자녀를 거룩한 하나님의 사람으로 세우는 가장 강력한 거름이 될 것이다.

나 역시 그 거룩한 사명감을 안고 산다. 부모님이 그러하셨듯, 나 또한 하나님나라와 사랑하는 가족을 위해, 그리고 내게 맡겨주신 규장과 갓피플의 지체들을 위해 매일 기도의 씨를 뿌린다.

하나님의 경고장

1988년, 아버지가 창업하신 기독교 출판사 '규장'에 입사했다. 당시 내게 거창한 비전이나 사명감 같은 것은 없었다. 서고에서 책을 정리하고, 주문받은 책을 직접 배달하는 단순 업무가 내 일의 전부였다(그 시절엔 배본 서비스가 없어 영업자가 직접 발로 뛰어야 했다).

평일에는 성실한 직원이었을지 모르나, 주말은 온전히 내 세상이었다. 토요일 오후부터 친구들과 어울려 밤새워 노는 것이 일상이었고, 주일 새벽이 되어서야 집에 들어오곤 했다. 해가 중천에 뜰 때까지 자다가 부모님 눈치가 보이면 "저녁 예배, 다녀올게요" 하고 나와서는 딴 길로 새기 일쑤였다.

어릴 적 '종기 사건'으로 하나님께 호되게 혼났던 기억도 희미해져 있었다. 성인이 되어 주일예배를 한두 번 빠져봤지만 아무 일도 일어나지 않자, 점점 겁이 없어졌다. 아니, 오만해졌다.

'이 정도는 하나님도 이해해 주시겠지. 그동안 개근했잖아.'

지금 생각하면 말도 안 되는 자기합리화였다.

물론 마음 한구석은 늘 찜찜했다. 이러다 언제 한번 크게 혼날 것 같다는 막연한 불안이 그림자처럼 따라다녔다. 하지만 나는 여전히 세상과 교회 사이에서 아슬아슬한 줄타기를 즐기는 '무늬만 그리스도인'으로 살았다.

사람마다 하나님께 항복하고 돌아오는 계기가 다르다. 누군가는 재정의 위기로, 누군가는 육신의 질병으로 두 손을 든다. 나를 굴복시킨 것은 다름 아닌 '자동차 사고'였다.

면허를 따고 운전을 처음 시작한 지 고작 사흘째 되던 날이었다. 부모님이 도로 연수를 받으라고 주신 돈은 이미 유흥비로 탕진한 뒤였다.

'운전, 뭐 별거 있어? 그냥 감으로 하는 거지.'

근거 없는 자신감이 하늘을 찔렀다. 내가 몰던 차는 지금은 단종된 대우 '맥스' 디젤 모델이었다. 앞자리만 좌석이 있고 뒷자리는 짐칸인 소형 배달 차였다. 초보 운전자가 시범 운행도 없이 이런 화물차를 몰고 도로에 나가는 건 무모한 행위였다.

하지만 어제와 그제 무사했으니, 그날도 자신감이 넘쳤다. 대문 앞까지 나와 나의 안전운전을 위해 기도하시는 어머니를 뒤로하고 호기롭게 출근길에 올랐다.

책 배달을 무사히 마치고 돌아오는 길이었다. 집 앞 골목에서 우회전하는 순간, 아이 둘이 갑자기 튀어나왔다. 아이들은 차를 피하려 왼쪽 벽으로 다급히 물러섰다. 당황한 나는 브레이크를 밟아야 하는데 그만 액셀을 밟고 말았다.

"으악!"

아이들이 순식간에 시야에서 사라졌다. 동시에 바퀴 밑으로 무언가 밟히는 느낌이 전해졌다. 수박을 밟은 듯한, 끔찍하고 물컹한 느낌. 비명이 울려 퍼졌다. 머릿속이 하얗게 변했다. 몸이 굳어 손가락 하나 움직일 수 없었다. 그 순간, 쾌락을 좇아 방탕하게 살던 지난날이 파노라마처럼 스쳐 지나갔다. 그리고 이어지는 장면은 차디찬

교도소에 갇힌 내 모습이었다.

‘아, 내 인생은 여기서 끝이구나….’

절망의 끝에서 십자가 형상이 어른거렸다. 눈물이 솟구쳤다. 하나님께 너무나 면목이 없고 죄송했다.

“후진!! 뒤로 빼!!!”

사람들의 날 선 고함에 정신이 번쩍 들었다. 하지만 손이 덜덜 떨려 기어를 조작할 엄두조차 나지 않았다. 결국 동네 사람들이 우르르 달려들어 차를 들어 올리다시피 밀어내고서야 아이들을 꺼낼 수 있었다. 한 아이는 차체 아래 완전히 깔려 있었고, 다른 아이는 어깨가 바퀴에 짓눌린 상태였다. 앞집 문방구 아저씨가 축 늘어진 아이들을 둘러업고 응급실로 달리기 시작했다.

때마침 2층에서 빨래를 널던 어머니가 그 소란을 들으셨다. 낯익은 엔진 소리와 아이들의 비명. 어머니는 불길한 예감에 맨발로 뛰쳐나오셨다. 현장에는 넋이 나간 채 파랗게 질려 있는 막내아들이 서 있었다. 어머니는 나를 데리고 곧장 병원으로 향하셨다. 뒤이어 도착한 아이들의 부모 앞에서 어머니는 죄인처럼 고개를 숙이고 또 숙이셨다.

나는 그때까지도 제정신이 아니었다. 아이들이 무거운 화물차에 깔렸으니 죽거나 중태일 게 뻔했다.

‘아이들이 잘못되면 어쩌지… 내 인생은 이제 어떡하지….’

공포에 질려 흐느끼는 내 손을 어머니가 꼭 잡으셨다.

"걱정 마라. 하나님이 지켜주실 거야."

잠시 후, 응급실 문이 열리고 의사가 나왔다.

"아이들은 괜찮습니다."

믿을 수 없는 말이었다.

"네? 정말입니까?"

"네, 넘어질 때 살짝 긁힌 것 말고는 아무런 이상이 없습니다. 뼈도, 장기도 멀쩡해요. 그저 조금 놀란 상태일 뿐입니다."

정밀 검사 결과도 정상이었다. 의사 뒤로 걸어 나오는 아이들의 입에는 사탕이 하나씩 물려 있었다. 그런데 더 충격적인 것은 아이들이 입은 옷이었다. 흰 티셔츠 등판에 시커먼 타이어 자국이 선명하게 찍혀 있었다. 차 바퀴가 몸을 밟고 지나간 것이 확실한데, 아이는 멍 자국 하나 없이 멀쩡했다.

어머니는 그 자리에 털썩 주저앉으셨다.

"주님, 감사합니다… 주님, 감사합니다…."

사고 과정을 처음부터 끝까지 지켜본 문방구 아저씨는 무언가에 홀린 것 같다며 입을 다물지 못했다. 하나님이 보호하셨다고밖에는 설명할 길이 없는 기적이었다.

야곱의 집이어 이스라엘 집에 남은 모든 자여 내게 들을지어다 배에서 태어남으로부터 내게 안겼고 태에서 남으로부터 내게 업힌 너희여 너희가 노년에 이르기까지 내가 그리하겠고 백발이 되기까지 내가 너희를 사고 후 며칠은 후유증에 시달렸다. 극도의 공포와 안도가 교차하며 심장이 제멋대로 뛰었다. 아버지는 내게 우황청심원을 건네며 말씀하셨다.

"진구야, 이건 하나님의 극진한 사랑이다. 기적 같은 은혜야. 하지만 동시에 아주 엄중한 경고라는 걸 잊지 마라. 이제부터 주일성수 똑바로 해라."

그동안 수없이 인내하며 기다려주셨던 하나님이, 더는 두고 볼 수 없어 보내신 강력한 경고장이자 소환장이었다. 방에 홀로 앉아 있는데 하염없이 눈물이 흘렀다. 나를 포기하지 않으시고, 살인자가 되지 않게 막아주신 은혜가 사무쳤다.

"하나님, 저 같은 놈을 이토록 사랑하셔서 지켜주셨군요. 제가 잘못했습니다. 이제 정말 주님께 돌아가겠습니다."

이래도 안 돌아올 거니?

그러나 인간의 마음은 참으로 간사하다. 죽을 고비를 넘기며 눈물로 했던 결단도 충격의 여운이 가시고 몇 달이 지나자 슬금슬금 무너져 내렸다. 어느덧 내 시선은 또다시 세상을 향해 있었다. 친구들의 유혹에 못 이기는 척 주일을 방탕하게 보내는 일상이 다시 시작되었다.

'어쩌다 한 번 빠지는 건데 뭐. 하나님도 융통성이 있으시겠지.'

얼토당토않은 자기합리화로 스스로에게 면죄부를 주었다.

그런데 이상했다. 예전처럼 몸에 종기가 나지도 않았고, 그 흔한 접촉 사고조차 일어나지 않았다. 그러자 안도감 대신 묘한 섭섭함이 밀려왔다.

'하나님이 나를 포기하셨나? 내버려두시는 건가?'

하나님의 사랑은 받고 싶으면서 세상 즐거움도 놓지 못하는 이중적인 마음. 사사기 시대의 이스라엘 백성보다 더한 모습이었다.

내 섭섭한 투정을 들으신 걸까. 하나님은 침묵을 깨고 블록버스터급 사고를 허락하셨다. 11중 추돌 사고였다.

전날 밤새 친구들과 놀고 피곤에 절어 지방 출장을 가던 길이었다. 고속도로 터널에 진입하는 순간, 밝은 햇빛 아래 있다가 갑자기 어두운 터널로 들어서니 순간적으로 앞이 보이지 않았다. 하필 곡선 구간이었던 터널 안, 시속 100킬로미터로 달리던 내 차 앞으로 정차해 있던 앞차가 뒤늦게 눈에 들어왔다. 본능적으로 브레이크를 밟았고, 다행히 충돌 직전에 차가 멈춰 섰다.

"휴우…."

안도의 숨을 내쉬는 찰나, '끼이익' 하는 파열음과 함께 뒤차가 내 차를 들이받았다. 그 반동으로 내 차가 앞차를 추돌했고, 뒤이어 연쇄적인 굉음이 들려왔다. '펑!', '쾅!', '콰광!' 충격이 이어질수록 소리는 점점 멀어졌다. 5대를 넘어가자 헛웃음이 나왔다.

'하나님이 드디어 오셨구나.'

이 상황을 연출하신 분이 누구인지 너무나 명확했다.

그날 저녁 뉴스에는 '터널 내 11중 추돌 사고' 소식이 보도되었다. 내 차는 그 아수라장에 있었지만, 놀랍게도 크게 다친 사람은 한 명도 없었다. 만약 내가 앞차를 보지 못해 그대로 들이받았거나 뒤차가 조금만 더 세게 밀고 들어왔다면 내 목숨은 장담할 수 없었을 것이다. 하나님은 차는 부수시되, 내 몸은 털끝 하나 건드리지 않으셨다.

사고 후 한 달은 납작 엎드려 주일성수를 사수했다. 하지만 역시 '작심한달'이었다. 공포의 기억이 옅어지자 나는 또다시 옛 모습으로 돌아갔다. 주님도 이제 더는 안 되겠다 싶으셨는지, 이번에는 정말 섬뜩한 사고를 준비하셨다.

그날도 주일을 지키지 못한 채, 월요일에 피곤한 몸을 이끌고 거래처로 향하던 길이었다. 소형 프라이드를 몰고 철근을 가득 실은 화물차 뒤를 따르고 있었다. 쏟아지는 졸음을 이기지 못해 깜빡 정신을 잃었다. 기억은 거기서 끊겼다.

'빠아앙!'

날카로운 경적 소리에 번쩍 눈이 떠졌다. 눈앞에는 믿기 힘든 광경이 펼쳐졌다. 앞 화물차에 실려 있던 철근들이 내 차 앞 유리를 뚫고 들어와 있었다. 날카로운 쇳덩어리들이 내 눈앞과 조수석 한복판에 멈춰 있었다. 만약 차가 아주 조금만 오른쪽으로 주행했더라면, 나는 그 자리에서 즉사했을 것이다. 앞차가 멈춘 것도 모른 채 브레이크 없이 돌진한 결과였다.

숨이 쉬어지지 않았다. 주변 사람들의 비명 소리가 들렸다. 사람들은 찌그러진 차 문을 억지로 열어 나를 꺼내주었다. 차는 철근이 박혀 폐차 수준이었지만, 나는 멍하기만 할 뿐 몸은 멀쩡했다. 화물차 기사도 무사했다.

압도적인 공포였다. 눈앞까지 밀고 들어온 차가운 철근이 내게 이렇게 말하는 것 같았다.

'이래도 안 돌아올 거니? 다음엔 정말 데려간다.'

그 후로 반년 정도는 정말 신실하게 예배 자리를 지켰다. 하지만 인간의 죄성은 끈질겼다. 시간이 흐르자 또다시 타협이 고개를 들었다. 그러다 '딱 한 번만'이라며 주일을 어긴 그다음 날, 세 번째 사고가 터졌다. 이번 상대는 무려 15톤 덤프트럭이었다.

시내 주행 중 잠깐 졸았는데, 내 작은 프라이드가 거대한 트럭의 옆구리를 들이받았다. 내 차는 팽이처럼 빙글빙글 돌다가 멈춰 섰다. 보통 체급이 다른 차가 부딪치면 작은 차가 큰 차 밑으로 말려들어가기 마련인데, 상황은 딴판이었다.

경찰이 출동하고 현장 조사가 시작되었다. 덤프트럭 기사가 씩

씩거리며 자기 트럭 바퀴를 발로 차고 있었다. 나한테 화를 내는 게 아니라, 너무 어이가 없어서 분통을 터뜨리는 중이었다.

"아니, 무슨 이런 경우가 다 있어! 프라이드랑 부딪쳤는데 왜 내 트럭이 더 많이 박살 나냐고!!"

내 차도 형편없이 찌그러졌지만, 기이하게도 15톤 트럭의 파손 정도가 훨씬 심했다. 게다가 이번에도 나와 기사는 털끝 하나 다치지 않았다. 물리 법칙을 거스르는 결과였다. 하나님의 손길이 개입하지 않고서는 설명할 수 없는 장면이었다.

그제야 나는 두 손 두 발 다 들고 완전히 항복했다.

"하나님, 제가 졌습니다. 이제 정말 딴짓 안 할게요."

지금도 나는 주일을 철저히 지킨다. 예배 외에는 그 어떤 사적인 일정도 잡지 않는다. 여행을 가더라도 주일은 피하고, 명절 연휴에도 반드시 본 교회 예배 자리를 지킨다. 율법이라서가 아니다. 나를 살리려고 끝까지 추격하신 그 압도적인 사랑에 대한 반응이자, 살기 위한 몸부림이다.

주님은 사랑하는 자녀를 결코 포기하지 않으신다. 기어이 당신의 품으로 돌이키신다. 끝까지 지켜주시지만, 가능하면 맞기 전에, 그분이 나지막이 경고하실 때 돌아오는 게 지혜로운 선택이다.

내 아들아 여호와의 징계를 경히 여기지 말라 그 꾸지람을 싫어하지 말

라 대저 여호와께서 그 사랑하시는 자를 징계하시기를 마치 아비가 그
기뻐하는 아들을 징계함같이 하시느니라 **잠 3:11,12**

거절감의 감옥

나는 뼛속까지 '모태신앙'이었다. 주일이면 교회에 가는 게 숨 쉬
는 것만큼 당연했고, 하나님이 나의 아버지시라는 사실을 단 한 번
도 의심해 본 적이 없었다. 하지만 그것은 어디까지나 머리로만 동
의하는 관념적인 신앙일 뿐이었다. 문제는 가슴이었다.

내게는 결정적인 '영적 한 방'이 없었다. 남들처럼 눈물 콧물 쏟으
며 통회 자복하는 회심의 사건도, 가슴 뜨거운 영적 체험도 없었다.
그러니 하나님을 향한 갈망이 생길 리 만무했다. 나는 차지도 덥지
도 않은, 딱 미지근한 온도의 크리스천으로 살았다.

내가 네 행위를 아노니 네가 차지도 아니하고 뜨겁지도 아니하도다 네
가 차든지 뜨겁든지 하기를 원하노라 네가 이같이 미지근하여 뜨겁지도
아니하고 차지도 아니하니 내 입에서 너를 토하여 버리리라 **계 3:15,16**

주님조차 토해버리고 싶어 하셨을 그 미지근한 상태, 그것이 규장
입사 초기 내 초라한 영적 민낯이었다.

세상 직장의 논리는 명쾌하다. 목표는 '돈'이고, 관계는 '비즈니스'

다. 깔끔하게 일하고 그에 합당한 보상을 받으면 그만이다. 하지만 규장은 달랐다. 이곳은 이윤 추구보다 '하나님의 사명 완수'를 외치는 곳이었다. 복음 전파와 문서 선교가 지상 과제인 이 공동체의 공기가 너무 낯설고 부대꼈다.

'도대체 어떤 마음으로 일해야 하지? 나도 저들처럼 선교사의 심정으로 임해야 하나?'

매일이 혼란의 연속이었다.

물론 일말의 기대감은 있었다. 저자나 거래처로 만나는 분들이 대부분 목회자나 사역자였기에 내심 설레기도 했다.

'하나님의 사람들이니 얼마나 진실하고 순수할까.'

하지만 현실은 달랐다. 믿음 좋다는 이들에게 뒤통수를 맞고, 어처구니없는 사기도 당했다. 마음을 열고 다가갔다가 상처만 입고 돌아오는 일이 쌓여갔다.

점차 '크리스천'이라는 집단 자체에 깊은 환멸과 회의감이 밀려왔다. 이중적인 목회자들의 모습에 신뢰는 바닥으로 떨어졌고, 나는 교계 전체를 색안경 끼고 바라보기 시작했다.

돌이켜보면, 세상에 나쁜 사람만 있는 게 아니듯, 교계에도 훌륭한 분들이 많았다. 단지 무늬만 크리스천인 몇몇 사람들 때문에 내 시선이 왜곡되었을 뿐이었다. 하지만 기대가 컸던 만큼 실망의 골도 깊었다. 아무리 좋은 분을 만나도 내 마음은 이미 굳게 닫혀 있었다. 무엇보다 나를 가장 괴롭힌 것은 뼛속 깊이 박힌 '영적 열등감'이었다. 내 안에는 지독한 자격지심이 견고하게 자리 잡고 있었다. 하나님을 확실하게 만나지 못했다는 부끄러움, 성령 체험을 하지 못한 데서 오는 소외감, 십자가를 묵상해도 아무런 전율이 느껴지지 않는 메마른 스스로에 대한 자괴감이 나를 짓눌렀다.

어릴 때부터 뜨겁게 기도하는 사람들을 보면 몹시 부러웠다.

'나도 저렇게 기도하고 싶다. 저들처럼 뜨거워지고 싶다.'

중고등학교 시절, 수련회에 가서 목이 터져라 부르짖어 보기도 했다. 강사 목사님이 "오늘 밤 성령님이 임하십니다!"라고 호언장담할 때면 간절히 손을 모았다. 하지만 성령님은 기가 막히게 나만 쏙 피해 가시는 것 같았다. 옆 친구는 방언이 터져 눈물을 흘리는데, 나만 멀쩡했다.

'성령님이 나를 싫어하시나? 내가 뭘 잘못했기에 나만 소외시키시는 걸까.'

거절감이 밀려왔다.

'그래, 성령님은 나를 거부하셨어.'

지나고 보니, 그것은 사탄이 심어준 교묘한 속삭임이었다. 나는 그 거짓말에 속아 영적 열등감이라는 감옥에 갇혀 지냈다.

그렇게 성인이 되면서 더 이상 하나님의 뜻을 묻지 않았다. 생수의 근원이신 예수님을 찾지 않고, 내가 원하는 곳에서 내 방식대로 목마름을 채우려 했다. 하나님이 아닌 다른 것들로 갈증을 해소해

보려 스스로 웅덩이를 파기 시작한 것이다.

내 백성이 두 가지 악을 행하였나니 곧 그들이 생수의 근원 되는 나를 버린 것과 스스로 웅덩이를 판 것인데 그것은 그 물을 가두지 못할 터진 웅덩이들이니라 렘 2:13

결과는 처참했다. 내가 판 웅덩이에 아무리 물을 들이부어도 채워지지 않았다. 밑 빠진 독, 터진 웅덩이였기 때문이다. 한동안 내 인생은 헛수고의 반복이었다. 신앙인의 탈을 쓴 채, 내 욕망을 하나님의 뜻으로 교묘히 포장하며 살았다. 내 멋대로 세운 목표가 응답되지 않으면 하나님께 대들며 떼를 썼다.

"하나님, 왜 안 채워주십니까!"

하나님은 그런 나를 불쌍히 여겨 채워주시기도 했지만, 나는 여전히 감사할 줄 몰랐다. 오히려 더 잘나가는 이들과 끊임없이 비교하며 그들을 시기하고 질투했다. 하나님께 툭하면 화를 내고 불평만 늘어놓았던, 참으로 철없고 미련했던 나의 젊은 날이었다.

두 얼굴의 삶

2007년, 규장에 몸담은 지 어느덧 20년이 다 되어가던 때였다. 강산이 두 번 변할 긴 시간 동안 나는 성령의 도우심이 아닌 오직 인간적인 의지와 생존 본능으로 버텨왔다. 차라리 신앙을 몰랐다면 편했을까. 유년 시절 예수님을 인격적으로 만났던 그 희미한 기억이 닻이 되어 나를 붙들고 있었기에, 아예 세상으로 도망칠 수도 없었다. 이것이 수많은 모태신앙인이 겪는 고질적인 딜레마다.

머리로는 하나님을 안다. 예배의 자리를 지키고 말씀도 읽는다. 하지만 주님이 너무 좋아서 자발적으로 나아가는 힘, '영적 생명력'이 없다. 습관과 의무감에 떠밀려 이러지도 저러지도 못한 채 어정쩡한 경계선에 서 있는 삶. 그리스도인 같기도 하고 아닌 것 같기도 한 모호한 시간 속에서, 내 얼굴은 점점 두꺼워졌다. 진실한 얼굴 대신 자꾸만 가식의 가면을 꺼내 썼다.

철저히 두 얼굴로 살았다. 회사에서는 리더였기에 '예수 잘 믿어 기쁨이 넘치는 사람'을 연기해야 했다. 하지만 정작 내 안의 기쁨과 감사는 메말라 있었다. 매일 아침 집을 나설 때마다 현관 앞에서 '직장인 여진구'의 가면을 썼다. 동료들을 마주하는 것조차 끔찍이 싫었고, 까닭 없는 미움이 시시때때로 치밀어 올랐지만, 그 감정을 들키지 않으려 입꼬리를 억지로 끌어올리며 영혼 없는 미소를 지었다.

출근 자체가 고역이었다. 아침마다 몸은 천근만근 무거웠고, 지각을 밥 먹듯 했다. 그런데도 '먹고살아야 한다'는 생존 본능 하나로 이를 악물고 사무실로 향했다. 하나님나라의 일을 사명이나 비전 없이 오직 인간적인 열심으로만 꾸역꾸역 감당하려니, 영혼에 탈이 나는 것은 당연한 수순이었다.

아무도 눈치채지 못했다. 겉으로는 활달하고 사교적으로 보이니 주변에서는 내가 사람 만나는 것을 즐기는 줄로만 알았다. 하지만 내 속은 썩어 문드러지고 있었다. 교계 인사들의 이중적인 모습에 받은 상처가 곪을 대로 곪아 있었기 때문이다. 그 문제를 기도의 자리에서 하나님과 풀어야 했는데, 내 힘으로 삭이고 해결하려다 보니 마음은 그야말로 지옥이었다.

속은 시커멓게 타들어 가는데 겉으로는 아무렇지 않은 척해야 하는 그 괴리감은 깊은 우울과 무기력으로 이어졌다. 당시엔 '다들 이렇게 사는 거지'라고 넘겼지만, 사실 그것은 전문적인 치료가 필요한 수준의 우울증과 공황의 신호였다. 내 마음은 늘 전쟁터였다.

'왜 이렇게 살아야 하지? 꼭 규장이어야만 하나? 차라리 일반 회사 다니며 돈이나 실컷 벌어서 헌금이나 펑펑 하고 살면 안 되나? 기독교 비즈니스, 이제 정말 진저리가 난다.'

하지만 피할 곳도, 물러설 곳도 없었다. 성경은 자원하는 마음으로 사역하라는데, 나는 마지못해 시늉만 내고 있었다. 벼랑 끝에 몰리자 비명 같은 기도가 터져 나왔다.

"하나님! 제발 저 좀 살려주세요! 제게도 은혜 좀 주세요!!"

은혜에 대한 갈급함이 목 끝까지 차올랐다. 그제야 깨달았다. 내 영혼이 심각한 은혜의 기근 상태라는 것을.

은혜의 원리는 강물과 같다. 장마철에 비가 쏟아져 강물이 불어

나면, 강바닥의 지저분한 것들은 모두 물에 잠긴다. 배는 그 위를 유유히 떠다닐 수 있다. 하지만 가뭄이 들어 물이 마르면 어떻게 되는가. 물속에 감춰져 있던 날카로운 바위와 돌들이 흉물스럽게 드러나고, 배는 그 암초에 걸려 오도 가도 못하게 된다.

내 마음이 딱 그 꼴이었다. 은혜의 생수가 바싹 말라버리니, 내 안에 숨어 있던 더러운 생각들, 미움과 상처라는 뾰족한 암초들이 적나라하게 드러났다. 삶의 작은 문제라는 배조차 그 위를 지나갈 수 없었다. 사사건건 걸리고 부딪히며 부서졌다.

그래서 하나님을 찾았다. 아니, 매달렸다. 기도할 때마다 "은혜 좀 달라"고 부르짖었다. 하지만 은혜는 내가 소리친다고 자판기처럼 나오는 것이 아니다. 노력의 대가로 얻어내는 산물도 아니다. 불교처럼 소원 성취를 위해 3천 배를 드려서 은혜를 얻을 수 있다면, 이 세상에 못 받을 사람이 누가 있겠는가.

은혜는 오직 주시는 분의 절대적인 주권에 달려 있다. 그러기에 우리는 그저 처분만을 기다리며 바닥에 납작 엎드릴 뿐이다.

나는 죽을 것 같은 심정으로 주님의 옷자락을 붙들었다.

"주님, 제발 숨 좀 쉬게 해주세요…."

하나님은 그런 나를 외면하지 않으셨다. 벼랑 끝에 선 내 삶에 아주 조용히, 그러나 거부할 수 없는 강력한 힘으로 일하기 시작하셨다.

chapter 03

내 영혼의 빗장이 풀리던 날

이는 남은 자가 예루살렘에서 나오며 피하는 자가 시온 산에서 나올 것임이라
만군의 여호와의 열심이 이를 이루시리이다
사 37:32

우연을 가장한 필연

C. S. 루이스의 글 중 내가 참 아끼는 문장이 있다.

"우연이란, 하나님께서 그 모습을 드러내시지 않기 위해 쓰시는 방법이다."

살다 보면 더 이상 물러설 곳 없는 벼랑 끝에서, 우연을 가장한 일이 마치 선물처럼 찾아오곤 한다. 전혀 예상치 못한 사람을 만나 도움을 받고, 무심코 펼친 책이나 말씀에서 큰 위로를 얻으며, 생각지 못한 곳으로 인도받아 은혜를 입는다.

우연이 겹친다면, 그것은 더 이상 우연이 아니다. 하나님이 지금 내 삶에 일하고 계시다는 확실한 증거다. 이 세상에 '진짜 우연'이란 존재하지 않기 때문이다.

우리는 하나님의 거대한 섭리 안에서 살아간다. 우리 눈에 우연처

럼 보이는 수많은 점은, 실상 하나님의 계획이라는 선으로 이어져 있다. 그래서 예고 없이 찾아온 뜻밖의 일을 '하나님의 은밀한 손길'로 바라보는 영의 눈이 필요하다.

2007년, 내 삶에도 하나님의 거대한 손이 움직이기 시작했다. 아이러니하게도 내 영혼이 가장 피폐하고 정신적 고통이 극에 달했을 때, 그 우연을 가장한 필연이 하나둘 찾아왔다.

당시는 그야말로 '규장의 전성기'였다. 이용규 선교사님의 《내려놓음》(2006년 3월)이 출간되자마자 전국 서점을 휩쓸었다. 기독교 출판 역사상 국내 저자로서는 전무후무한 판매 기록을 경신하고 있었다. 그 뜨거운 열기를 이어 규장은 두 번째 책인 《더 내려놓음》(2007년 12월)을 한창 준비 중이었다(여담이지만, 원래 '내려놓음' 시리즈의 세 번째 책 제목은 '다 내려놓음'으로 구상했었다. 결국엔 《같이 걷기》로 세상에 나왔지만 말이다).

회사는 창사 이래 최대 호황이었다. 하지만 정작 대표인 나는 마음의 지옥을 헤맸다. 출근하기가 죽기보다 싫었고 마음은 늘 납덩이를 매단 듯 무거웠다. 냉정하게 말해, 나는 지독히도 교만했다. 내는 책마다 베스트셀러가 되어 세상의 주목을 받으니, 나도 모르는 사이 목이 곧은 자가 되어 있었다.

삶이 무너지고 상황이 처절해야 하나님을 간절히 찾기 마련인데, 책은 불티나게 팔리고 경영도 탄탄대로를 달리니 그럴 이유가 없었

다. 나는 그 달콤한 성공에 취해 오히려 하나님을 멀리하기 시작했
다. 그리고 높은 자리에 앉아 남들을 비난하고 판단하면서 정작 내
영은 교만의 늪으로 깊이 가라앉고 있음을 알지 못했다.

묻지마 결혼 축하단

그러던 어느 날, 김우현 감독에게서 전화가 걸려왔다. 그는 당시
교계의 '핫 아이콘'이었다. 맨발의 성자 최춘선 할아버지의 이야기를
담은 다큐북 팔복 시리즈 1권《가난한 자는 복이 있나니》(2004년
12월)로 한국 교회에 큰 충격과 감동을 주었다. 그는 영상의 저작권
을 과감히 풀어 전 세계 선교지에 무료로 배포했고, 그 순수한 헌신
덕분에 수많은 영혼이 주님 앞에 눈물로 돌아왔다.

김 감독의 목소리가 평소보다 들떠 있었다.

"대표님, 기가 막힌 연락을 하나 받았습니다. 일본 나가노의 한
술집에서 일하던 자매님 이야기인데요….”

사연은 이러했다. 일본 시골의 온천 지역 유흥가에서 일하던 한
여성이 우연히 김 감독의 책과 영상을 보게 된 것이다. 그 안에서 예
수님의 흔적을 발견한 그녀는 큰 충격을 받고 회심하여 결국 술집
일을 청산했다. 그리고 성실하게 살아가던 중 한 일본인 형제를 만
나 결혼을 약속하게 되었다는 소식이었다.

여기까진 참 아름다운 간증인데, 그다음이 문제였다.

"그런데 대표님, 이 자매가 혈혈단신입니다. 가족과도 연락이 끊겼고 주변에 친구 하나 없다는군요. 결혼식은 다가오는데 신부 측 하객석을 채울 사람이 아무도 없다는 겁니다."

결국 그녀는 기도 끝에, 일면식조차 없는 김 감독에게 편지를 보냈다.

감독님의 책과 영상을 보고 새사람이 되었습니다. 염치없지만, 제가 아는 신앙의 어른은 감독님뿐입니다. 부디 오셔서 제 결혼을 축하해 주실 수 없을까요?

나는 기가 차서 대꾸했다.

"참 뜬금없네요. 알던 사이도 아닌 독자가 하객으로 와달라… 그 것도 일본까지요?"

김 감독은 내 반응을 예상했다는 듯 차분하게 말했다.

"그렇죠. 상식으로는 앞뒤가 안 맞는 요청입니다. 그래서 저도 하나님께 여쭈었습니다. 대체 이걸 어떻게 해야 하냐고요. 그런데 성령께서 제 마음에 강한 울림을 주셨어요. '네가 가서 홀로인 그 딸을 축하해 주고 내 사랑을 전해주라'라고 말입니다."

속으로 '참 대책 없다' 싶었지만 일단 잠자코 있었다. 김 감독이 말을 이었다.

"순종해야지 어떡합니까. 나가노 한인 교회에 연락했더니, 이왕

오는 김에 집회도 열어달라고 하더군요. 그래서 아예 선교팀을 꾸려서 가려고 합니다.”

갈수록 태산이었다. 그런데 문득 불길한 예감이 스쳤다.

‘설마….’

“그래서 말인데, 대표님도 합류하시겠습니까? 일명 ‘묻지마 결혼 축하단’입니다.”

명분이야 충분했다. 규장에서 출판한 책을 보고 인생이 바뀐 독자가 아닌가! 하지만 당시의 나는 머릿속으로 끊임없이 계산기를 두드리는, 지독하리만큼 효율 중심적인 비즈니스맨이었다.

‘아니, 내가 거길 왜 가? 일본까지 간다고 책이 더 팔리는 것도 아니고, 자매와 계속 교제할 것도 아닌데. 회사도 눈코 뜰 새 없이 바쁜데 며칠씩 자리를 비우는 건 명백한 손실이다.’

아무리 생각해도 갈 이유가 없었다. 나는 딱 잘라 거절했다.

“감독님, 시간 많고 세월 좋은 분들은 다녀오세요. 저는 한국을 지키겠습니다.”

지금 돌아보면, 참 무례하고 정나미 떨어지는 거절이었다. 김 감독이 짐짓 실망한 목소리로 대답했다.

“아… 네, 알겠습니다. 워낙 바쁘시니까요. 다른 분들과 다녀오겠습니다.”

내 선택이 합리적이고 지혜롭다고 확신하면서 전화를 끊고 업무로 돌아갔다. 그것이 나를 살리시려는 성령의 초대를 정면으로 걸어 차는 일인 줄은 꿈에도 모른 채.

기도 중에 보인 세 글자

김우현 감독과의 통화 후 한 달쯤 지났을 때였다. 기다리던 이용규 선교사님의 두 번째 책, 《더 내려놓음》의 원고가 마침내 입고되었다. 가슴이 뛰었다. 편집부의 손을 거치기 전, 날것 그대로의 원고를 가장 먼저 읽고 싶었다. 하지만 사무실은 결재를 받으러 오는 직원들과 끊임없이 울리는 전화벨 소리로 좀처럼 집중하기 어려웠다.

나는 원고를 소중히 챙겨 회사 근처 조용한 카페로 향했다. 휴대전화 전원을 끄고 원고 읽기에 몰두했다.

첫 장을 넘기는 순간부터 빠져들었다. 하나님 앞에서 진실하게 몸부림친 선교사님의 고백이 활자 너머로 생생하게 전해져 왔다. 원고를 넘길 때마다 마음 깊은 곳에서 묵직한 질문 하나가 떠올랐다.

'나는 과연 내려놓은 사람인가?'

철저히 계산적이고, 이득이 없으면 움직이지 않는 내 민낯이 보였다. 성령께서 활자를 통해 내 마음 문을 두드리고 계셨다. 그러다 한 대목에서 시선이 멈췄다. '성숙'에 관한 내용이었다.

크리스천에게 중요한 것은 성공이 아니라 성숙이다. 이때 성숙의 기준은 세상에서 말하는 성숙의 기준과 다르다. 세상에서는 종속적인 위치에 있다가 독립적인 존재가 되면 성숙했다고 이야기한다. 부모에게 의존하고 있다가 독립할 때 성숙이라고 한다. 때로는 성공했다고 말하기도 한다.

인간에게는 누구나 본질적으로 성숙한 개체로 분리되고자 하는 욕구가 있다. 아담이 선악과를 따먹은 이유가 바로 그것이다.

"하나님, 이제 나는 하나님의 기준으로 생각하고 판단하고 싶지 않습니다. 내 생각과 내 판단을 가지고 독립적으로 살고 싶습니다."

그러나 하나님나라에서는 성숙의 기준이 다르다. 독립적으로 존재하던 영적 존재가 하나님께 의존적인 상태로 들어갈 때 그것을 가리켜 성숙이라고 말한다.

"너의 길을 여호와께 맡기라 저를 의지하면 저가 이루시고"(시 37:5).

내려놓고 하나님께 맡기는 것이 성숙의 표징이 된다. 우리가 항복할 때 하나님이 일하기 시작하시는 것을 바라보기 때문이다.

《더 내려놓음》 206쪽

망치로 머리를 얻어맞은 듯했다. 세상은 "너는 할 수 있어. 네 인생의 주인은 너야"라며 독립을 부추긴다. 하지만 성경은 정반대의 진리를 선포한다.

"너는 내 것이다. 그러니 나를 더 의지해라. 아이처럼 내게 매달려라."

예수님을 주인으로 모신다는 건, 삶의 최종 결재권자를 바꾸는 일이다. 전에는 내가 결정하고 책임졌다면, 이제는 주인이신 그분께 먼저 결재를 받아야 한다. 그런데 나는 어떠했나?

원고 속 활자가 마치 살아있는 음성이 되어 내게 묻는 듯했다.

"당신은 지금 예수께 여쭈어보며 살고 있나요?"

나를 돌아보았다. 아침마다 기도를 하긴 했다. 그런데 '하나님, 이것 좀 해주세요. 저 문제 좀 해결해 주세요'라는 요구 사항만 줄줄이 늘어놓는 기도였다. 정작 주인이신 그분이 무엇을 원하시는지, 내게 무슨 말씀을 하고 싶으신지는 묻지 않았다. 그저 "예수님의 이름으로 기도합니다"라는 상투적인 문장으로 서둘러 대화를 종결했다.

'그랬구나… 나는 기도를 한 게 아니라, 하나님께 내 결정을 일방적으로 통보해 왔구나.'

원고를 덮고 카페 구석 자리에 기대어 눈을 감았다. 마음이 더없이 낮아졌다. 나는 입술을 떼어 아주 작은 목소리로 기도했다.

"주님… 오늘 제가 주인님께 여쭤보지 않았습니다. 죄송해요…. 하나님, 저 지금 잘 가고 있나요? 하나님이 원하시는 길로 가고 있는 게 맞나요?"

솔직히 말하면, 큰 기대는 없었다. 40년 모태신앙으로 살았지만, 나는 단 한 번도 '하나님의 음성'을 들어본 적이 없었다. 성경 글사가 살아 움직이는 체험도, 황홀한 환상도 그저 남의 간증에나 나오는 이야기였다. 성경만 펴면 졸음이 쏟아지는 내가 무슨 세밀한 음성을 듣겠는가. 이번에도 마찬가지일 거로 생각했다.

'하나님, 저 기도했습니다. 여쭤봤는데 아무 말씀 없으시네요? 그럼 잘 가고 있다는 뜻으로 알겠습니다.'

내심 이런 '영적 알리바이'를 만들며 몇 초 만에 눈을 뜨려는 순간, 캄캄한 시야 한가운데로 무언가가 '슉' 하고 지나갔다. 뉴스 속보나 주가 시세가 흐르는 LED 전광판 같은 것이 내 눈앞에 둥둥 떠 있었다. 그리고 그 위로 붉은 글씨 석 자가 너무나 선명하게 흘러갔다.

"나 가 노."

소스라치게 놀라 눈을 번쩍 떴다. 카페 천장이 보였다. 심장이 쿵쾅거렸다.

'방금 뭐지?'

다시 눈을 감아보았지만, 전광판은 사라지고 없었다. 하지만 그 잔상이 망막에 화인(火印)처럼 찍혀 있었다. 남들은 첫 음성으로 "사랑한다"거나 "내가 너와 함께한다" 같은 감동적인 메시지를 듣는다는데, 나는 뜬금없이 일본의 도시 이름이라니.

'웬 나가노…?'

곰곰이 생각해 보니, 한 달 전 김우현 감독의 전화가 뇌리를 스쳤다.

"대표님, 일명 '묻지마 결혼 축하단'입니다. 나가노에 함께 가시죠."

소름이 돋았다. 내가 매몰차게 거절했던 그곳이었다. 하나님은 《더 내려놓음》 원고로 내 마음을 부드럽게 녹여 기도의 자리로 부르

나가노
BREAKING NEWS: MAJOR

시더니, 끝내 시청각 자료까지 동원해 보여주신 것이다. 전광판에는 "나가노로 가라"는 서술어는 없었지만, 그 세 글자는 어떤 명령보다 강력했다.

'하나님의 뜻이구나. 가야 하는구나.'

문제는 현실이었다. 상황을 따져보니 불가능에 가까웠다. 알아보니, 이미 한 달 전에 거절한 터라 모집 인원은 꽉 찼고, 설상가상으로 연휴라 비행기 표를 구하는 건 하늘의 별 따기였다.

'가고 싶어도 못 가는 상황인데 왜 보여주셨지?'

하나님께 마지막 거래를 제안했다.

"주님, 상황 아시죠? 표가 없을 겁니다. 제가 여행사에 전화는 해볼 텐데, 만약 표가 있다면 가라는 뜻으로 알고 순종하겠습니다. 하지만 없으면 하나님이 막으신 걸로 알겠습니다. 저는 분명히 순종하려고 했습니다!"

떨리는 손으로 해당 여행사에 전화를 걸었다.

"안녕하세요, 나가노 일정에 합류하려는데 혹시 남는 표가 있을까요?"

그때, 수화기 너머 다급한 외침이 들려왔다.

"할렐루야!!"

순간 헛웃음이 났다. 상황이 묘하게, 아니 하나님이 각본을 쓴 드라마처럼 돌아가고 있었다.

"대표님, 정말 기가 막힙니다. 딱 2시간 전에 원래 가기로 했던 교수님이 갑자기 못 가게 되었다고 연락이 왔어요. 점심시간까지 대기자가 없으면 취소하려던 참인데, 어떻게 딱 맞춰 전화를 주셨습니까? 이 표의 주인이 있었네요! 가시는 거죠?"

잠시 허공을 올려다보았다. 더 이상 도망갈 구멍이 없었다.

"아… 네, 가겠습니다."

솔직히 고백하자면, 여전히 가기 싫었다. 생면부지인 사람의 결혼식에 가서 뭘 하나 싶었다. 하지만 하나님은 내 눈앞에 '나가노'를 보여주셨고, 불가능한 비행기 표까지 쥐여주셨다. 하나님과의 약속, 그리고 성령님의 치밀한 포위망 앞에서 나는 두 손을 들 수밖에 없었다. 억지로라도 순종의 발을 떼야만 했다.

내 마음을 들킬까 봐

일명 '묻지마 결혼 축하단.' 이름은 장난스러웠으나 구성원은 진지했다. 놀랍게도 동참하는 이들 중에 목사님이 많았다. 일면식도 없는 한 자매의 결혼을 축하하기 위해, 본인이 설교하는 자리도 아닌데 기꺼이 자비량으로 일본에 가다니! 그때는 이해하지 못했지만 이제는 안다. 그들은 사람의 초대가 아니라 하나님의 부르심에 응답한 것이란 걸.

김 감독은 내게 이번 여정의 진짜 목적을 귀띔해 주었다. 단순히 결혼식 하객 자리를 채워주는 들러리 여행이 아니었다. 나가노는 영적으로 매우 척박한 땅이라고 했다. 우상 숭배가 심하고, 2차 세계 대전 당시 억울하게 희생된 이들의 한이 서려 있어 영적인 눌림이 극심한 곳이라고. 그래서 현지 한인교회에서 결혼식과 더불어 치유 집회와 축사(귀신 쫓음) 사역을 간곡히 요청해 온 상태였다.

말씀을 전할 분들은 많았으나, 이런 특수 사역을 감당할 확실한 영적 리더가 필요했다. 하나님은 딱 한 분을 예비해 두셨는데, 바로 손기철 장로님이었다. 당시 건국대학교 생명환경과학대학 학장이자 온누리교회 장로였던 그 분은 고 하용조 목사님의 배려로 서빙고 성전에서 '월요치유집회'를 인도하며 성령의 강력한 기름부으심을 전하고 있었다(현재는 HTM 헤븐리터치 미니스트리 대표다).

묻지마 결혼 축하단의 규모는 엄청났다. 손 장로님과 함께 움직이는 온누리교회 내적치유팀만 20여 명이었다. 여기에 김우현 감독과 수많은 목사님과 선교사님까지 합세해 70여 명의 든든한 영적 연합군이 결성되었다.

사실 내가 나가노행을 망설였던 이유는 '효율성' 때문만은 아니었다. 솔직히 말하면 '손기철 장로님'이라는 존재 자체가 큰 부담이었다. 당시 나는 성령 사역에 대해 마음의 빗장을 굳게 걸어 잠그고 있었다. 앞서 고백했듯, 아무리 찾아도 만나주지 않으셨던 성령님께 서운함과 거절감을 느끼고 있었고, 성령의 능력이 실제로 나타나는 현상에 대한 거부감도 컸다. 무엇보다 두려웠다.

'영적 통찰력이 엄청난 분이라는데, 내 속을 훤히 들여다보지 않

을까?'

나는 철저히 이중적인 삶을 살고 있었다. 겉은 번듯한 출판사 대표였지만, 속은 곪고 썩어 문드러진 상태였다. 그 위선을 들킬까 봐 겁이 났다. 손 장로님이 내 눈을 딱 보는 순간, "당신, 지금 가면을 쓰고 있군요. 당장 회개하십시오!"라고 호통칠 것만 같았다. 내 추한 내면을 읽어낼까 봐 전전긍긍했다.

물론 그것은 나의 무지에서 비롯된 오해였다. 훗날 장로님과 가까워진 뒤 이 고민을 털어놓자, 장로님은 웃으며 이렇게 바로잡아 주셨다.

"대표님, 하나님은 인격적인 분이십니다. 성령님은 사람의 치부를 함부로 까발려 망신 주시는 분이 아니에요. 우리의 깊은 속마음은 오직 하나님만 아십니다. 아무리 대단한 사역자라도 사람의 마음을 읽을 수는 없어요. 만약 누군가 그럴 수 있다고 한다면, 그건 거짓말이거나 가짜일 확률이 높습니다."

하지만 그때는 몰랐기에, 나는 공항으로 가는 내내 '최대한 손 장로님과 마주치지 말자'는 전략을 세웠다.

공항 만남의 장소에 도착했다. 아는 목사님들과 인사를 나누고 김우현 감독 옆에 앉아 있는데, 저만치서 누군가 걸어왔다. 손기철 장로님이었다. 순간 긴장했다.

내심 '신령한 은사자'라고 하니, 위아래로 흰 양복을 입고 백구두를 신은 채 목에 힘을 잔뜩 준 근엄한 모습일 거라 상상했다. 그런데 웬걸, 전혀 아니었다. 말끔한 영국 신사 같은 분이 점잖게 걸어와 사람들과 겸손하게 인사를 나누셨다. 얼굴은 해처럼 환하게 빛났고, 발에는 흰 구두 대신 편안한 캐주얼화를 신고 계셨다. 나의 편견이 와장창 깨지는 순간이었다.

김 감독이 내 옆구리를 찔렀다.

"어! 저기 장로님 오시네. 대표님, 인사하셔야죠."

장로님이 우리 쪽으로 다가오셨다. 도망갈 곳이 없었다. 나는 속마음을 들키지 않으려 잔머리를 굴렸다. 정면으로 눈을 마주치면 내 영적 상태가 스캔 당할 것 같아서, 몸을 살짝 45도로 틀었다.

"장로님, 안녕하십니까. 말씀 많이 들었습니다. 규장·갓피플 대표 여진구입니다."

비스듬히 서서 곁눈질로 인사를 건네며 손을 내밀었다. 나름 내 정체를 숨기기 위한 필사의 몸부림이었다.

장로님은 그런 내 속도 모르고 아주 반갑게 손을 잡아주셨다. 나중에 들으니, 장로님은 그때 나를 참 좋게 보셨다고 한다.

짧은 만남이었지만, 마음의 먹구름이 조금씩 걷히기 시작했다. '성령 사역자는 무례하거나 무식하고 이상할 것'이라는 내 선입견과 달리, 장로님은 지적이고 온유하며 따뜻했다.

우리는 금세 친해졌다. 알고 보니 장로님 주변에는 의외로 사람이 많지 않았다. 다들 그 분의 강력한 영적 권위를 어려워하여 슬금

슬금 피했던 것이다(아마 나처럼 속을 들킬까 봐 겁낸 이들이 많았으리라). 반면 나는 직업 특성상 수많은 목회자를 상대해 온 터라, 선입견이 풀리자 대화하는 데 거리낌이 없었다.

평소 품고 있던 영적인 의문들도 장로님은 성경을 근거로 명쾌하게 풀어주셨다. 그 분에 대한 나의 경계심은 호기심으로, 호기심은 깊은 신뢰로 조금씩 바뀌어 갔다.

성령의 불길 속 차가운 목석

도쿄에 도착해 전세 버스로 갈아탔다. 나가노까지는 3,4시간이 더 걸리는 여정이었다. 대부분 초면이었지만, '이름 모를 한 자매의 결혼을 축하한다'는 순수한 목적으로 우리는 금세 하나의 공동체가 되었다. 버스 안에서 함께 찬양하고 간증을 나누는 동안, 내 안의 경계심도 눈 녹듯 사라졌다.

나가노에 도착해 짐을 푼 곳은 세월의 흔적이 묻어나는 운치 있는 전통 료칸이었다. 그리고 다음 날, 드디어 결혼식이 열렸다. 그야말로 눈물과 감격의 현장이었다. 혈혈단신이던 신부는 상상치 못했던 수많은 하객의 진심 어린 축복 속에 눈물범벅이 되었다. 그 광경을 지켜보는데 가슴이 뭉클했다.

'아, 오길 잘했다.'

효율과 손해를 따지던 내 계산이 얼마나 옹졸하고 부질없었는지를 깨달았다. 하나님이 이끄시는 길은 계산기를 두드려서는 알 수 없는 기쁨의 길이었다.

그리고 이튿날, 현지 마을회관에서 말씀 치유 집회가 열렸다. 소문을 듣고 찾아온 일본인들과 교포들로 회관은 발 디딜 틈이 없었다. 육신의 질병을 앓는 이들부터 원인 모를 영적 고통에 시달리는 이들까지, 저마다의 간절함을 품은 영혼들이 가득했다.

강단에 선 손기철 장로님이 입을 열었다. 메시지의 주제는 '하나님나라'(Kingdom of God)였다. 순간, 귀가 번쩍 뜨였다. 그것은 내가 수년 동안 찾아 헤매던 주제였다.

나는 예수님이 선포하신 복음의 핵심이 '하나님나라'라고 확신해 왔지만, 당시 한국 교계에서 이 주제를 영적 깊이와 실제적인 능력으로 풀어내는 설교를 만나기가 쉽지 않았다. 그런데 일본의 외진 시골 마을에서, 그것도 손 장로님을 통해 그 오랜 갈증이 해소될 줄이야!

선포되는 메시지는 매우 강력했다. 장내를 가득 채운 참석자들의 얼굴마다 은혜의 빛이 번져나갔다. 설교 후 2부 순서로 치유 사역이 시작되자, 성령의 강력한 임재가 현장을 덮쳤다. 손 장로님이 손을 얹어 기도할 때마다 어둠의 영들이 소리 지르며 떠나갔고, 질병이 치유되는 역사가 눈앞에서 펼쳐졌다. 여기저기서 통곡과 감사의 찬양이 터져 나왔다.

그러나 딱 한 사람, 나만 그 뜨거운 성령의 용광로 속에서 홀로 목석처럼 서 있었다. 머리로는 '놀라운 역사다'라고 인정했지만, 가슴은 냉랭했다. 여전한 영적 거절감이 나를 옥죄고 있었다.

'성령님이 과연 나를 만나주실까? 남들은 저렇게 뜨겁게 반응하는데 왜 나만 아무런 전율이 없을까?'

동시에 '나는 이미 다 알고 있다'는 교만한 자의식이 나를 방관자로 만들었다. 사탄은 내가 그 은혜의 강물에 뛰어들지 못하도록 내 발목을 단단히 붙들고 있었다.

집회가 끝날 무렵, 손 장로님이 참석자 전원을 위해 안수 기도를 해주겠다고 선포하셨다. 한국에서 온 일행들이 하나둘 줄을 섰다. 내가 차마 나가지 못하고 쭈뼛거리자, 옆에 있던 분이 내 등을 떠밀었다.

"대표님, 어서 나가보세요."

"아, 예⋯."

그렇게 대열에 합류했다. 앞에서부터 장로님이 손을 얹자마자 사람들이 낙엽처럼 뒤로 쓰러졌다. 울음을 터뜨리고 바닥을 구르며 치유를 경험했다. 내 차례가 다가올수록 초조함은 극에 달했다.

'큰일 났다. 나는 아무 느낌도 없는데⋯.'

남들은 다 쓰러지는데 나만 멀뚱히 서 있으면 장로님도 무안하시고, 나도 망신일 것 같았다.

드디어 장로님이 내 앞에 서셨다. 그 분의 손이 내 머리를 향해 다가오자, 나는 비겁한 결단을 내렸다.

'에라, 모르겠다!'

장로님의 손이 닿기도 전에 냅다 뒤로 누워버렸다. 완벽한 할리우드 액션이었다. 오직 민망한 상황을 피하고 보자는 생각뿐이었다.

바닥에 누웠는데 정신은 너무나 말똥말똥했다. 바닥의 냉기가 등줄기를 타고 올라오자, 형용할 수 없는 자괴감이 밀려왔다.

'언제 일어나야 하지?'

눈치만 살피고 있는데 마침 옆 사람이 부스럭거리며 일어나길래, 나도 엉겁결에 몸을 일으켰다. 주위를 둘러보니 다들 얼굴이 해같이 빛나고 있었다. 나 역시 짐짓 은혜받은 표정을 지으며 그들 틈에 섞였지만, 내 안은 바싹 메말라 있었다.

숙소로 돌아오는 길, 밤공기가 찼다. 일행들은 흥분이 가시지 않아 서로 받은 은혜를 나누느라 시끌벅적했다. 나는 대화에 끼지 못한 채 대열 맨 끝에서 터덜터덜 걸었다. 문득 올려다본 나가노의 밤하늘에 별이 총총했다. 울컥, 눈물이 솟았다. 속에서 비명 같은 기도가 터져 나왔다.

'하나님… 너무 비참합니다. 남들은 다 진짜 은혜를 누리는데, 저는 가짜로 쓰러져 은혜받은 척 연기를 했습니다. 이런 제가 너무나 싫고 불쌍합니다. 저도 정말 주님을 만나고 싶습니다. 아무리 발버둥 쳐도 안 되는데, 저보고 어떡하란 말입니까!'

숙소에 도착했다. 손 장로님은 집회 주 강사이기에 방을 따로 쓰시고, 우리는 다다미방에 8명씩 배정받아 이불을 깔고 누웠다. 잠자리에 들어서도 목사님들의 간증이 끊이지 않았다.

"그때 정말 성령의 불이 임하는 것 같지 않았어?"

나는 이불을 머리끝까지 뒤집어쓰고 자는 척했다. 가끔 "맞아요", "좋았죠"라며 영혼 없는 추임새만 던질 뿐이었다.

그때 옆방에서 누군가 흐느끼는 소리와 간절한 방언 소리가 들려왔다. 알고 보니 우리 일행 중 아직 성령 체험이 없던 분들이 온누리교회 내적치유팀 스태프들에게 기도를 받고 있었다. 벽 너머까지 그 뜨거운 열기가 고스란히 전해졌다. 내 사정을 뻔히 아는 김우현 감독이 슬쩍 말을 건넸다.

"대표님, 아직 방언 못 하시죠?"

순간 자존심이 상해서 퉁명스럽게 대꾸했다.

"네, 뭐 못 합니다. 안 합니다."

"지금 옆방에서 기도해 주고 있는데, 가서 한번 받아보시죠?"

내 속도 모르고 권하는 그가 야속했다. 창피해서라도 그 자리에 갈 수 없었다. 나는 핑계를 댔다.

"됐습니다. 내가 그래도 명색이 대표인데 스태프한테 받겠습니까? 이왕 받을 거면 대장한테 받아야죠. 손 장로님 아니면 안 받습니다."

말도 안 되는 억지였다. 장로님은 이미 주무시러 가셨으니 '오늘 밤은 이걸로 상황 종료'라는 계산이었다. 그런데 말이 씨가 된다고 했던가. 내 입에서 말이 떨어지기 무섭게 미닫이문이 '드르륵' 열렸다.

"아이고, 오늘 은혜가 너무 커서 잠이 안 오네요. 목사님들과 더 교제하고 싶어서 왔습니다."

환하게 웃으며 방으로 들어서는 사람은 바로 그 사역팀의 '대장', 손기철 장로님이었다.

방언과 참된 안식

돌이켜보면 모든 것이 정교하게 짜인 각본 같았다. 우연이라기엔 너무나 치밀했다. "비행기 표가 있으면 가겠습니다"라며 끝까지 버텼더니 불가능에 가깝던 티켓이 내 손에 쥐어졌고, "이왕이면 대장한테 기도받고 싶다"라며 비겁한 핑계를 대자마자 그 '대장'이 문을 열고 들어왔다. 하나님은 내 모든 퇴로를 하나씩 차단하며 기어이 당신 앞에 나를 세우셨다.

방 안에는 손 장로님과 김우현 감독, 그리고 몇몇 목사님이 둘러앉았다. 우리는 집회 현장에서 목격한 기적과 은혜를 나누느라 시간 가는 줄 몰랐다. 나눔이 깊어질 무렵, 한 목사님이 정중히 제안했다.

"장로님, 실례가 안 된다면 저희를 위해 기도해 주실 수 있을까요? 아까 집회 때는 인파에 밀려 정신이 없었습니다. 이 밤에 더 깊은 기름부음을 경험하고 싶습니다."

손 장로님은 흔쾌히 고개를 끄덕이셨고, 즉석에서 작은 기도회가 열렸다. 장로님이 한 분씩 머리에 손을 얹자, 방 안은 금세 뜨거운 영적 기류로 가득 찼다.

나는 기대 반, 초조함 반으로 줄의 맨 끝에 서 있었다. 드디어 내 차례가 왔다. 장로님이 내 앞에 서시자, 나는 괜히 쑥스러워 어색하게 웃어 보였다. 그때 옆에 있던 김우현 감독이 넌지시 거들었다.

"장로님, 여 대표님은 아직 방언이 열리지 않았습니다."

장로님이 나를 그윽하게 바라보며 물으셨다.

"대표님, 방언 받기를 원하십니까? 성령의 역사는 억지로 할 수 있는 게 아닙니다. 하지만 본인이 간절히 사모한다면 제가 도울 수는 있습니다."

나는 그때까지도 자존심의 끈을 차마 놓지 못했다. 무의식적인 방어기제가 작동해 버렸다.

"뭐, 주시려면 주세요. 40년 동안 바랐는데도 안 열린 입입니다. 솔직히 받고 싶은 마음은 굴뚝같지만, 이번에도 안 될 것 같습니다."

내 냉소적인 대답에도 장로님은 여유롭게 미소 지으셨다.

"그럼 하나님이 어떻게 일하시는지 한번 봅시다."

장로님이 천천히 손을 드셨다. 나는 의심의 눈초리로 장로님의 손과 내 몸 사이의 간격을 예의 주시했다.

'어디 내 몸을 조금이라도 밀기만 해봐라. 밀어서 넘어뜨리는 건 가짜다. 절대 안 넘어간다.'

나는 두 다리에 힘을 딱 주고 버티기 모드에 돌입했다. 그런데 장로님의 손은 내 몸에 닿지 않았다. 어떤 물리적인 힘도 가해지지 않았다. 그저 성령님을 초청하는 나지막하고 간절한 기도가 시작되었을 뿐이다.

바로 그때였다. 갑자기 내 몸이 깃털처럼 가벼워지는가 싶더니, 허공으로 붕 떠오르는 느낌이 들었다. 중력이 사라진 것 같았다. 정신을 차려보니 나는 바닥에 누워 있었다(뒤로 넘어갈 때 김 감독님과 목사님들이 안전하게 받아주었다고 한다).

황홀했다. 기분이 날아갈 듯 상쾌했다. 마치 푹신한 구름 위에 대자로 누워 있는 기분이었다. 내 안을 가득 채우고 있던 근심과 걱정, 미래에 대한 불안, 가면 뒤에 숨겨두었던 분노와 탐욕의 찌꺼기들이 썰물처럼 빠져나갔다. 내 영혼의 밑바닥까지 청소된 듯 깨끗하고 가벼웠다. 처음 느껴보는 '안식'이었다. 세상이 주는 찰나의 휴식이 아니라, 성령의 품에 온전히 잠겼을 때만 맛볼 수 있는 참된 안식.

요즘도 기도 중에 성령께서 강력하게 임재하실 때면, 나는 어김없이 이 깊은 안식 상태로 들어간다. 모든 걱정이 사라지고, 어린아이가 어머니의 품에 안긴 듯 말할 수 없이 평온해지는 상태. 그날 밤, 난생처음 천국의 평안을 맛보았다.

보혜사 곧 아버지께서 내 이름으로 보내실 성령 그가 너희에게 모든 것을 가르치고 내가 너희에게 말한 모든 것을 생각나게 하리라 평안을 너

그 평안한 구름 위를 유영하듯 누워 있는데, 손 장로님의 목소리가 들려왔다.

"자, 이제 입을 열고 방언으로 기도하십시오."

나는 바닥에 누운 채 의아한 생각이 들었다.

'아니, 방언을 못 해서 기도를 받은 건데, 다짜고짜 하라면 어떡해? 내가 억지로 말을 지어내야 하나?'

나는 따져 물으려고 입을 열었다.

"장로님, 방언을 어떻게 하라는 건데요?"

그런데 내 귀에 들린 소리는 한국말이 아니었다.

"카르마크로… 카르마크로… 카르마…."

나는 분명 한국말로 질문을 던졌는데, 혀가 꼬이며 입에서 알 수 없는 언어가 쏟아져 나왔다. 내 의지를 넘어선 성령의 강권적 역사였다.

주변에서 "할렐루야!" 하는 함성이 터졌다. 40년간 굳게 닫혀 있던 내 영혼의 빗장이 마침내 풀리는 순간이었다. 그토록 갈망했던 하늘의 언어가 내 혀를 타고 폭포수처럼 흘러나오자 주체할 수 없는 기쁨이 밀려왔다. 가슴이 벅차올랐다. 그대로 밤을 새워 하나님과 대화하고 싶었다.

'좋아, 오늘 밤은 끝까지 가보자!'

다시 입술을 떼고 기도를 시작하려는데 누군가가 찬물을 확 끼얹었다.

"자, 이제 불 끄고 잡시다."

순간 봇물 터지듯 나오던 방언이 쏙 들어갔고 정신이 번쩍 들었다. 아쉬움에 입맛을 다셨지만 어쩔 수 없었다. 다른 분들은 이미 한참 전에 기도를 마쳤고, 밤도 깊었으니 피곤할 만했다. 다들 내게 축하 인사를 건네고는 각자 이불 속으로 들어갔다.

어두컴컴해진 방, 나는 눈을 말똥말똥 뜬 채 천장을 바라보았다. 자꾸만 입가에 미소가 번졌다. 그렇게 나는 일본 어느 다다미방에서, 40년 만에 처음으로 성령님을 만났다.

발가벗겨지다

그가 와서 죄에 대하여, 의에 대하여, 심판에 대하여 세상을 책망하시리라
요 16:8

밤새 죄를 토해내다

2007년 3월 1일. 내가 일본에서 성령님을 인격적으로 대면한 그날은 공교롭게도 삼일절이었다. 국가적으로는 일제 치하에서 해방을 선포한 날이었지만, 내게는 죄의 억압으로부터 자유를 선포한 '영적 만세 운동'이 시작된 날이었다.

방언을 받은 다음 날, 한국으로 돌아오는 비행기 안에서도 내 가슴속에는 꺼지지 않는 불덩이가 들어와 있는 듯했다. 심장이 '둥둥 둥둥' 북소리를 내며 요동쳤다. 그 뜨거운 열기를 고스란히 안고 집에 도착했다.

그런데 뜻밖의 복병이 있었다. 바로 나의 짧은 기억력이었다. 분명 어젯밤 기도를 받을 때는 방언이 폭포수처럼 쏟아졌는데, 막상 혼자 해보려니 도무지 어떻게 시작했는지 감이 잡히지 않았다.

‘혹시 일회성 체험이었나? 다시 열리지 않으면 어떡하지?’

걱정이 앞섰다.

아내를 보자마자, 나는 어린아이처럼 그간의 일들을 쏟아냈다.

“여보, 나 드디어 성령님을 만났어! 평생소원이던 방언도 터졌어!”

아내 역시 전통 교단 배경에서 자라 성령 체험을 지식으로만 알 뿐, 실제적인 경험이 없었다. 내 말에 아내의 눈이 휘둥그레졌다.

“정말? 그럼 한번 해봐!”

순간 말문이 턱 막혔다. 방법이 생각나지 않았다. 나는 당혹감을 감추려 짐짓 엄숙한 표정을 지으며 둘러댔다.

“아니, 사람이 참 경박하게…. 하나님이 주신 귀한 방언을 아무 데서나 막 보여달라고 하면 안 되지! 이건 거룩하게 기도 시간에 하는 거야.”

아내는 궁금해하면서도 고개를 끄덕이며 물러섰다(지금 생각하면 참 궁색한 변명이었다).

그날 밤, 아이들을 재우고 아내와 침대에 누웠지만 잠이 오지 않았다. 가슴속 불덩이가 나를 가만두지 않았다. 당장이라도 입을 열어 그 하늘의 언어를 확인해 보고 싶은 갈망에 온몸이 달아올랐다.

자정을 넘겨 아내의 고른 숨소리를 확인한 뒤에야, 나는 슬그머니 침대에서 빠져나왔다. 그리고 서재로 들어가 문을 걸어 잠갔다. 하나님과 단둘이 앉아 담판을 지을 시간이었다.

서재 바닥에 무릎을 꿇었다.

"하나님, 감사합니다. 평생 원하던 성령님을 어젯밤 만난 것 같습니다. 하지만 확신이 없습니다. 가슴은 불일 듯 뜨거운데, 방언이 생각나지 않습니다. 제발 다시 제 입을 열어주세요."

그때 일본에서 손 장로님이 해주신 조언이 떠올랐다.

"대표님, 집에 가서 기도할 때 성령님을 정중히 초청하세요. 그리고 그분께 입술을 맡기세요. 억지로 말을 만들려 하지 말고, 그저 혀를 내어드리면 됩니다."

나는 그 권면을 붙들고 숨을 골랐다.

"성령님, 이 자리에 초청합니다. 제 입술을 온전히 맡겨드립니다. 저는 아무것도 하지 않겠습니다. 오직 성령께서 주장하여 주옵소서."

어떤 신비한 능력을 구한 것이 아니었다. 하나님과 나만 아는 친밀함의 표식, 그 확증이 간절했을 뿐이다. 그러자 입술을 떼는 순간, 내 의지와는 무관한 언어가 터져 나왔다.

"라키아마야…."

놀랍게도 일본에서 체험했던 것과는 또 다른 소리였다. 온몸에 전율이 흐르고 희열이 밀려왔다. 입술로는 방언이 쉴 새 없이 흘러나왔고, 머릿속으로는 '와, 진짜구나! 하나님 감사합니다!'를 연발했다.

그런데 기쁨도 잠시, 갑자기 가슴 깊은 곳에서 뜨거운 것이 울컥 치밀어 올랐다. 그것은 '죄'였다. 영혼 깊숙이 묻어둔 죄의 기억들이 걷잡을 수 없이 쏟아져 나오기 시작했다.

그전까지 나는 내가 '죄인'이라는 사실을 그리 심각하게 받아들이지 않았다. 성격이 좀 급하고 불만이 많은 것 빼고는, 남에게 해코지하지 않고 세금 꼬박꼬박 내며 사는 선량한 시민이라 자부했다. 목사님들이 강단에서 "우리는 죄인입니다"라고 선포할 때마다 속으로 반문하곤 했다.

'내가 그 정도까지 죄인인가?'

완벽한 착각이었다. 성령의 강렬한 빛이 내 영혼을 비추자, 내면의 어둠이 적나라하게 드러났다. 내가 죄라고 인지하지도 못했던 일들이 고화질 영상처럼 머릿속에서 파노라마로 펼쳐졌다.

누군가를 미워하고 저주했던 마음, 교만한 시선으로 타인을 정죄하고 판단했던 오만함, 날카로운 말과 눈빛으로 사랑하는 이들에게 상처 주었던 순간, 하나님의 뜻보다 세상의 이득을 좇았던 불순종의 기억, 심지어 아내가 아닌 다른 여성을 보고 음란한 생각을 품었던 은밀한 순간까지…. 성령님은 하나도 빠짐없이, 아주 미세한 부분까지 들추어내셨다. 하나같이 하나님의 영광이 아닌 내 정욕을 위해 살았던 시간이었다.

견딜 수가 없었다. 창자가 끊어지고 속이 뒤틀리는 고통이 몰려왔다. 나는 주먹으로 가슴을 치며 바닥을 굴렀다. 눈물, 콧물, 침 범벅이 되어 짐승처럼 울부짖었다.

"하나님… 죄송합니다. 제가 쓰레깁니다. 제가 바로 죄인 중의 괴

수입니다! 저를 용서해 주세요… 제발 살려주세요…!"

환한 빛이 들어오면 평소엔 보이지 않던 먼지가 선명히 드러나는 법이다. 성령께서 내 영혼의 밀실에 불을 켜시자, 구석구석 처박혀 있던 죄의 먼지와 쓰레기들이 낱낱이 드러났다.

나는 밤새도록 죄를 토해내고 또 토해냈다. 그것은 고통스러운 형벌이 아니었다. 하나님의 은혜를 담기 위해 더러워진 그릇을 깨끗이 비워내는 거룩한 대수술이었다.

하나님을 믿지 않은 죄

… 내가 떠나가지 아니하면 보혜사가 너희에게로 오시지 아니할 것이요 가면 내가 그를 너희에게로 보내리니 그가 와서 죄에 대하여, 의에 대하여, 심판에 대하여 세상을 책망하시리라 요 16:7,8

성경은 보혜사 성령이 오시면 가장 먼저 하시는 일이 '죄에 대하여 세상을 책망하시는 것'이라고 가르친다. 그 엄중한 말씀이 내게 문자 그대로 이루어졌다. 그날 밤, 주님은 내 입술을 통해 수백 가지가 넘는 죄를 낱낱이 자백하게 하셨다. 줄줄이 쏟아져 나오는 죄의 목록 중에서 가장 무겁고 뼈아픈 죄는, 그다음 9절에 기록된 죄였다.

성령의 조명 아래 드러난 가장 추악한 죄는 살인도, 간음도 아닌 '예수님을 믿지 않은 죄'였다. 나는 모태신앙이라는 견고한 껍데기를 두르고 있었지만, 실상 예수님을 단 한 순간도 믿지 않고 있었다. 그분이 내 삶을 책임지신다는 신뢰가 없었기에 늘 미래를 걱정하며 불안에 떨었다. 입술로는 "주여, 주여" 하고 소리 높여 불렀으나, 정작 내 마음속에서 그분은 주인이 아니셨다.

나는 예수님을 '뒷방 늙은이' 취급했다. 평소에는 거치적거린다며 구석진 곳에 방치했다가, 내 힘으로 도저히 감당할 수 없는 한계에 부딪힐 때만 '램프의 요정 지니'처럼 불러냈다.

"주님, 급합니다. 당장 재정이 필요합니다. 해결해 주세요."

긍휼이 많으신 주님은 그 철없고 이기적인 기도에도 신실하게 응답해 주셨다. 하지만 나는 문제가 해결되면 감사하며 엎드리기는커녕, 효용 가치가 다했다는 듯 다시 그분을 밀어냈다.

"자, 해결됐으니 다시 뒷방에 가 계세요. 제가 부를 때까지 나오지 마세요. 제 인생은 제가 알아서 합니다."

내 마음속 왕좌에는 예수님이 아닌 '나'라는 거대한 우상이 앉아 있었다. 내가 주인 되어 내 소견에 옳은 대로 살았다. 성령님은 그 부끄럽고 추악한 민낯을 폭로하셨다. 나의 뿌리 깊은 불신앙을 책망하시며, 이제 삶의 통치권을 반납하라고 명령하셨다. 내가 할 수 있는 것이라고는, 바닥을 구르며 용서를 구하는 것뿐이었다.

"주님, 잘못했습니다. 주님만이 나의 주인이십니다. 제가 움켜쥐고 있던 삶의 주도권을 이제 주님께 온전히 올려드립니다."

그날 밤 서재에서, 성령께서 기억나게 하시는 시뻘건 죄들을 토해낼 때마다, 주님은 보혈로 그 더러운 자국을 하얗게 씻겨주셨다.

여호와께서 말씀하시되 오라 우리가 서로 변론하자 너희의 죄가 주홍 같을지라도 눈과 같이 희어질 것이요 진홍같이 붉을지라도 양털같이 희게 되리라 사 1:18

사실 나는 기도를 길게 못 하는 사람이었다. 평균 기도 시간은 고작 5분, 길어야 10분을 넘기지 못했다. 가족과 회사, 주변을 훑는 순찰 코스 같은 기도를 한 바퀴 돌고 나면 더는 할 말이 없었다. 성경에 '중언부언하지 말라' 하셨으니 "하나님, 다 아시죠? 알아서 해 주세요"라며 황급히 끝내기 일쑤였다. 그것은 믿음의 기도가 아니라, 밀린 숙제를 후다닥 해치우는 요식 행위에 불과했다.

그런데 그날은 달랐다. 데굴데굴 구르며 통곡하다 문득 정신을 차려보니, 창밖이 새벽빛으로 밝아오고 있었다. 시계를 보니 무려 6시간이 지나 있었다.

'내가… 6시간 동안 기도를 했다고?'

믿기지 않았다. 서재 바닥은 눈물 콧물을 닦아낸 휴지 뭉치들로 아수라장이 되어 있었다. 갑 휴지 한 통을 다 비울 만큼 모든 걸 쏟아내고 나서야 비로소 기도가 멈추었다.

갑자기 허기가 졌다. 하지만 부엌으로 나갈 수 없었다. 아내를 마주할 면목이 없었다. 그 새벽, 하나님 앞에서 아내에게 지은 죄를 낱낱이 회개했기에, 퉁퉁 부은 눈으로 차마 아내를 바라볼 자신이 없었다. 깊은 미안함과 죄책감이 밀려왔다.

나는 화장실에서 세수만 하고 옷을 갈아입은 뒤 도망치듯 집을 나섰다. 회사에 도착하자마자 예배실로 달려가 다시 눈을 감았다. 이제는 방언이 끊길까 봐 걱정하지 않았다.

성령님을 초청하자마자 또다시 눈물이 왈칵 쏟아졌다. 새벽에 다 털어낸 줄 알았는데 아니었다. 내 묵은 죄들은 끝이 없었다. 마치 회개할 제목들이 길게 줄을 서서 자기 차례를 기다리는 것 같았다. 고민할 필요조차 없었다. 하나를 회개하면 성령께서 즉시 다음 죄를 떠올려 주셨다.

'아, 하나님이 시키시는 회개란 이런 거구나.'

그 후 3개월 동안, 나는 하루 2시간 이상 기도실에 머물며 오직 회개에 전념했다. 눈만 감으면 죄가 보였다. 상처 주었던 지체들, 비난했던 동료들, 무시했던 목회자들, 그리고 가장 가까운 아내와 아이들까지…. 내가 죄를 지었던 장소와 상황, 그때의 감정까지 생생하게 되살아났다. 눈으로 사람을 죽인다고 했던가. 나는 눈으로 흘겨보고, 마음으로 판단하고, 속으로 정죄하며 수많은 살인을 저지른 죄인이었다.

너무 부끄럽고 고통스러웠지만, 동시에 정말 감사했다. 그것은 때 묻은 나를 정결하게 씻기시는 하나님의 목욕 시간이었기 때문이다.

3개월의 치열한 회개가 마무리되고 이후 3개월은 감사의 눈물에 젖어 살았다(물론 본질적인 회개가 끝났다고 해서 죄로부터 해방되는 건 아니다. 우리는 매일 죄를 짓기에 날마다 주님 앞에서 씻어내는 과정이 반드시 필요하다). 나 같은 추악한 죄인을 포기하지 않고 끝까지 기다려 주신 사랑, 다시 일어설 기회를 주시는 그 은혜가 사무쳐서 견딜 수 없었다. 툭 하면 눈물이 났다. "하나님", "주님"이라는 단어만 입술에 머금어도 가슴이 먹먹해지고 눈시울이 붉어졌다.

은혜가 임하면, 하늘만 바라봐도 눈물이 난다. 기도할 때 하나님을 보고 싶은 갈망이 생긴다면, 그것은 이미 은혜가 시작되었다는 신호다. 그분을 사모하며 기다리는 자를 하나님은 결코 외면하지 않으신다. 반드시 찾아오셔서 만나주신다.

그날 이후로 삶의 방식이 완전히 바뀌었다. 아주 사소한 일까지 주님께 여쭈며 걷기 시작했다.

"하나님, 이 선택이 맞나요? 지금 제가 무엇을 해야 할까요?"

마치 갓난아이가 부모의 손을 잡고 걸음마를 배우듯, 하나하나 묻고 답을 얻으며 걷는 의존적 존재로 거듭났다.

가족과 직원에게 사과해라

매일 눈물을 쏟는 나날이었다. 회개의 눈물, 감사의 눈물, 십자가 사랑에 감격한 눈물이 마를 새가 없었다. 그러던 어느 날, 기도 중에 하나님의 마음이 파도처럼 밀려왔다.

'가족과 직원들에게 공개적으로 사과해라.'

나는 귀를 의심했다.

"하나님, 제가 하나님 앞에서 이미 다 회개하지 않았습니까? 굳이 사람들 앞에서 공개 사과까지 해야 합니까?"

하나님은 침묵하셨다. 나는 마음을 고쳐먹고 다시 여쭈었다.

"알겠습니다. 그런데 도대체 무엇을 사과해야 합니까?"

솔직히 억울한 마음이 들었다. 나름대로 괜찮은 가장이자 경영자라고 자부해 왔기 때문이다. 자녀들에게 손찌검 한번 한 적 없었고, 아내에게도 성실한 남편이었다. 회사에서도 마찬가지였다. 창사 이래 직원을 부당하게 해고하거나 월급을 밀려본 적이 없으니, 이만하면 훌륭한 대표라고 생각했다.

그러나 주님은 내 교만한 자부심을 산산이 깨뜨리셨다. 하나님이 비추시는 죄의 목록은 세상의 법과는 차원이 달랐다. 마음속으로 아내를 무시했던 시선, 직원들을 정죄하고 판단했던 차가운 마음, 폭력적인 언어로 상대의 가슴을 후벼 팠던 순간들이 주마등처럼 스쳐 지나갔다. 나는 항복했다. 그리고 가장 가까운 가족부터 사과하기로 결심했다.

금요일 퇴근길, 하나님께서 '오늘이다'라는 강한 마음을 주셨다. 집에 들어서자마자 식구들을 모았다.

"여보, 얘들아. 오늘 다 같이 예배드리자."

아내와 세 아이는 영문도 모른 채 성경책을 들고 거실로 모였다. 당시 큰아들 인환이가 11세, 둘째 딸 혜리가 8세, 막내 인규가 4세였다.

가족들이 둘러앉자, 나는 대뜸 바닥에 무릎을 꿇었다. 아내는 기도 시간인 줄 알고 따라 꿇으려 했고, 아이들도 엉거주춤 엄마를 따라 하려 했다. 내가 손사래를 쳤다.

"아니야, 오늘은 아빠만 무릎을 꿇을게. 아빠가 너희에게 꼭 할 말이 있어."

아내와 아이들 눈이 휘둥그레졌다. 나는 떨리는 목소리로 입을 뗐다.

"너희도 알지? 이번에 아빠가 일본에 가서 성령님을 깊이 만난 거. 그런데 하나님이 엄마와 너희에게 사과하라고 하시는구나. 사실 아빠는 내가 꽤 좋은 아빠, 좋은 남편인 줄 알았는데, 기도해 보니 아빠가 잘못한 게 너무 많더라. 오늘 이 자리에서 정식으로 사과할게. 부디 이 못난 아빠를 용서해 다오."

말을 맺기도 전에 눈물이 툭툭 떨어졌다. 고개를 들어보니 아내의 눈에서도 눈물이 흐르고 있었다. 아빠와 엄마가 우는 모습을 보자 큰아이와 둘째도 훌쩍이기 시작했다. 네 살배기 막내만 '이게 무슨 상황인가’ 싶어 눈을 껌벅이며 멀뚱히 쳐다보고 있었다.

나는 아내의 손을 잡았다.

“여보, 정말 미안해.”

때리지 않았다고 죄가 없는 게 아니었다. 나는 마음으로 수없이 아내를 때렸다. 퇴근 후 집안이 조금이라도 어질러져 있으면 아내에게 날카롭게 쏘아붙이곤 했다.

“종일 집에 있으면서 청소도 안 하고 뭐 했어? 왜 이렇게 지저분하게 살아!”

아이 셋을 홀로 키우는 아내의 고단함은 헤아리지 못한 채, 내 스트레스를 핑계로 아내 가슴에 비수를 꽂았었다. 그 모진 말들을 전부 회개했다.

내가 진심으로 용서를 구하자, 아내가 나를 꼭 안아주었다.

“아니에요. 나도 당신을 마음속으로 미워하고 판단했어요. 나를 용서해 주세요.”

우리는 부둥켜안고 어린아이처럼 울었다. 서로가 더 잘못했다며 용서를 비는 기이한 풍경이 한참 동안 이어졌다.

울음이 잦아든 뒤 큰아들을 불렀다.

“인환아, 이리 와. 아빠 때문에 상처받은 거 많지? 정말 미안하다. 아빠를 용서해 줄래?”

의젓한 큰아들은 울먹이다가 대답했다.

“아니야, 괜찮아. 난 아빠 다 용서해. 아빠도 나 항상 용서해 주잖아."

우리는 또다시 서로를 껴안았다. 둘째 혜리도 마찬가지였다. 뭐든 알아서 잘하는 딸이라 혼낼 일도 없었지만, 그래도 사과하니 딸아이는 고사리 같은 손으로 내 눈물을 닦아주며 함께 울었다.

마지막으로 막내 차례였다. 인규를 부르려는데, 녀석이 먼저 내게 다가왔다. 그러더니 내 등을 툭툭 치며 말했다.

"내가 다 용서했어. 괜찮아. 아빠, 힘내."

순간, 울음바다였던 거실에 웃음이 터졌다. 네 살짜리의 쿨한 용서가 어찌나 귀엽고 사랑스럽던지.

그날 밤, 우리 집에는 '화해의 축제'가 열렸다. 내가 시키지도 않았는데 아내가 평소 갈등이 있던 큰아들을 안고 사과했고, 형제끼리도 서로 미안하다며 용서의 릴레이가 이어졌다.

2시간 동안 한바탕 눈물 콧물을 쏟고 나니 배가 고팠다. 우리는 피자, 치킨, 떡볶이 3종 세트를 시켜놓고 파티를 벌였다. 나의 사과로 시작된 그날 밤, 하나님은 우리 가정의 해묵은 상처를 말끔히 씻어주셨다.

내가 변하자 가정에 평안이 찾아왔다. 이전에는 가족의 잘못을 '충고'라는 이름으로 지적하는 데 급급했지만, 이제는 비난 대신 기도로 품기 시작했다. 그러자 아내의 마음이 열렸고 아이들도 나를 따뜻하게 대했다. 결국 문제의 근원이 나였음을, 내가 변해야 모든 것이 변한다는 사실을 뼈저리게 깨달았다. 우리 가족에게 이 귀한 회복의 시간을 허락하신 하나님께 진심으로 감사드렸다.

며칠 뒤 출근길, 하나님께서 또다시 신호를 주셨다.

'오늘이다. 직원들에게 사과해라.'

솔직히 두려웠다. 대표가 직원들에게 고개를 숙이는 것은 결코 쉬운 일이 아니었다. 하지만 가정에 임했던 치유의 역사가 회사에도 임하기를 기대하며 예배실로 향했다.

아침 예배 시간, 나는 전 직원 앞에 섰다.

"저는 오늘 여러분께 용서를 구하러 이 자리에 섰습니다. 그동안 제가 여러분을 사랑하고 축복한다고 말했지만, 사실은 거짓말이었습니다. 속으로는 미워하고 정죄하며, 내 눈앞에서 사라져 줬으면 하고 바랄 때도 있었습니다. 진심으로 사랑하지 못했습니다. 정말 죄송합니다."

그리고 한 가지를 덧붙였다.

"무엇보다 그동안 제가 성령님을 제한하고, 여러분이 부르짖으며 열렬히 기도하지 못하게 막았던 영적 교만을 회개합니다. 용서해 주십시오."

말을 마치고 직원들을 향해 정중히 허리를 굽혔다. 직원들은 어리둥절한 표정이었다. 개중에는 대표의 갑작스러운 태도 변화를 의심의 눈초리로 바라보는 이들도 있었다. 하지만 그들을 탓하지 않았다. 내가 뿌린 씨앗이니 거두는 것도 내 몫이었다. 다행히 그 의심은 성령님의 세밀한 만지심 속에 서서히, 그러나 확실하게 녹아내렸다.

이 좋은 걸 나만 알 수 없어서

성령님을 만나고 내 삶의 공기가 완전히 바뀌었다. 오랫동안 나를 짓눌렀던 가식의 가면을 벗어던지자 비로소 숨통이 트이는 것 같았다. 마음이 평안해지니 잠도 잘 잤고, 고질병이던 두통도 사라졌다. 스트레스를 받으면 머리가 깨질 듯 아파 늘 약을 달고 살았는데, 내면의 분노와 불안이 떠나가자 통증도 씻은 듯이 나았다.

마음의 여유가 생기니 예전 같으면 불같이 화냈을 직원의 실수도 너그럽게 품을 수 있었다. 경영의 짐을 하나님께 맡겨버리니 더는 걱정에 사로잡히지도 않았다.

내 안에 참된 기쁨이 차오르자, 아침마다 이런 기도가 터져 나왔다.

“하나님, 이렇게 좋은 성령님을 저 혼자만 알 수는 없습니다. 이 기가 막힌 은혜를 직원들과 함께 나누고 싶어 견딜 수가 없습니다!”

그제야 이해가 갔다. 지하철이나 거리에서 타인의 시선에 아랑곳하지 않고 복음을 외치던 사람들의 심정을. 전에는 그들을 보며 눈살을 찌푸리기도 했지만, 이제는 알 것 같았다. 터질 듯한 구원의 감격, 주체할 수 없는 복음의 기쁨 때문에 가만히 있을 수가 없는 것이다.

내게도 그 뜨거운 불이 붙었다. 사랑하는 가족은 물론, 매일 얼굴을 맞대는 회사 식구들이 눈에 밟히기 시작했다. 나는 눈물로 주님께 매달렸다.

"성령님, 규장과 갓피플에도 임재해 주십시오. 제게 주신 이 강력한 은혜를 우리 직원들에게도 부어주옵소서!"

당시 회사의 영적 분위기는 차갑고 냉랭했다. 글과 책을 다루는 출판사 특성상, 직원들은 이성적이고 비판적인 사고에 익숙했고, 신앙에 있어서도 냉소적인 기류가 강했다.

부끄러운 고백이지만, 그런 분위기를 주도한 장본인이 나였다. 성령님을 만나기 전의 나는, 아침 예배 시간에 뜨겁게 기도하는 분위기가 형성되는 것조차 철저히 가로막았다. 누군가 간절히 부르짖으려 하면 가차 없이 제지하곤 했다.

"예배 시간에 왜 혼자 큰 소리를 냅니까! 조용히 기도하세요."

대표가 앞장서서 성령의 역사를 훼방했으니 영적 침체는 당연한 결과였다. 그런 내가 일본에서 180도 바뀌어 돌아온 것이다.

입만 열면 회개가 터져 나왔다.

"하나님, 제가 성령님을 제한하고 뜨거운 기도를 핍박했습니다. 제가 방해꾼이었습니다. 저를 용서해 주십시오. 그러나 이제는 아닙니다. 전 직원이 성령을 받아야 합니다!"

당장이라도 직원들을 붙들고 내가 만난 하나님을 전하고 싶어 입이 간질거렸다. 그런데 기도 중에 하나님이 제동을 거셨다.

'가만히 있어라. 일은 내가 한다. 너는 입을 다물고 그저 그들을

위해 기도만 하거라.'

하나님은 내가 직접 나서서 말하는 것을 단호히 막으셨다. 내가 나서면 자칫 잔소리나 강요가 될 수 있지만, 하나님이 하시면 역사가 된다는 사실을 가르치려 하신 것이다.

나는 순종하기로 했다. 대신 아침 일찍 출근해 아무도 없는 예배실에서 직원들의 이름을 하나하나 불러가며 기도했다.

"하나님, 오늘은 누구를 위해 기도할까요? 어느 부서를 품을까요?"

중보기도의 열쇠는 '긍휼'이었다. 한 지체를 긍휼한 마음으로 바라보고 기도하면, 성령께서 그 사람의 말 못 할 사정들을 느끼게 해 주셨다. 관계의 어려움, 가정의 불화, 남모를 고민 등이 마음으로 전해졌다. 나중에 확인해 보면 영락없이 들어맞았다. 성령께서 내게 '중보의 영'을 부어주신 것이었다.

하지만 기도가 깊어질수록 인간적인 답답함이 밀려왔다.

'하나님, 제가 성령님을 인격적으로 만나기까지 40년이 걸렸습니다. 그런데 이 많은 직원이 다 변화되려면 대체 얼마나 긴 시간이 필요할까요? 저 이 과장, 박 대리… 나만큼이나 고집 센 강적들인데, 저들이 항복하려면 수십 년은 걸리지 않겠습니까?'

전 직원이 성령을 받고 변화된다는 것은 내 계산으로는 불가능해 보이는 미션이었다. 그런데 내 믿음이 흔들리던 그때, 하나님은 또다시 '우연을 가장한 필연'을 치밀하게 준비하고 계셨다.

양재동에 임한 성령의 불

내가 성령님을 만난 것을 누구보다 기뻐한 사람은 김우현 감독이었다. 드디어 영적 주파수가 맞기 시작하자 대화의 깊이가 달라졌다. 그러던 어느 날, 미국 집회를 마치고 돌아온 그에게서 연락이 왔다. 수화기 너머 그의 목소리에는 떨림이 배어 있었다.

"대표님, 저 지금 말로 다 설명하기 힘든 놀라운 일을 겪고 있습니다."

"무슨 일입니까?"

그는 미국에서 열린 《가난한 자는 복이 있나니》 관련 집회에서 목격한 현상을 털어놓았다.

"첫날 집회를 마치고 나오는데 한 청년이 기도를 부탁하더군요. 낯선 땅에서의 생활이 너무 힘들다기에 그저 진심으로 위로와 격려의 기도를 해주었습니다. '하나님, 이 형제의 고달픈 삶을 만져주시고 새 힘을 주옵소서'라고 말이죠."

김 감독이 말을 이었다.

"그런데 갑자기 성령의 임재가 느껴지더니 그 청년의 입에서 방언이 터져 나오는 겁니다. 방언을 달라고 구하지도 않았는데요. 더 놀라운 건 그다음 날이었습니다. 그 청년이 친구들을 우르르 데려왔는데, 그들에게 손을 얹을 때마다 성령께서 강력하게 일하시며 그 자리에 있던 청년들 전부가 방언을 받고 눈물을 쏟는 겁니다. 손만 대면 이런 역사가 나타나니 감당이 안 됩니다."

그는 당혹스러워하면서도 겸손한 어조로 덧붙였다.

"저는 영상을 만드는 사람이지 부흥사가 아니지 않습니까. 지극히 낮은 곳을 찾아다니는 사람인데, 이런 강력한 성령의 현상 한복판에 서니 솔직히 부담스럽기도 합니다."

전화를 끊고 나서 묘한 기대감이 일었다.

'하나님께서 무언가를 준비하고 계시는구나.'

며칠 뒤인 2007년 4월 6일, 김 감독이 우리 회사를 방문했다. 우리는 편집국장실에 모여 앉았다. 지금은 지병으로 소천하신 당시 편집국장 김응국 목사님은 원래 보수 교단 출신이었으나, 그즈음 성령님을 뜨겁게 만나며 영적으로 매우 깨어 있는 상태였다.

김 감독의 미국 간증을 직접 듣자 가슴이 뛰었다. 나 역시 방언 기도의 기쁨을 알아가던 중이라 도전하고 싶어졌다.

"감독님, 미국에서 일어난 역사가 이곳 양재동이라고 안 될 이유가 있겠습니까?"

"글쎄요, 한국에서는 아직 안 해봤습니다만….''

"한번 해봅시다! 우리 직원 중에도 방언을 사모하는 지체들이 많습니다. 오늘 여기서 불을 한번 지펴봅시다!"

곧바로 평소 영적인 갈급함이 컸던 한 직원을 불렀다. 상황을 설명하고 기도를 제안하자 그가 흔쾌히 응했다. 김응국 목사님, 김 감독, 나 그리고 그 직원까지 넷이서 손을 잡고 둥그렇게 앉았다.

처음엔 어색했지만, 기도가 깊어지자 방 안의 기류가 묵직하게 바뀌었다.

"하나님, 방언을 열어주옵소서!"

직원의 간절한 외침 뒤에 김 감독이 조용히 권면했다.

"자, 이제 성령님을 의지하여 믿음으로 입술을 떼보세요."

방 안에 긴장 섞인 정적이 흘렀다.

'과연 될까?' 하는 순간, 직원이 더듬더듬 소리를 내기 시작하더니 이내 봇물 터지듯 유창한 방언을 쏟아냈다. 우리는 서로의 얼굴을 바라보며 경탄을 금치 못했다. 그때 내 안에 확신이 들었다.

'오늘이 바로 하나님이 정하신 날이다.'

즉시 비상조치를 내렸다.

"이 시간 이후로 모든 업무를 전면 중단합니다. 외부 전화도 일절 받지 마세요!"

하나님이 작정하고 은혜를 부어주시는 날이기에 놓칠 수 없었다.

이르시되 내가 은혜 베풀 때에 너에게 듣고 구원의 날에 너를 도왔다 하셨으니 보라 지금은 은혜받을 만한 때요 보라 지금은 구원의 날이로다

고후 6:2

나는 방언을 사모하는 모든 직원을 3층 편집국장실 앞으로 모이게 했다. 그리고 1명씩 방으로 들여보냈다. 결과는 놀라웠다. 들어

오는 족족 성령의 임재를 경험하며 방언이 터졌다.

방언을 받은 직원들은 밖으로 내보내지 않고 방 한쪽에서 계속 기도를 이어가게 했다. 일본에서 내가 방언을 받자마자 “불 끄고 잡시다”라는 말에 멈춰야 했던 아쉬움을 되풀이하고 싶지 않았기 때문이다.

방 안은 금세 눈물과 기도의 함성으로 가득 찼다. 새로 들어온 직원은 동료들이 울부짖으며 기도하는 생경한 모습에 처음엔 충격을 받았지만, 이내 자신도 그 대열에 합류했다.

인원이 늘어나자 현실적인 고민이 들었다.

‘기다리는 사람은 많은데 이렇게 해서는 끝이 없겠구나. 하나님은 전능하시니 여러 명이어도 상관없지 않을까?’

결국 1명씩 하던 기도를 2명, 4명으로 늘렸다. 하나님은 인원수와 상관없이 동일하게 역사하셨다. 나중에는 방이 좁아 기도받은 직원들을 복도로 내보냈다. 3층 복도는 순식간에 거대한 기도실로 변했다. 한쪽에서는 방언을 받은 이들이 통곡하며 기도하고, 반대편에서는 차례를 기다리는 직원들이 두려움과 설렘이 교차하는 표정으로 서 있었다.

그해는 평양 대부흥 100주년이 되는 2007년이었다. 온 한국 교회가 다시 한번 이 땅의 부흥을 꿈꾸며 간절히 기도하던 때, 하나님은 서울 양재동의 한 출판사에 성령의 불을 떨어뜨리셨다.

기적은 복도에서도 이어졌다. 줄 서서 기다리던 직원들이 방 안에서 새어 나오는 기도 소리만 듣고도 성령에 사로잡혀, 그 자리에서 자기들끼리 방언이 터지기 시작했다. 기도도 받기 전에 성령께서 그들을 덮치신 것이다.

오후 2시에 시작된 릴레이 기도는 저녁 6시가 되어서야 끝이 났다. 외근자를 제외한 약 60명이 그날 모두 하늘의 언어를 받았다. 초반에 기도를 시작한 이들은 4시간을 쉬지 않고 기도한 셈이다. 그 시간 동안 강력한 회개의 영이 임해 내면의 상처가 치유되고, 악한 영이 떠나가는 실제적인 역사가 일어났다. 퇴근하는 직원들의 눈은 하나같이 붉게 부어올라 있었다.

다음 날 아침, 회사 예배실 풍경은 이전과 완전히 달랐다. 그전까지 전 직원 110명 중 방언하는 사람은 고작 4,5명뿐이었다. 그마저도 내가 "시끄럽다"며 핍박하던 시절이라 다들 숨죽이고 있었다. 예배실은 늘 독서실처럼 적막했고, 기도는 활력 없이 가라앉아 있었다.

하지만 그날 아침은 달랐다. 내가 먼저 마이크를 잡고 크게 부르짖기 시작하자, 기다렸다는 듯 사방에서 기도가 폭발했다. 예배실이 떠나갈 듯한 거대한 함성이었다. 물론 신앙의 색깔이 달라 당혹감을 느끼는 직원들도 일부 있었다. 하지만 성령의 파도가 워낙 압도적으로 밀려왔기에 그들도 그 흐름에 휩쓸릴 수밖에 없었다. 전날 함께하지 못했던 직원들도 옆 동료의 기도 소리에 반응하며 즉석에서 방언이 열리기도 했다.

그날 규장과 갓피플은 마치 초대교회 마가의 다락방과 같았다.

죽어 있던 영적 공기가 되살아났고, 양재동 사옥 전체는 뜨거운 기도의 불꽃이 타오르는 거룩한 성소가 되었다.

공개 자복의 날

부흥의 불길이 거세지자, 생각지 못한 부작용이 나타나기 시작했다. 은혜를 체험한 직원들 사이에서 미묘한 영적 우월감이 감지되었다. 방언을 못 하거나 은혜의 경험이 적은 동료를 은근히 판단하고 정죄하는 시선이 보였다. 은혜로 시작했다가 자칫 교만과 율법의 늪에 빠질 수도 있는 위태로운 상황이었다.

> 너희가 이같이 어리석으냐 성령으로 시작하였다가 이제는 육체로 마치겠느냐 갈 3:3

사탄은 영리하다. 성령의 불이 떨어진 곳에 교묘하게 교만의 가라지를 뿌린다. 은사를 받으면 마치 자신이 대단한 영적 거인이 된 양 착각하게 만들고, 하나님의 영광이 아닌 자신의 능력을 과시하도록 유혹한다.

그러나 기억해야 한다. 성령 임재의 본질은 신비한 능력을 소유하는 데 있지 않다. 그분이 오신 궁극적 목적은, 우리를 통해 오직 예수 그리스도만을 드러내고 증언하는 것이기 때문이다.

내가 아버지께로부터 너희에게 보낼 보혜사 곧 아버지께로부터 나오시는 진리의 성령이 오실 때에 그가 나를 증언하실 것이요 요 15:26

정말 성령님을 만났다면 예수 그리스도를 더 사랑하고 그분만을 높이는 것이 마땅한 수순이다.

이런 영적 기류를 감지한 나는 김응국 편집국장님에게 시급한 제안을 건넸다.

"국장님, 은혜가 변질되지 않도록 방향을 바로잡아야겠습니다."

우리는 이 위기를 어떻게 돌파할지 머리를 맞댔다. 그리고 결론을 내렸다.

"다시 십자가로 돌아갑시다."

그 제안은 곧바로 실행에 옮겨졌고, 그렇게 회사에서 특별 새벽기도회가 시작되었다. 10월부터 매주 금요일마다 출근 시간을 1시간 30분 앞당겨 오전 7시부터 9시까지 '십자가 특별 부흥회'를 열었다. 은혜가 쏟아질 때는 요일을 가리지 않고 매일 아침 10여 차례에 걸쳐 기독교의 본질이자 복음의 정수인 '십자가'와 '부활'을 전했다.

김 목사님은 강단에서 피를 토하듯 선포했다.

"성령의 종착역은 십자가입니다. 성령님은 우리 안의 죄를 들춰내어 십자가 앞에 무릎 꿇게 하십니다. 능력보다 회개가 먼저입니다! 이것이 하나님나라의 영적 원리입니다."

보통 '십자가 설교'라고 하면 예수님의 고난만 생각하기 쉽다.

하지만 김 목사님은 '내가 예수와 함께 죽는 십자가'를 강조했다. 2천 년 전의 역사적 사건에 머무는 복음이 아니라, 그 십자가가 오늘 '나'의 죄와 자아, 그리고 삶의 문제와 어떤 상관이 있는지를 명확히 아는 것이 생명의 복음이라는 메시지였다.

말씀은 예리한 검처럼 우리의 폐부를 찔렀고, 성령께서는 우리 안에 깊은 회개의 영을 부어주셨다.

2007년 10월 23일, 설교를 마치던 김 목사님이 갑자기 울먹이며 충격적인 고백을 던졌다.

"여러분, 사실 저는 도둑입니다."

예배실에 정적이 흐르는 가운데 목사님이 말을 이었다.

"저는 시간 도둑입니다. 회사 업무 시간에 주일 설교를 준비했습니다. 그리고 물건 도둑입니다. 회사 비품을 집에 가져가서 썼습니다. 하나님과 여러분 앞에 진심으로 죄송합니다."

자비량 목회자로서 회사 업무와 목회를 병행하며 지은 죄를 자백하는 리더의 모습에, 우리는 모두 무장 해제되었다. 목사님에 이어 기도 인도를 위해 내가 마이크를 잡았다. 시계를 보니 9시가 다 되어갔다.

'성령님, 이제 마무리할까요?'

그때, 마음 깊은 곳에서 하나님이 말씀하시는 것 같았다.

'너는? 네 죄도 고백해라.'

당황스러웠다. 이미 얼마 전 직원들에게 공개 사과를 하지 않았던 가. 하지만 하나님은 단순한 사과를 넘어 구체적인 죄의 자복을 원하셨다. 나는 '하나님, 회개는 주님과 단둘이 하면 되지 않습니까. 체면도 있는데…'라며 버텼지만, 하나님은 내 기억 속 한 장면을 스크린처럼 띄우셨다. 바로 '법인카드'였다.

'아… 이건 안 됩니다. 너무 창피합니다. 차라리 그 돈을 다 물어 내겠습니다.'

수치심에 얼굴이 달아올랐다. 하지만 성령님의 강권적인 재촉을 더는 거역할 수 없었다. 나는 떨리는 마음으로 입을 열었다.

"저도 제 부끄러운 죄를 공개 자복하려 합니다."

모든 직원이 숨죽이고 나를 보았다.

"얼마 전 동창 골프 모임에서 저는 법인카드를 사용했습니다. 사적인 비용이라 마땅히 개인 카드로 결제해야 했지만, 순간 아까운 마음이 들었습니다. '이 친구들이 나중에 회사에 도움을 줄 수도 있잖아'라며 비겁하게 합리화했습니다. 저는 공금을 유용했습니다. 이런 적이 세 번 더 있습니다. 정말 죄송합니다."

나는 눈물을 삼키며 깊이 고개를 숙였다. 단돈 몇십만 원 때문이 아니었다. 거룩하신 하나님 앞에서 돈 몇 푼에 양심을 판 내 모습이 너무나 비참해서였다.

대표인 내가 가장 예민한 '돈 문제'를 털어놓자, 회개의 물꼬가 트였다. 나의 고백이 끝나기가 무섭게, 한 이사가 약속이라도 한 듯

앞으로 걸어 나왔다.

당시 이 현장을 가장 가까이서 목격하고 기록했던 김응국 목사님은 그의 책 《십자가》에서 그날의 풍경을 이렇게 증언했다.

내 평생 그 감격스러운 은혜의 날을 어찌 잊을 수 있겠는가! 이제부터 소개하려는 것은 십자가 메시지를 전하고 난 뒤 일어난 이 공개 자복의 내용 중 일부이다.

(…)

갓피플의 ○○○ 역시 자신의 교만과 위선을 고백했다.

"하나님, 저를 용서해 주옵소서. 정직과 청렴을 강조해 온 제가 저지른 일을 고백하기 원합니다. 저는 직원들에게 거래처로부터 어떠한 선물 공여도 받아서는 안 된다고 누차 강조해 왔습니다. 그런데 어느 날 한 직원을 통해 작은 선물 포장을 건네받았습니다. 저는 바로 거절하고 돌려주었지만 간곡히 당부하며 놓고 갔다는 말에 선물을 받았고 넥타이 선물쯤이야 하고 생각했습니다. 내심으로 넥타이가 마음에 들었습니다. 그런데 하나님, 제가 그 넥타이를 매고 자랑스럽게 교회에 가서 예배를 드렸습니다. 하나님, 저 어떡합니까? 제가 바로 회개하지 않은 철의 심장을 가진 사람이었습니다. 하나님, 저의 죄를 용서해 주옵소서."

이제 성령은 공동체 리더인 최고 책임자들에게 회개의 영으로 임하여 운행하셨고 그 현장은 그야말로 울음바다였다. 숨겨둔 마음의 죄와 구체적인 행실의 죄를 씻고자 공개 자복을 청하는 사람이 줄을 이었고 자신의 순서를 기다려야 할 정도가 되었다.

특별히 남자 직원들 가운데 자신의 정욕의 죄를 고백하는 이들이 있었다. 오랫동안 친구들이나 미디어의 유혹에 처참히 무너졌던 과거 음란의 죄를 눈물로 고백하는 사원이 있는가 하면, 회사에서 집에서 바로 며칠 전에도 포르노 사이트를 드나들었다고 자신의 부끄러운 죄를 예수님의 보혈로 씻어내기 원한다는 자백도 이어졌다.

A 주임은 주님께 드릴 헌금을 자기 마음대로 계산해서 나눈 일과 십일조를 정직하게 드리지 못한 일을 자백했다. B 사원은 입사할 때 학력을, C 과장은 나이를 속인 사실을 고백했다. 기도에 관한 책을 내면서 자신은 기도하지 않았다고 고백한 D 사원, 그간 어머니를 학대한 아버지를 용서할 수 없었지만 이제 용서할 수 있을 것 같다고 눈물을 흘린 E 사원, 하나님보다 더 사랑한 것이 너무나 많았음을 고백한 F 사원, G 실장은 아침에 나와서 예배를 인도했지만 마음은 하나님으로부터 멀어졌으며, 영적 교만함으로, 안일함과 나태함으로 하나님의 영광을 가린 죄를 회개했다.

나는 우리 가운데 이토록 많은 미움과 원망과 질시가 있었는가 하고 놀랐다. 회사나 상사가 자신의 업무나 개인적인 사정을 배려하지 않는다고 느낄 때 가졌던 미움과 비방과 불평불만이 있었다. 신앙이 있는 척, 다른 사람을 사랑하는 척, 실력 없는데도 있는 척 가장한 자기 안의 위선과 교만의 죄도 고백했다. 자기 마음까지 할퀸 이기심과 성냄, 함부로 다른 이들을 판단하고 정죄한 죄를 줄줄이 토설했다.

H 주임은 자신이 상처받을 것이 두려워 '네가 뭔데…' 하는 마음으로 상대에게 먼저 상처 주는 눈빛을 하고 상처 주는 행동과 말을 했다고 울며 회개했다. I 팀장은 스스로 공평하다고 여겼지만 실은 자신이 무자비하고 냉정한 사람임을 깨달았고 그것이 예수 죽인 자신의 죄였음을 고백하기도 했다.

업무 시간을 도둑질한 죄의 양상도 다양했다. J 대리는 모니터에 개인적인 창도 띄워놓고 업무 창도 띄워놓은 채 끊임없이 눈치를 보면서 개인적인 용무를 본 일, 당직 근무를 하면서 그 시간을 업무로 생각하지 않아 불경스러운 소일로 시간을 보낸 일을 회개하기도 했다.

시간의 도둑질뿐만 아니라 회사의 기물을 개인적인 용도로 사용한 일, 회사에서 쓰는 사무용품이나 회사의 상품을 도둑질한 일을 회개하는 이도 있었다. K 차장은 자신이 일반 회사에 다닐 때 선배들이 그런 것처럼 개인적으로 쓴 기름값까지 회사에 영수증 처리한 일이 있었다고 자백했고, L 사원은 비록 적은 돈이지만 맡아둔 공금을 유용한 일이 있었음을 자백했다.

《십자가》 12-15쪽

이토록 처절한 자복 중에서도 가장 통렬했던 고백은 이것이었다.

"저는 예수님을 믿지 않았습니다. 이 더러운 입으로 남을 시기하고 욕하면서도 하나님을 믿는다고 말했습니다. 신상명세서에도 크

리스천이라고 적었지만, 제 마음에는 하나님이 없었습니다. 겉으로
는 예수 믿는 척했지만 불신자였습니다. 하나님, 죄송합니다. 이 죄
인을 용서해 주십시오.”

예수님을 주인으로 인정하지 않고, 하나님 없는 종교인으로 살았
던 한 직원의 절규 앞에 우리는 함께 울며 무너져 내렸다. 그것은 비
단 그만의 죄가 아니라, 우리 모두가 견고하게 쓰고 있던 가면의 실
체였기 때문이다.

그날 직원 3분의 2가 죄를 토설했다. 나중에는 그 줄이 길어져 자
기 죄를 빨리 자백하고 싶은 조급함마저 보였다. 진리의 성령께서
말씀의 칼날로 은밀한 죄악들을 비추시자, 모두가 눈물과 통곡으
로 자복하고 가슴을 쥐어뜯으며 구체적인 죄를 쏟아냈다. 더럽고
가증한 죄가 빛 가운데 드러날 때마다 십자가 대속의 은혜는 더욱
넘치게 부어졌다. 예배실은 죄 사함의 감격 속에 또다시 눈물바다가
되었다.

회개의 열매는 실로 놀라웠다. 세상이 줄 수 없는 참된 평강이 임
하자 직원들의 얼굴빛이 환하게 바뀌기 시작했다. 그날, 우리 회사
에는 거짓말처럼 ‘희년의 자유’가 임했다.

주 여호와의 영이 내게 내리셨으니 ⋯ 포로 된 자에게 자유를, 갇힌 자
에게 놓임을 선포하며 **사 61:1**

죄를 숨길 때는 감옥이었으나, 털어놓으니 천국이었다. 목사부터 대표, 말단 직원까지 모두 똑같은 죄인임을 확인하자, 서로를 향한 정죄의 시선은 애틋한 긍휼함으로 바뀌었다. 끈끈한 영적 유대감이 생겼고, 얽히고설킨 관계의 매듭이 풀렸다.

그날의 회개는 점심시간까지 이어졌다. 업무는 잠시 중단되었으나, 하나님은 신실하게 매출까지 책임져 주셨다. 이 공개 자복은 나흘이나 계속되었다. 마지막 집회까지 이어진 회개 릴레이를 통해 우리 공동체는 완전히 새로 태어났다. 하나님께서 친히 성령을 부으시고, 죄를 씻기시며, 참된 자유를 선물해 주신 것이다.

하나님의 말씀은 살아있고 활력이 있어 좌우에 날 선 어떤 검보다도 예리하여 혼과 영과 및 관절과 골수를 찔러 쪼개기까지 하며 또 마음의 생각과 뜻을 판단하나니 지으신 것이 하나도 그 앞에 나타나지 않음이 없고 우리의 결산을 받으실 이의 눈앞에 만물이 벌거벗은 것같이 드러나느니라 히 4:12,13

광야, 무릎으로
통과하다

chapter 05

내 뜻을 꺾고 하나님 뜻으로

그러나 진리의 성령이 오시면 그가 너희를 모든 진리 가운데로 인도하시리니
그가 스스로 말하지 않고 오직 들은 것을 말하며 장래 일을 너희에게 알리시리라
요 16:13

네가 무식하다

성경을 보면 제자들이 성령을 받은 후 놀라운 권능을 행한다. 병든 자를 고치고 귀신을 쫓아내며 때로는 장래 일을 예언하기도 한다. 성령을 체험한 나 역시 그런 비범한 능력을 꿈꾸었다.

'내게도 그런 권능이 생긴다면 얼마나 좋을까! 아픈 사람에게 손을 얹으면 병이 낫고, 하나님의 뜻을 척척 알아맞히는 신령한 사람이 되고 싶다.'

은사를 사모하며 열심히 기도했다. 하지만 하나님은 철저히 침묵하셨다. 성령님을 만난 후 반년 동안 내게 허락된 것은 오직 '눈물'뿐이었다. 회개하고, 감사하고, 또다시 회개하는 나날의 연속이었다.

눈물의 시간이 어느 정도 지났을 무렵, 다시 용기를 내어 주님께 졸랐다.

"하나님, 이제 저도 능력 좀 주세요! 은사를 주시면 그것으로 주님의 일을 더 열심히 하겠습니다!"

하지만 하나님의 계획은 달랐다. 성령을 만난 내가 가장 먼저 해야 할 것은 화려한 은사의 사용이 아니었다. 하나님의 마음이 오롯이 담긴 '말씀'을 아는 것이었다. 그 기초가 단단해야만 거친 세상을 흔들림 없이 살아낼 수 있기 때문이다.

그러던 어느 날이었다. 여느 때처럼 인도하심을 구하며 기도하는데, 내면 깊은 곳에서 주님의 마음이 세밀하게 느껴졌다. 보통 간증을 들어보면 주님의 첫 음성은 "사랑하는 아들아" 혹은 "내가 너와 함께한다" 같은 달콤한 위로던데, 내게 주신 첫마디는 전혀 예상치 못한 것이었다.

'네가 무식하다.'

귀를 의심했다.

'내가 무식하다고? 아니, 하나님, 제가 이래 봬도 성경 통독을 몇 번이나 한 사람이고 명색이 기독교 출판사 대표인데… 어떻게 제게 무식하다고 하실 수 있습니까!'

자존심이 상했고 억울한 마음이 앞섰다. 하지만 아무리 부정하려 해도 주님이 주시는 그 마음은 거대한 파도처럼 계속해서 밀려왔다.

'네가 무식하다. 너는 나를 너무 모른다.'

곰곰이 생각했다.

'세상 지식을 말씀하시는 건 아닐 테고… 도대체 뭐가 무식하다는

거지?'

답답한 마음에 성경책을 펼쳤다. 그리고 한 장 한 장 넘기다가 문득 깨달음이 왔다. 인정할 수밖에 없었다. 나는 정말 무식한 자가 맞았다.

어린 시절부터 성경 교육은 지겹도록 받아왔다. 하지만 단 한 번도 하나님을 사랑해서, 그분이 너무 궁금해서 자발적으로 성경을 펴본 적이 없었다. 그저 의무감에, 혹은 신앙적 지식을 쌓기 위해 교과서를 읽듯 무미건조하게 읽었을 뿐이다. 성경을 '나를 향한 하나님의 연애편지'로 대해본 적이 없었다.

그날 다시 읽은 성경은 낯설기 그지없었다. 검은 것은 글자요 흰 것은 종이였다. 아는 게 하나도 없었다.

'그래, 무식하면 배워야지. 다른 길이 없다.'

당시 내 서재에는 선물 받은 성경책만 30여 권이 꽂혀 있었다. 하지만 모든 것을 새롭게 시작하고 싶었다. 나는 곧장 서점으로 달려가 기독교 서적 매대 앞에 섰다.

'하나님, 새 술은 새 부대에 담으라고 하셨지요? 저 이제 진짜로 성경 한번 제대로 읽어보렵니다. 제게 딱 맞는, 최고의 성경책 하나를 골라주세요!'

내용이야 다 같겠지만, 하나님이 골라주신 책이라 믿고 읽으면 더 특별할 것 같았다. 그렇게 나는 마흔 평생 처음으로, 내 돈을 기꺼이 지불하고 '나의 첫 성경책'을 구매했다.

그날부터 성경을 파고들기 시작했다. 보통 '하루 10장', '1년 1독' 같은 목표를 세우기 마련이지만, 나는 달랐다. 한번 책을 펼치면 하나님이 '이제 됐다, 그만 자라' 하실 때까지 읽고 또 읽었다. 하루 3-4시간은 기본이었다. 심지어 잠든 중에도 말씀을 듣고 싶어 머리맡에 오디오 성경을 틀어놓았다. 어떤 날은 말씀이 정말 꿀송이처럼 달게 느껴져서, 성경책을 혀로 핥는 퍼포먼스까지 보여드렸다(지금 생각하면 쑥스럽지만, 그만큼 말씀이 달았다).

성경은 가슴 떨리는 연애편지였다. 사랑하는 이가 보낸 편지를 읽는데 눈이 좀 침침하고 몸이 노곤한들 무슨 대수겠는가. 설렘이 피곤을 이겼다.

학교 공부도 선생님 말씀을 받아적기만 해서는 내 것이 되지 않는다. 스스로 머리 싸매고 밑줄을 그어가며 파고들어야 진짜 실력이 된다. 성경도 마찬가지였다. 평생 수많은 설교를 들었지만, 귀로만 스쳐 갈 뿐 온전히 내 것이 되지 못했다. 하지만 성령님과 함께 읽는 말씀은 달랐다. 글자 하나하나가 살아 움직이며 내게 말을 걸어오는 듯했다.

'아니, 성경 개정판이 새로 나왔나? 이런 구절이 원래 있었어?'

수십 번 읽은 본문인데 처음 보는 내용이 수두룩했다. 성경 속 인물들이 내 눈앞에서 울고 웃었다. 나는 그들과 함께 뒹굴며 하나님의 구속사를 따라갔다. 성령님은 실로 최고의 과외 선생님, '원더풀 카운슬러'(Wonderful Counselor, 사 9:6)셨다.

솔직히 처음엔 신비한 은사를 기대했다. 하지만 하나님은 내 더러운 그릇을 먼저 닦으시고, 그 안에 '능력' 대신 '말씀'을 먼저 채우셨다. 만약 그때 내 바람대로 능력부터 주셨다면 어땠을까? 나는 필시 교만해져서 제멋대로 날뛰다 영적으로 망했을 것이다. 하나님은 나의 연약함을 나보다 더 잘 알고 계셨다.

성령님은 내게 성경을 보는 새로운 눈을 열어주셨다. 그분은 나의 '광야 학교' 교장 선생님이셨다. 나는 다른 해설서나 묵상집에 의지하지 않고 오직 성경 본문과 씨름했다. 이해가 안 되면 무릎부터 꿇었다.

"성령님, 이 말씀이 도대체 무슨 뜻입니까? 제게 무엇을 말씀하시려는 겁니까?"

그러면 신기하게도 깨달음을 주셨다. 그래도 모르면 사전을 찾고 여러 역본을 비교하며 끝까지 답을 구했다. 오직 나의 스승 되신 성령님만 의지하여 말씀을 먹는 훈련, 그것은 내 인생 최고의 수업이었다.

기도의 성숙

하나님은 내게 '말씀'과 더불어 '기도'라는 또 하나의 날개를 달아주셨다. 당시 아침 예배 시간만으로는 하나님과 교제하는 시간이 턱없이 부족했다. 영적인 갈증이 가시지 않았다. 그래서 예배 시간

나의 첫 '내돈내산' 성경책

보다 1-2시간 일찍 출근해 기도의 자리를 지키기 시작했다. 그 거룩한 습관은 지금까지도 이어져, 나는 여전히 회사 예배실에 1,2등으로 도착하곤 한다.

기도가 깊어질수록 방언도 변화했다. 처음에는 단순한 음절만 반복되던 소리가 시간이 지날수록 유려한 언어처럼 부드럽게 바뀌었다. 방언은 나를 하나님과의 더 깊은 친밀함 가운데로 이끌었다. 흔히 방언은 그 뜻을 알 수 없다고들 하지만, 꼭 그렇지만은 않았다. 하나님께 온전히 집중하여 그분의 마음을 구하다 보면, 언어적 해석은 어려워도 내 영은 직감했다.

'아, 내가 지금 나를 위한 요구가 아니라 하나님의 영광을 선포하고 있구나.'

그 영적인 확신이 차오를 때마다 벅찬 감격이 밀려왔다.

그 시절, 나는 하루 7-8시간을 오직 말씀과 기도에 쏟아부었다. 억지로 시간을 낸 게 아니었다. 하나님과 함께하는 시간이 너무 좋아서 다른 일을 할 틈이 없었을 뿐이다. 식사할 때나 운전할 때, 심지어 잠자리에 들 때도 오디오 성경을 틀어놓았고, 걸으면서도 쉬지 않고 주님과 대화했다. 이토록 말씀과 기도에 매달린 이유는 단 하나, 이 약속의 말씀 때문이었다.

내 양은 내 음성을 들으며 나는 그들을 알며 그들은 나를 따르느니라

요 10:27

내 인생의 주인은 하나님이시다. 그렇다면 주인의 뜻을 알아야 제대로 살 것 아닌가. 주인의 의중은 묻지도 않은 채 내 멋대로 일을 저질러놓고 뒤늦게 "저 잘했지요?"라고 묻는다면, 주인이 기뻐하실 리 없다. 그래서 나는 주님의 뜻, 그 세밀한 음성과 마음을 사무치게 알고 싶었다.

주변에 하나님의 음성을 듣는 분들이 참 부러웠다. (물론 개중에는 가짜도 있었지만) 진짜배기들은 일상의 태도부터 달랐다. 그들은 맑고 온유했다. 하나님의 마음을 받아 순종하는 그들의 삶은 자기 유익이 아니라, 설령 손해를 보더라도 남을 살리는 길을 향해 있었다. 그 거룩한 삶의 비밀이 궁금했다.

"어떻게 하면 하나님의 마음을 알 수 있습니까?"

그들의 대답은 한결같았다.

"성령님의 도우심을 구하십시오. 그리고 말씀과 기도에 매진하십시오."

성령님을 만나기 전에는 그 말이 교과서적인 잔소리로만 들렸다. 내게 말씀은 수면제요, 기도는 5분을 넘기기 힘든 고역이었으니까. 하지만 이제는 달랐다. 말씀과 기도가 꿀송이처럼 달아졌으니, 나도 그들처럼 주님과 깊이 소통하고 싶었다.

나의 꿈은 더 이상 세상적인 성공이 아니었다. '하나님의 마음을 받고, 성령님의 인도함을 받는 것'이 내 사명이었다. 먼 훗날 하나님 앞에 섰을 때, 이런 책망을 듣는 것만큼 끔찍한 일은 없을 것이다.

"너는 내 말은 듣지도 않은 채, 평생 네 멋대로 살다 왔구나. 나는 너를 도무지 모르겠다."

그때에 내가 그들에게 밝히 말하되 **내가 너희를 도무지 알지 못하니** 불법을 행하는 자들아 내게서 떠나가라 하리라 마 7:23

열심히 일하고도 '불법을 행한 자'로 낙인찍힌다면 얼마나 억울하겠는가. 그래서 나는 더더욱 주님 음성에 목을 맸다. 모든 영적 스승이 "오직 말씀과 기도가 길이다"라고 했기에, 나는 무식할 정도로 그 길만 팠다. 매일 기도의 자리에서 주님의 옷자락을 붙들고 떼쓰듯 매달렸다.

"하나님, 내 양은 주님의 음성을 듣는다면서요! 저도 주님의 양 맞지 않습니까. 제발 제게도 말씀해 주세요. 주님의 마음을 알려주세요!"

많은 이가 기도를 '자판기'처럼 여긴다. 내가 이만큼 정성 들여 기도했으니(동전을 넣었으니), 하나님은 마땅히 내가 원하는 응답(콜라)을 내놓아야 한다는 식이다. 나 역시 처음엔 그랬다. 하지만 기도의 시간이 쌓일수록 마음의 중심이 바뀌었다. 응답이 없어도 괜찮았다. 원하는 것을 얻지 못해도 상관없었다. 기도하며 하나님 발치에 머무는 그 시간 자체가 너무나 행복했기 때문이다. 그분과 함께 호흡하는 것만으로도 충분히 만족했다.

어느새 나의 기도는 이렇게 바뀌어 있었다.

"주님, 음성이 들려도 좋고 들리지 않아도 좋습니다. 저는 그저 주님과 함께 있는 이 시간이 좋습니다. 제가 말하면 주님은 다 듣고 계시잖아요. 그거면 됐습니다."

무언가를 얻어내려던 기도가, 주님 한 분으로 만족하는 기도로 성숙해 갔다. 하나님께서는 그 침묵의 시간 동안, 내가 선물을 원하는지 아니면 선물 주시는 분을 원하는지, 나의 중심을 달아보셨던 것 같다.

여호와께서 내 음성과 내 간구를 들으시므로 내가 그를 사랑하는도다
그의 귀를 내게 기울이셨으므로 내가 평생에 기도하리로다 시 116:1,2

생애 첫 응답

나는 본래 의심이 많은 성격이다. 혹여 내 주관적인 생각과 주님의 마음을 혼동할까 봐 늘 구체적으로 기도했다.

"주님, 제가 딴소리 못 하도록 누구도 부인할 수 없는 명확한 증거를 보여주십시오. 감동이나 느낌 같은 추상적인 것 말고, 정확한 '말씀'으로 응답해 주십시오."

하나님 보시기에 요구 사항이 참 많은, 꽤나 까다로운 아들이었을 것이다.

그러던 2007년 5월 12일, 드디어 그분이 응답하셨다. 전날 밤, 나는 여느 때처럼 오디오 성경을 틀어놓고 "주님, 말씀하여 주옵소서"라고 되뇌다 잠이 들었다.

꿈을 꾸었다. 낯익은 물건이 보였다. 몇 달 전 '나가노'라는 세 글자가 나타났던 바로 그 전광판이었다. 꿈속인데도 가슴이 벅차올랐다.

'오늘이구나! 드디어 말씀하시는구나!'

붉은색 글씨가 전광판 위를 가로지르다 딱 멈춰 섰다. 이번에는 지명이 아니었다. 성경 구절의 주소였다.

"시 37:5."

'시편 37편 5절?'

내가 그 구절을 암송하고 있었다면 내용을 직접 보여주셨겠지만, 안타깝게도 그 말씀을 몰랐다. 그래서 주소만 선명하게 보여주신 듯했다. 나는 꿈에서조차 잊어버릴까 봐 입술로 달달 외웠다.

"시편 37편 5절… 시편 37편 5절…."

눈을 번쩍 떴다. 토요일 아침이었다. 부엌에서 아내가 식사를 준비하는 소리가 들려왔다. 나는 벌떡 일어나 침대 머리맡에 둔 성경책으로 손을 뻗었다. 심장이 요동쳤다. 사랑하는 아내를 처음 만났을 때보다도 10배는 더 세게 뛰는 것 같았다. 난생처음 하나님께 직접 말씀을 받다니!

시편 1편, 23편은 익숙했지만 37편은 생소했다. 불안감이 스쳤다.

'과연 무슨 내용일까? 성경엔 축복의 말씀도 있지만 무서운 책망이나 꾸중도 있는데….'

떨리는 손으로 시편을 펼쳐 한 장 한 장 넘겼다. 37편을 찾았다. 5절을 읽기 전, 눈을 감고 비장하게 기도했다.

"하나님, 이것이 제게 주신 첫 음성인 줄 믿습니다. 무슨 내용이든 평생 순종하겠습니다. 그러니… 부디 좋은 말씀이기를 소망합니다."

심호흡을 하고 눈을 떴다. 5절에 시선이 꽂혔다. 인쇄된 활자가 살아 움직이며 내 가슴 깊숙이 파고들었다.

네 길을 여호와께 맡기라 그를 의지하면 그가 이루시고

읽는 순간, 눈물이 팡 터졌다. 그것은 당시 내 가장 큰 고민에 대한 명쾌한 해답이었다. 나는 여전히 인생의 핸들을 내가 쥐고 끙끙대고 있었는데, 하나님은 "이제 그만 내게 맡겨라, 내가 운전하마"라고 선언하신 것이다.

말씀을 통해 내가 온전히 순종하지 못하는 영역을 정확히 찌르시면서, 동시에 당신의 음성을 들려주시는 하나님. 그분은 단번에 여러 일을 해결하시며 모든 의심을 잠재우시는 탁월한 분이셨다.

하나님은 치밀한 계획 속에 나를 이끌어 오셨다. 회개로 그릇을 닦고 감사를 채우시더니, 관계를 회복시키신 뒤에는 말씀으로 내비게이션을 켜주셨다. 그리고 그다음으로, 내 삶의 가장 실제적인 영역인 '일하는 방식'을 만지기 시작하셨다.

누구를 위한 책인가

성령을 경험하고 말씀을 읽기 시작하자, 내 삶에서 가장 견고한 성벽이었던 '일하는 방식'에 균열이 가기 시작했다. 내가 지금까지 고수해 온 방식과 하나님이 원하시는 방식은 말 그대로 극과 극이었다.

이전의 나는 철저히 '내가 보기에 좋은 방식'으로 일했다. 하지만 냉정히 돌아보니 그 배후에는 내 욕망을 교묘히 부추기는 사탄의 속삭임이 있었다. 나는 하나님의 지혜를 구하는 대신, 세상의 성공 공식과 내 얄팍한 경험에만 의지해 달려왔던 것이다. 그러나 이제는 주인이 바뀌었다. 성령님이 내 마음의 주인님이 되셨으니, 모든 의사 결정의 결재 라인 또한 바뀌어야 했다.

어느 날 기도 중에 주님이 규장에 폭탄 같은 미션을 던지셨다. 규장은 기독교 출판사다. 좋은 저자를 발굴하여 책을 만들고, 세상에 널리 알리는 것이 우리의 업(業)이다. 따라서 출판사의 성패는 결국 '누구의 메시지를 담느냐'에 달려 있다.

그동안 나의 저자 선정 기준은 단순했다. 부끄럽지만 오직 '판매량', 곧 수익성이라는 지표뿐이었다. 잘 팔릴 것 같으면 내고, 시장성이 없다 판단되면 가차 없이 접었다. 저자의 대중적 인지도, 출석 성도 수, 교계 내 영향력 등을 꼼꼼히 따졌다. 또한 시대의 흐름을 읽고 대중의 갈증을 채워줄 주제를 기획하는 데 누구보다 탁월했다. 덕분에 규장은 교계에서 '트렌드를 잘 읽어내고 선도하는 출판사'라는 명성을 얻었다.

물론 그 과정에서 기도도 했다. 하지만 앞서 고백했듯 기도의 알리바이를 남기기 위한 요식 행위에 불과했다.

"하나님, 보셨죠? 저 기도했습니다. 이번 기획도 대박 나게 해주세요."

내 계획을 통보하고 복을 빌지언정, 정작 "하나님, 이 책을 진정 원하십니까?"라고 묻지는 않았다.

잠시 내가 걸어온 길을 되짚어본다. 규장은 1978년 아버지 고 여운학 장로님이 설립하셨다. 1988년, 회사 사정이 어려워졌을 때 나는 그저 아버님의 빚만 갚아드리고 떠날 생각으로 입사했다. 하지만 현장에서 부딪히며 일하는 재미를 알게 되었고, 그 안에서 부어주시는 은혜도 있어 아예 눌러앉게 되었다.

아버지는 아들이라고 해서 어떤 특혜도 허락하지 않으셨다.

"이곳은 하나님의 기업이다. 밑바닥부터 몸으로 배워라."

아버지의 철칙 아래, 나는 입사 후 10년 동안 서고에서 먼지를 뒤집어쓰며 책을 나르고 포장하고 발송하는 일을 했다. 그 일이 손에 익을 즈음 거친 영업 현장으로 투입되었고, 다시 6년간 전국의 서점을 누볐다. 현장에서 서점 주인과 독자들을 만나며 무엇이 팔리는지, 독자의 마음이 어디로 향하는지를 온몸으로 체득했다. 남들이 사무실 책상에 앉아 기획을 고민할 때, 나는 현장 영업의 핸들을 잡고 실전 감각을 익혔던 것이다.

밤에는 편집과 디자인 학원에 다니며 책을 만드는 기술적인 실무까지 섭렵했다. 오전에는 서고, 낮에는 영업, 밤에는 편집 공부. 몸이 몇 개라도 모자란 강행군이었지만, 돌이켜보면 하나님이 시키신 혹독하고도 정교한 경영 수업이었다.

16년간 현장에서 출판의 실무를 익힌 나는 2004년, 대표 자리에 올랐다. 자신만만했다. 내 감각은 날카로웠고, 내가 기획한 책들은 시장의 뜨거운 반응과 신선하다는 호평을 이끌어냈다. 그러다 보니 '나의 선택이 곧 정답'이라는 확신, 아니 교만이 하늘을 찔렀다.

그런데 하나님께서 그 20년 공든 탑을 한순간에 무너뜨리는 말씀을 하셨다.

'네가 계획하고 준비한 것들을 다 엎어라. 다 포기해라.'

청천벽력 같았다. 당시 편집부는 1년 치 출간 라인업이 이미 확정된 상태였는데, 공들여 섭외한 국내외 대형 저자들의 원고와 시장을 강타할 야심 찬 기획물을 전부 백지화하라는 말씀이었다. 나는 강하게 저항했다.

'성령 체험을 하면 사람이 좀 이상해진다더니, 내가 너무 급진적으로 변한 건가? 아니야, 이건 회사를 망하게 하려는 사탄의 훼방이

분명해!'

기도 중에 "사탄아 물러가라!" 축사도 해보고, 못 들은 척 딴청도 피워보았다. 하지만 주님의 뜻은 쓰나미처럼 계속 밀려왔다.

하나님의 뜻임을 직감하면서도 도저히 순종할 수가 없었다. 아니, 순종하기 싫었다.

'하나님, 이걸 다 포기하면 우리는 굶어 죽습니다! 직원들 월급은 하늘에서 떨어집니까? 대안도 없이 다 엎으라니요!'

억울함에 목소리를 높였다. 하나님과 나 사이의 팽팽한 줄다리기가 이어졌다. "포기해라" 하시는 하나님의 압박과 "못 합니다" 버티는 내 자아가 치열하게 씨름했다.

그러던 어느 날, 기도 중에 주님께서 내 마음의 정곡을 찌르셨다.

'진구야, 네가 야심 차게 준비한 그 책들, 진정 내가 원하는 책이라고 생각하느냐?'

나는 솔직하게 대답할 수밖에 없었다.

'아니요….'

그러자 주님은 내 마음에 쐐기를 박으셨다.

'그건 네가 좋아서 내는 책이지, 내가 기뻐하는 책은 아니다. 너는 사람의 마음과 욕구, 세상 트렌드는 기가 막히게 읽어내면서 왜 정작 너의 주인인 나의 마음과 원함, 하늘의 트렌드는 읽으려 하지 않느냐?'

할 말이 없었다. 완벽한 패배였다. 그리고 본질적인 질문 하나가 내 영혼을 흔들었다.

'나는, 규장은, 도대체 누구를 위해 책을 내는가?'

그동안 사람들의 입맛을 맞추려 아등바등했던 내 모습이 부끄러웠다. 물론 출판사는 독자를 위한 책을 내야 한다. 하지만 그것이 전부라면 세상 출판사와 다를 게 무엇인가. 규장의 책은, 첫 번째 독자이신 '하나님'이 기뻐하시는 책이어야 했다. 하나님이 원하시는 책을 내는 것, 그것이 규장의 존재 이유였다.

나는 마지막으로 하나님께 매달렸다.

"하나님, 알겠습니다. 제 모든 계획을 내려놓겠습니다. 하지만 제가 흔들리지 않도록, 도망갈 수 없는 확실한 말씀 하나만 주십시오!"

그 간절한 외침 끝에 마주한 말씀이 바로, 앞서 언급했던 '시편 37편 5절'이었다.

말씀을 보는 순간, 참아왔던 눈물이 쏟아졌다. 그것은 회사를 망하게 하겠다는 협박이 아니었다. '내가 책임질 테니, 너는 이제 그만 손을 떼라'는 사랑의 언약이었다. 하나님이 친히 이루시겠다는데 피조물인 내가 왜 걱정하는가!

그날 아침, 나는 내 경험이라는 굳은 틀과 인간적인 계획을 붙들고 씨름하던 미련함을 회개하며, 1년 치 출간 계획표를 미련 없이 버렸다. 광야 훈련의 서막이었다.

광고를 포기해라

주말 내내 시편 37편 5절 말씀이 머릿속을 떠나지 않았다. 평생의 숙원이던 하나님의 음성을 성경 말씀으로 확증받은 기쁨도 잠시, 그 말씀을 실제 삶으로 살아내야 한다는 순종의 무게가 마음을 짓눌렀다. 주님의 음성을 따르는 길이 당장에는 내 생명을 포기하는 일처럼 느껴졌기 때문이다(주님의 말씀은 때로 무서울 정도로 엄중하지만, 역설적이게도 그 말씀을 붙드는 순간, 그것은 우리의 생명줄이 된다).

이에 예수께서 제자들에게 이르시되 누구든지 나를 따라오려거든 자기를 부인하고 자기 십자가를 지고 나를 따를 것이니라 누구든지 제 목숨을 구원하고자 하면 잃을 것이요 누구든지 나를 위하여 제 목숨을 잃으면 찾으리라 마 16:24,25

사실 이 명령이 더욱 가혹하게 다가왔던 이유는, 당시 갓피플이 처한 절박한 상황 때문이었다. 2007년은 2000년대 초반을 뜨겁게 달구었던 '닷컴 열풍'의 거품이 사그라들며 '야후', '라이코스' 등 주류 포털들이 문을 닫고, 기독교 벤처 기업들도 하나둘 자취를 감추던 시기였다.

갓피플도 예외는 아니었다. 규장의 지원으로 간신히 버티고 있었지만, 냉정히 말해 6개월 안에 문을 닫아야 할 만큼 재정 상태가 바닥을 치고 있었다. 내 개인 신용으로 빚을 내어 운영을 이어가는 실정이었고, 매달 적자만 1억 원에 달했다.

당시 갓피플은 세상의 포털 사이트들을 그대로 모방하고 있었다. '네이버'나 '다음'이 첫 화면의 가장 중요한 영역, 즉 이용자의 시선이 가장 먼저 머무는 황금 자리에 광고를 실어 수익을 내듯, 갓피플도 그 핵심 위치를 광고 공간으로 운영했다. 그곳에서 발생하는 매출이 월 5천만 원 정도였다. 나는 그 돈을 생명줄처럼 붙들고 매달 적자를 어떻게든 메워보려 발버둥 치고 있었다.

그런데 기도하는 중에 하나님께서 바로 그 광고 지면을 가리키며 말씀하셨다.

'너무 지저분하다.'

처음에는 무슨 뜻인지 이해되지 않았다. 다시 여쭙자, 하나님께서는 한층 강하고 분명한 마음을 부어주셨다.

'나를 영화롭게 하지 않는 광고들을 다 걷어내라.'

규장에는 공들여 기획한 1-2년 치 책을 버리라고 하시더니, 갓피플에는 유일한 광고 수익마저 포기하라고 명하신 것이다.

하나님께서는 그 황금 같은 자리를 당신과 무관한 광고들이 차지하고 있는 것을 못마땅해하셨다. 하지만 그 광고를 신앙 콘텐츠로 전환하는 순간, 매달 들어오던 5천만 원의 수입은 증발해 버릴 것이었다. 적자 폭은 걷잡을 수 없이 커질 것이고, 회사는 6개월도 채 버티지 못하고 무너져 내릴 게 불 보듯 뻔했다.

나는 한동안 못 들은 척, 안 들은 척 모르쇠로 일관했다. 성경 구절까지 직접 보여주셨음에도, 인간적인 계산과 생존 본능 앞에서 도저히 순종할 수가 없었다.

하지만 그때마다 시편 37편 5절이 떠올랐다. 주님은 주저하는 내게 어떤 재촉이나 채찍질도 하지 않으셨다. 그저 온화한 음성으로 믿음을 불어넣어 주셨다.

'진구야, 내게 맡기렴. 나를 의지하렴. 내가 이 모든 것을 이룰 것이다.'

그 고요하고도 강한 확증 앞에서, 나는 결국 고집을 내려놓고 두 손을 들 수밖에 없었다.

chapter 06

순종, 살기 위한 몸부림

사람이 떡으로만 살 것이 아니요
하나님의 입으로부터 나오는 모든 말씀으로 살 것이라
마 4:4

내가 5천만 원보다 못 하니?

월요일 아침이 밝았다. 주말 내내 하나님이 주신 말씀을 붙들고 씨름한 탓에 몸과 마음이 천근만근이었다. 비몽사몽간에도 가장 먼저 머리맡의 성경책을 찾았다. 직원들에게 전달해야 할 주님의 지시 사항이 너무나 엄중했기에, 말씀 외에는 의지할 곳이 없었다.

떨리는 마음으로 성경을 펼치자 여호수아서 한 구절이 눈에 들어왔다.

… **너희가 섬길 자를 오늘 택하라** 오직 나와 내 집은 여호와를 섬기겠노라 하니 수 24:15

소름이 돋았다. 갈팡질팡하던 내 중심을 꿰뚫어 보시고, 더는 머뭇거릴 틈이 없음을 단호하게 확증해 주시는 듯했다. 나는 그 말씀을 읊조리며 회사로 향했다.

월요일 아침 예배는 성경 통독 시간이었다. 마태복음을 읽는 순서였는데, 주님은 다시 한번 기록된 말씀을 통해 두려움에 떨던 나를 안심시키셨다.

그러므로 염려하여 이르기를 무엇을 먹을까 무엇을 마실까 무엇을 입을까 하지 말라 이는 다 이방인들이 구하는 것이라 너희 하늘 아버지께서 이 모든 것이 너희에게 있어야 할 줄을 아시느니라 그런즉 너희는 먼저 그의 나라와 그의 의를 구하라 그리하면 이 모든 것을 너희에게 더하시리라 그러므로 내일 일을 위하여 염려하지 말라 내일 일은 내일이 염려할 것이요 한 날의 괴로움은 그날로 족하니라 마 6:31-34

말씀의 빛이 모든 염려를 압도했다. 나는 더 이상 주저하지 않고 마음의 중심을 담아 선언했다.
'하나님, 순종하겠습니다! 주님이 명하신 대로 하겠습니다!'
속으로 몇 번이고 결단을 되새겼다.
'그래, 죽으면 죽으리라. 이 선택으로 회사가 문을 닫게 된다면 기꺼이 받아들이자. 하나님이 내게 주신 첫 명령에 불순종할 수는 없다. 무조건 순종하자!'

마음을 정한 뒤, 곧장 갓피플 책임자들을 2층 예배실로 소집했다. 4층 대표실에서 생각을 정리하고 계단을 내려가는데, 다시 마음이 흔들렸다.

'정말 이대로 말해도 될까? 너무 무모한 결정은 아닐까? 당장 회사의 존립이 위태로워질 텐데….'

그때였다. 마치 다메섹 도상에서 사울이 강렬한 빛 앞에 엎드러졌던 것처럼, 성령님의 날카로운 조명하심이 내 영혼을 비추었다.

'내가 5천만 원보다 못 하니?'

그 한마디가 화살처럼 날아와 꽂혔다. 나는 그 자리에서 다리에 힘이 풀려 주저앉고 말았다. 강력한 성령의 임재 앞에 도저히 서 있을 수가 없었다. 그것은 꾸중이라기보다, 끝까지 나를 책임지시겠다는 주님의 사랑의 음성이었다.

'내가 고작 5천만 원 때문에 너희 회사를 지켜주지 못하겠느냐? 내가 너를 책임지지 못하겠느냐?'

끝까지 계산기를 두드리며 도망칠 궁리를 하던 내게 주님이 마지막 결정타를 날리셨다.

그 압도적인 능력과 사랑이 느껴져서, 마지막까지 갈등했던 자신이 너무나 부끄러워서 계단 벽에 기대어 한참을 흐느껴 울었다. 이미 회사 전체가 성령의 은혜 아래 있었기에, 직원들은 계단에서 우는 내 모습을 보고도 '대표님이 또 은혜를 받으셨나 보다' 하며 크게 개의치 않고 지나갔다.

나는 마음을 다잡고 예배실로 들어갔다. 그리고 갓피플 책임자들에게 단호하게 말했다.

"여러분, 하나님께서 우리 사이트의 첫 화면이 지저분하다고 하십니다. 오늘부로 첫 화면을 완전히 바꿀 것입니다. 당장 중앙의 광고 지면부터 걷어내고, 그 자리를 하나님의 말씀과 신앙 콘텐츠로 채워주세요."

직원들은 당혹감을 감추지 못했다. 그 지시는 곧 회사의 생존을 지탱하던 월 5천만 원의 수입을 포기하라는 선언이었기 때문이다.

"당장 광고비가 끊긴다는 것, 잘 압니다. 하지만 하나님께서는 그 자리가 오직 당신을 영화롭게 하는 콘텐츠로 채워지길 원하십니다. 그러니 저를 믿고 따라주세요."

술렁이는 직원들을 뒤로하고 예배실을 빠져나와 대표실로 돌아왔다. 문을 닫자마자 털썩 무릎을 꿇었다. 순종을 선포했지만, 인간적인 두려움은 여전했기에 더욱 간절히 주님께 매달렸다.

사실 주님과 나의 관계는 지금도 이런 식이다. 나로서는 불가능한 일을 주님이 말씀하시고, 기도의 씨름 끝에 순종하고, 불안함에 다시 주님을 찾고, 결국엔 그분과 더 친밀해지는 '사랑과 전쟁'의 관계.

다행히 갓피플 책임자들은 기꺼이 순종의 길을 함께 걸어주었다. 밤샘 회의와 작업 끝에 2주 만에 첫 화면을 새롭게 단장했다. 가장 핵심적인 자리에는 하나님의 말씀을 띄웠고, 목사님들의 설교와 신앙 서적, 찬양 등 '하나님을 영화롭게 하는 콘텐츠'들이 그 자리를 풍성하게 채웠다.

다음은 규장 차례였다. 그날 오후, 편집장들을 불러 주님께 받은 마음을 전했다.

"현재 교정 중인 책까지만 출간하고, 아직 시작하지 않은 기획들은 모두 중단하겠습니다. 이미 계약을 마친 건들도 저자에게 정중히 양해를 구하고 계약 파기를 요청해 주세요. 그에 따른 손해 배상은 회사가 책임지고 다 하겠습니다. 미안합니다."

편집장들이 당혹스러운 표정으로 물었다.

"대표님, 그럼 이후에는 당장 낼 책이 없는데 어떻게 합니까?"

나는 차분하지만 분명하게 대답했다.

"하나님이 주실 겁니다. 만일 주시지 않는다면, 규장의 사명은 여기까지인 겁니다. 우리는 이제 하나님이 원하시는 책만 낼 것입니다."

감사하게도, 규장의 편집장들은 기도하는 사람들이었다. 그들은 각자의 자리에서 하나님의 지혜를 구하며 내 결정을 성실히 따라주었다.

결과적으로 규장은 상당한 위약금을 물어야 했고, 출간이 취소된 국내외 저자들로부터 '교만하다', '실망했다', '어이없다'는 비난과 원망을 듣기도 했다. 하지만 그것은 하나님께 순종하기 위해 내가 기꺼이 져야 할 대가, 나의 십자가였다.

하나님의 구조조정

갓피플 첫 화면에서 광고를 걷어내자, 매달 들어오던 5천만 원의 수입이 증발했다. 걱정이 앞섰으나 결과는 예상 밖이었다.

개성 없던 광고판 대신 하나님의 말씀과 양질의 신앙 콘텐츠가 전면에 배치되자, 성도들이 유일한 기독교 포털인 갓피플을 더 깊이 신뢰하고 즐겨 찾기 시작했다. 방문자 수가 폭발적으로 늘어났고, 자연스럽게 매출 증대로 이어졌다.

그즈음, 갓피플 내부에는 예기치 못한 퇴사의 바람이 거세게 불었다. 당시 70여 명에 달하던 직원들은 하나님의 음성만을 따르겠다는 나의 '극단적인' 경영 방식을 받아들이기 힘들어했다.

"회사가 교회도 아닌데 어떻게 매일 기도만 합니까? 하나님이 마음을 주셨다는 이유로 그동안 공들여 작업한 결과물을 하루아침에 뒤엎는 것을 더는 견디기 어렵습니다."

그들의 입장을 충분히 이해했다. 나조차 처음에는 그 명령이 두려워 도망치려 했으니 말이다. 그래서 떠나는 이들을 진심으로 축복하며 보내주었다. 하지만 전체 인원의 절반 이상이 관두는 것을 보며 다급한 마음에 기도가 터져 나왔다.

"하나님, 이렇게 다 떠나면 일은 누가 합니까? 이만큼의 인원을 새로 뽑아야 운영이 되지 않겠습니까!"

주님은 아무런 답도 주지 않으셨다. 그러나 그 고요한 침묵 가운데서, 그분은 놀라운 반전을 준비하고 계셨다.

광고를 뺄 때만 해도 6개월 뒤 파산을 각오했건만, 신기하게도 그 시점부터 회사가 흑자로 돌아서기 시작했다. 갓피플몰의 매출이 가파르게 상승한 데다, 인력이 절반으로 재편되면서 인건비까지 획기적으로 절감된 덕분이었다.

회사가 살아나는 과정을 지켜보며 뼈저리게 깨달았다.

'문제는 나였구나.'

남들에게 인정받고 싶어 무리하게 사업을 확장했던 어리석음, 업계 1등임을 증명하려 했던 나의 교만이 지난 경영 실패의 원인이었음을 알게 되었다.

욕심이 걷히고 나서야 비로소 보였다. 내 눈에는 위기 같았던 퇴사의 물결이, 실은 하나님이 우리를 살리기 위해 직접 집행하신 '거룩한 구조조정'이었음을. 세상의 구조조정은 서로 얼굴을 붉히며 인위적으로 인력을 감축하지만, 하나님의 구조조정은 자발적으로 떠나게 하심으로써 잡음 없이 자연스럽게 이루어졌다.

나는 직원을 새로 충원하지 않았다. 주님이 해체하라고 하시는 팀은 과감히 없애며 규모를 줄여 나갔다. 그러자 불필요한 군살이 빠지고 핵심적이고 알짜인 서비스만 남게 되었다.

갓피플은 점차 안정기에 접어들었고, 2년쯤 후부터는 빚도 갚아 나갔다. 시편 37편 5절은 내게 죽음의 선고처럼 들렸으나, 지나고 보니 우리 공동체를 살려낸 구원의 말씀이었다.

물론 그렇게 되기까지 매일 살얼음판을 걷는 듯한 광야 훈련을 지나야 했다. 돈 들어올 길이 막혔으니, 당장 지불해야 할 대금을 놓고 매일 엎드려 기도했다. 하나님은 그때마다 인간의 계산을 뛰어넘는 창의적인 방법으로 길을 내주셨다.

한번은 직원 월급날이 코앞인데, 재정 담당자가 2억 원이 부족하다고 보고해 왔다. 월급과 거래처 결제를 동시에 해결해야 하는 절박한 상황에서 인간적인 방법은 보이지 않았다. 나는 옥상에 있는 기도실로 달려가 부르짖었다.

"하나님! 주님 뜻대로 경영하려다가 잔고가 비었습니다. 어떻게 이러실 수 있습니까!"

처음엔 서운함에 따져 묻기도 하고 푸념도 늘어놓았다. 그러다 어느 순간부터는 간절히 매달렸다. 1시간쯤 지났을까, 진이 빠져 쉬고 있는데 재정 담당자에게서 연락이 왔다.

"대표님, 해결됐습니다. 할렐루야!"

온라인 결제 시스템상 다음 달에나 들어올 돈이 있었다. 그런데 한 대행업체가 이유도 없이 예정일보다 10일이나 빨리 입금해 준 것이었다. 그들이 왜 그런 결정을 내렸는지 지금도 알 수 없다. 그것은 명백한 하나님의 역사였다.

또 다른 날은 특정 업체에 지급해야 할 대금이 도저히 맞춰지지 않아 숨이 턱 막혔다. 다시 기도실로 올라가 하나님께 마음을 쏟아냈다.

"주님, 이 막막한 상황을 어떻게 하시겠습니까!"

눈물로 기도하고 내려오는 길에 바로 그 업체에서 연락이 왔다. 우리가 우수 거래처로 선정되었다며, 수천만 원에 달하는 대금을 감면해 주겠다는 뜻밖의 소식이었다. 정확히 그날, 그 순간에! 우연이라 치부하기엔 너무나 정교한 하나님의 응답이었다.

이런 날들이 이어졌다. 하나님은 진정한 공급자가 누구인지, 내가 진정으로 의지해야 할 분이 누구인지를 반복해서 가르치셨다. 부족한 나를 믿음의 경영자로 세우시기 위해, 매 순간 기적처럼 내 삶의 현장에 개입하셨다.

벼랑 끝에 세우시는 이유

신앙의 여정을 걷다 보면, 하나님이 극한의 상황까지 밀어붙이실 때가 있다. 물론 사탄의 공격일 수도 있지만, 때로 하나님은 의도적으로 우리를 사면초가의 환경 속에 두기도 하신다. 더 이상 물러설 곳이 없을 때, 비로소 우리가 무엇을 진짜로 붙잡고 있는지 그 밑바닥이 드러나기 때문이다.

인생에는 살 소망이 툭 끊어지는 순간이 찾아온다. 고난의 산 하나를 겨우 넘었나 싶었는데 또 다른 칠흑 같은 웅덩이가 입을 벌리고 있을 때, 예고 없는 질병이 덮칠 때, 가정에 폭력과 학대가 일어날 때, 감당 못 할 빚더미에 깔려 숨조차 쉬기 힘들 때…. 마치 깎아지른 벼랑 끝에 홀로 위태롭게 서 있는 기분이 든다. 주변에서는 쉽게 말한다.

"기도로 이겨내라", "믿음으로 버텨라."

하지만 막상 벼랑 끝에 선 당사자가 되어보면, 그런 위로가 얼마나 공허하게 들리는지 나는 누구보다 잘 안다.

나도 그 시간을 통과했다. 하지만 지나고 나서야 깨달았다. 살 소망이 끊어진 그 벼랑 끝이, 바로 하나님을 가장 뜨겁게 만나는 자리였다는 것을. 삶이 평탄하고 만사형통했다면 나는 결코 주님을 찾지 않았을 것이다. 궁지에 몰린 덕분에 비로소 하나님을 만났다.

우리는 우리 자신이 사형 선고를 받은 줄 알았으니 **이는 우리로 자기를 의지하지 말고 오직 죽은 자를 다시 살리시는 하나님만 의지하게 하심이라** 고후 1:9

누군가는 이렇게 항변할지도 모른다.

"아니, 처음부터 좋게 말씀하시면 되지, 왜 꼭 이렇게 벼랑 끝까지 몰아붙이시는 겁니까?"

나도 그랬다. 하나님께 책임을 전가하며 억울해했다. 하지만 가슴에 손을 얹고 생각해 보라. 우리에게 기회가 없었는가? 하나님을 찾을 시간은 얼마든지 있었다. 다만 일이 잘 풀릴 때 우리는 교만했고, 모든 성과를 내 힘으로 이뤘다며 자만했을 뿐이다. 하나님이 수 없이 우리의 마음 문을 노크하며 "나와 교제하자"라고 손을 내미셨지만, 바쁘다는 핑계로 거절한 건 언제나 우리였다.

하나님께서 그런 우리를 극한으로 몰고 가시자, 어떤 일이 벌어졌는가. 영혼에 덕지덕지 붙어 있던 교만과 자아가 떨어져 나가고, 오직 주님의 손만 붙잡게 되지 않았는가. 나 역시 벼랑 끝에서 주님의 옷자락을 붙들었을 때, 진짜 믿음의 삶이 시작되었다. 그날이 바로 내 신앙의 '1일'이었다.

하나님은 "죽은 자를 다시 살리시는" 분이시다. 이보다 더 강력한 위로가 어디 있는가. 삶과 죽음, 승리와 패배의 모든 판도를 단번에 뒤집으시는 분. 우리가 예수님과 함께 십자가에서 자아를 못 박아 죽일 때, 그분은 우리를 다시 살리사 진정한 승리자로 세워주신다.

광야에서 철저히 고립되었을 때, 내게는 의지할 분이 하나님밖에 없었다. 그래서 아이처럼 주님 옆에만 딱 붙어 있었다. 눈만 뜨면 기도하고 말씀을 먹으며, 영적인 틈이 생기지 않도록 모든 시간을 하나님으로 채웠다. 그러자 어느 날, 하늘에서 '믿음'이 선물처럼 뚝 떨어졌다.

내가 노력해서 얻은 믿음이 아니었다. 주님만을 구하고 찾았더니 성령께서 임하셨고, 그 열매로 믿음이 부어졌다. 이전에는 '믿어야지, 믿어야지' 하며 마음을 다잡아도 돌아서면 의심이 고개를 들었지만, 성령께서 부어주시는 믿음은 차원부터가 달랐다.

당장 먹을 것이 없는데도 채워주실 것 같았고, 돈이 한 푼도 없는

데 생길 것 같았으며, 원고가 없는데도 베스트셀러가 들어올 것 같았다. 근거 없는 낙관주의가 아니었다. 평생 나를 갉아먹던 불안이 사라지고, 그 자리에 하나님을 향한 신뢰가 꽉 들어찼기에 가능한 확신이었다.

그 후로는 어떤 시련이 닥쳐도, 누가 나를 벼랑 끝으로 밀어도 이렇게 반응한다.

"그래, 밀어봐라. 하나도 안 무섭다. 떨어져도 주님의 손이 나를 받아주실 테니까!"

내가 이런 배짱으로 나오자 나를 괴롭히던 악한 영들이 오히려 '멘붕'(멘탈 붕괴)에 빠진 듯했다. 나는 그 기세를 몰아, 궁지에 몰릴수록 더 크게 선포한다.

"나는 하나님의 아들이다! 그중에서도 특히 예뻐하시는 막내아들이다. 하나님께서 나를 위해 놀라운 역전 드라마를 쓰고 계신다!"

그때 깨달았다. 세상을 이기는 힘은 내 의지가 아니라, 하나님께서 부어주시는 믿음뿐이라는 것을. 성령충만, 믿음 충만이 승리의 열쇠다. 이 열쇠로 기도의 문을 열 때, 하나님은 얽힌 문제들을 하나씩 풀어가신다. 귀한 저자를 보내주시고, 생각지도 못한 재정을 부어주시며 벼랑 끝에서 승리의 노래를 부르게 하신다.

혹시 지금 벼랑 끝에 서 있는가? 삶을 포기하고 싶은가? 기억하자. 삶이 궁지에 몰린 건, 이제 내 손에 쥐고 있는 것을 내려놓고 하나님의 손을 잡으라는 신호다. 그분만을 의지하라는 강력한 사인이다. 주님이 지금 당신에게 손을 내밀고 계신다. 그 손을 잡고 그분 앞에 엎드리자. 죽은 자를 다시 살리시는 하나님께서 당신의 눈물을 닦아주시고, 기가 막힌 방법으로 당신의 삶을 다시 일으켜 세우실 것이다.

방심할 때 날아드는 불화살

믿음의 훈련은 때로 짜릿하다. 순종할 때마다 승리의 열매를 맛보는 기쁨이 크기 때문이다. 하지만 그 단맛은 자칫 치명적인 독이 될 수 있다. 바로 '방심'과 '교만'이라는 독이다. 마치 이스라엘 백성이 철옹성 여리고를 무너뜨린 뒤 그 승리에 취해, 곧바로 이어진 작은 아이 성 전투에서 처참하게 패했던 것처럼 말이다.

그런즉 선 줄로 생각하는 자는 넘어질까 조심하라 고전 10:12

내게도 그런 뼈아픈 기억이 있다. 성령을 체험한 후, 직원들과의 관계는 눈에 띄게 좋아지고 있었다. 예전 같으면 나를 힘들게 하는 직원을 불러 호통을 쳤겠지만, 이제는 달랐다. 대신 그의 이름을 기도 노트에 적어 기도실로 올라갔다. 히스기야 왕이 앗수르 왕의 협박 편지를 하나님 앞에 펼쳐놓았던 것처럼, 나 역시 노트를 펴고 주님께 일러바쳤다.

히스기야가 사자의 손에서 편지를 받아보고 여호와의 성전에 올라가서
히스기야가 그 편지를 여호와 앞에 펴놓고 **왕하 19:14**

"하나님, 그 지체가 이렇습니다. 저도 참을 만큼 참았습니다. 이 제는 한 소리 해도 되지 않겠습니까?"

하나님은 침묵하셨다. 내가 분을 다 쏟아낼 때까지 기다리셨다가, 넌지시 한마디를 던지셨다.

'너는?'

그 짧은 질문 앞에 말문이 막혔다. '나도 하나님 속을 숱하게 썩여온 죄인이지…' 하는 생각이 들자 들끓던 마음이 차분하게 가라앉았다. 결국 기도실을 내려올 때는 모든 미움을 털어내고 그를 품을 수 있는 여유를 얻게 되었다.

그러던 어느 날, 나를 유독 힘들게 했던 직원이 제 발로 찾아왔다.

"대표님, 제가 그동안 너무 예의 없이 굴었습니다. 그런데도 끝까지 참아주셔서 감사합니다. 저를 용서해 주세요."

그가 기도 중에 자신의 잘못을 깨닫고 눈물로 회개한 뒤 나를 찾아온 것이었다. 내가 기도의 자리를 지키는 동안 하나님이 그의 마음을 직접 만지시며 일하셨다. 우리는 손을 맞잡고 함께 울며 기도했다. 가슴이 벅차올랐다.

'아, 순종하니까 하나님이 승리하게 하시는구나!'

문제는 그 직후였다. 점심시간에 갓피플 이사들과 식사하며 이

은혜로운 간증을 나누는데, 한 이사가 조심스럽게 물었다.

"대표님, 한 아르바이트생이 아침 예배에 불만을 품고 사표를 낼 것 같은데, 수리할까요?"

나는 별생각 없이 대답했다.

"그러세요. 마음 떠난 사람 억지로 잡을 필요 있습니까."

기도하지 않았다. 주님의 뜻을 묻지도 않았다. '예배가 싫다니 믿음 없는 친구군' 하며 가볍게 넘겨버렸다. 하지만 나중에 알고 보니 상황은 내 짐작과 전혀 달랐다.

그 아르바이트생이 자발적으로 사표를 던진 게 아니었다. 팀 책임자가 '분위기를 흐린다'는 이유로 그에게 사실상 퇴사를 종용했던 것이다. 상사와의 갈등이 깊어진 끝에 그 청년은 떠밀리듯 사표를 썼고, 나는 전후 사정도 모른 채 덜컥 수리해 버린 꼴이 되었다.

강압적인 퇴사 권고에 깊은 상처를 입은 그는 회사에 대한 실망과 원망을 쏟아냈고, 그 여파로 팀 분위기는 순식간에 차갑게 얼어붙었다. 뒤늦게 후회가 밀려왔다.

'내가 한 번만 더 확인했더라면, 잠시라도 멈춰 기도했더라면 이런 일은 없었을 텐데….'

승리의 기쁨에 취해 영적 경계를 풀어버린 대가는 혹독했다.

나는 그 아르바이트생을 찾아갔다. 그리고 고개 숙여 사과했다. 그러자 그는 내 면전에서 비수 같은 말을 했다.

"대표님, 그렇게 살지 마세요."

얼굴이 화끈거렸다. 대표로서, 또 신앙의 선배로서 들을 수 있는 가장 치욕적인 말이었으나 반박할 수 없었다. 나는 수치심을 견뎌내며 끝까지 용서를 구했다. 그는 결국 회사를 떠났지만, 나는 그 사건을 통해 뼈저린 교훈을 얻었다.

'승리한 직후가 가장 위험하다. 내가 방심하는 그 찰나의 틈을 사탄은 절대 놓치지 않는다.'

하나님의 일을 하다 보면 사탄의 훼방과 참소가 빗발치기 마련이다. 특히 리더에게는 달콤한 유혹의 화살이 수없이 날아든다. 하와를 무너뜨린 선악과처럼, 보암직하고 먹음직한 제안들이 쏟아진다. 경험상 '하나님의 이름'으로 포장된 제안 10개 중 진짜 하나님의 뜻은 1,2개뿐이었다. 나머지는 내 탐욕과 교만을 교묘히 자극하는 사탄의 덫이었다.

스스로 굳건히 서 있다고 생각하며 고개를 드는 순간, 날아드는 불화살을 조심하자. 방법은 하나뿐이다. 항상 깨어 기도하는 것. 오직 기도의 방패 뒤에 겸손히 숨을 때만, 우리는 그 불화살을 분별하고 소멸할 수 있다.

모든 것 위에 믿음의 방패를 가지고 이로써 능히 악한 자의 모든 불화살을 소멸하고 엡 6:16

예배가 나뉠 때 틈탄 죄

하나님은 우리 공동체가 단순한 기업을 넘어 거룩한 영적 가족이 되기를 원하셨다. 그래서일까. 부흥의 열기가 뜨거웠던 그 무렵, 회사 내부에 숨겨져 있던 더러운 죄들이 하나둘 수면 위로 드러나기 시작했다. 주님은 적당한 타협을 허용하지 않으셨고, 가장 은밀한 구석에 숨겨둔 부정한 실상까지 낱낱이 들춰내셨다. 그중에서도 차마 입에 담기조차 부끄러운 한 사건을 고백하려 한다.

원래 규장과 갓피플은 한 건물에서 부대끼며 일했다. 아침마다 전 직원이 한자리에 모여 뜨겁게 예배하며 하루를 시작했다. 그러다 갓피플 쇼핑몰 팀의 규모가 커지면서 본사에서 20분 거리의 다른 사무실로 확장 이전을 하게 되었다. 물리적 거리가 생기자, 전 직원이 모여 예배드리는 일에도 자연스레 균열이 가기 시작했다.

기도 중에 하나님은 '불편하더라도 함께 모여 예배하라'는 마음을 주셨지만 나는 또다시 효율을 앞세웠다.

"매일 20분씩 오가는 건 시간 낭비입니다. 각자의 처소에서 드려도 하나님은 받으시잖아요. 저희가 알아서 잘 관리하겠습니다."

그 작은 불순종이 사탄에게 틈을 내준 결정적 패착이었다. 떨어져 나간 쇼핑몰 팀에서 치명적인 문제가 터지고 말았다. 유부남인 팀장과 미혼 여성인 팀원이 부적절한 교제를 하고 있었던 것이다.

충격이었다. 그 팀장은 평소 신앙적 모범을 보였을 뿐 아니라 성경 공부까지 인도하던 형제였다. 믿는 도끼에 발등이 찍힌다는 게 이런 것일까. 배신감이 이루 말할 수 없었다. 예배가 나뉘고 영적 긴장감이 느슨해진 틈새로 죄라는 독버섯이 무섭게 자라난 것이다.

이 사건이 드러난 과정 또한 하나님의 강권적인 개입이었다. 처음에는 그 형제의 아내가 이상한 기미를 눈치챘다고 한다. 아내는 가정을 지키고자 남편에게 조용히 관계를 정리할 기회를 주었으나, 그는 이미 분별력을 잃은 상태였다. 결국 참다못한 아내는 갓피플 홈페이지에 접속해 그 자매가 관리하던 코너에 이메일을 보냈다.

"모든 사실을 알고 있으니, 당장 내 남편과의 관계를 정리하세요."

그런데 하필이면 메일 시스템이, 담당자에게만 가는 게 아니라, 관련 업무자 전원이 수신하도록 설정되어 있었다. 그 한 통의 메일로 인해 그들의 부끄러운 비밀이 만천하에 공개되었다. 다음 날 형제는 잠적했고, 자매는 고통 속에 회사를 떠났다.

참담했다. 이 사건을 통해 나는 죄의 삯이 얼마나 무서운지, 그리고 공동체가 한마음으로 예배하지 않을 때 사탄이 얼마나 집요하게 그 틈을 파고드는지를 뼈저리게 통감했다. 하나님은 사랑의 아버지시지만, 돌이키지 않는 죄에 대해서는 가차 없이 메스를 대시는 공의로운 분이셨다. 그 엄위하심 앞에 두려움과 회개가 교차했다.

우리는 즉시 결단했다.

"다시 뭉치자. 예배는 타협의 대상이 아니다."

막대한 위약금을 물고 멀리 있던 사무실을 즉각 정리했다. 그리고 본사에서 도보 5분 거리의 건물로 다시 이사했다. 이후 아무리

춥거나 더워도, 전 직원이 매일 아침 본사 예배실에 모여 함께 예배 드린 후 흩어지게 했다.

세상의 눈으로 보면 미련하고 비효율적인 결정일지 모른다. 하지만 우리는 뼈아픈 대가를 치르며 배웠다. 함께 찬양하고, 함께 기도하고, 같은 말씀을 먹는 '예배 공동체'만이 사탄의 공격을 막아낼 수 있는 가장 견고하고 든든한 울타리라는 사실을 말이다.

기도가 호흡이 되게 하라

기도를 계속하고 기도에 감사함으로 깨어 있으라

골 4:2

기도실을 세우다

성령의 바람이 한바탕 공동체를 휩쓸고 간 뒤, 우리 회사는 매일 아침 뜨거운 기도원이 되었다. 전 직원이 모여 전심으로 부르짖고 눈물을 흘리는 것이 일상이었다.

하나님께서는 규장의 저자들, 특히 영적으로 깨어 있는 분들을 계속 보내주셨다. 그들은 주 1-2회 아침 예배 설교자로 강단에 서주었는데, 예배를 마치고 나면 꼭 한마디씩 감격 어린 소회를 남기곤 했다.

"대표님, 이곳에 하나님의 임재가 가득합니다. 하나님이 이 예배를 너무나 기뻐하십니다!"

어떤 분은 예배실에 들어서자마자 압도적인 임재에 눌려 그 자리에 바로 엎드리기도 했다. 그런데 신기하게도, 다녀가는 분마다 마치 약속이라도 한 듯 한결같은 하나님의 마음을 전해주었다.

"기도의 불을 꺼뜨리지 마세요."

하나님께서 규장과 갓피플을 기도의 제단으로 부르셨으니, 이 불이 계속 타오르게 하라는 당부였다. 한두 분이면 개인적인 권면으로 여겨졌겠지만, 오시는 분마다 토씨 하나 틀리지 않고 같은 말을 반복하니 예사로 넘길 수가 없었다. 나는 고민에 빠졌다.

'기도의 불을 *끄*지 말라니… 구약 시대처럼 제단에 24시간 향을 피우라는 건가? 회사가 기도원도 아닌데 어떻게 온종일 기도만 하나? 당장 기도할 공간조차 마땅치 않은데….'

그러던 어느 날, 기도 중에 뜬금없는 마음 하나가 찾아왔다.

'옥상으로 올라가라.'

잘못 들었나 싶어 가만히 있었지만, 마음의 울림은 계속되었다. 나는 반신반의하며 자리를 박차고 일어났다.

옥상은 그저 휑하기만 했다. '그럼 그렇지. 온 김에 바람이나 쐬고 가자' 하며 발길을 돌리려는데, 구석에 낡은 문 하나가 눈에 들어왔다. 1-2평 남짓한 서류 보관 창고였다. 다가가 문을 여는 순간, 강한 확신이 밀려왔다.

'이곳이다.'

복잡하게 엉켜 있던 머릿속 실타래가 단번에 풀리는 기분이었다.

'기도의 불을 *끄*지 마라… 옥상으로 가라… 이곳이다! 아, 여기에 기도실을 만들라는 뜻이구나!'

가슴이 뛰었다. 난해한 수학 문제의 답을 찾아낸 것처럼 설레고 기뻤다. 나는 즉시 작업에 착수했다. 직원들과 함께 묵은 짐을 빼내고, 손수 도배를 하며 허름한 창고를 기도 처소로 꾸며나갔다.

그렇게 2007년 9월 6일, 회사 옥상에 '십자가 기도실'이 문을 열었다.

예루살렘이여 내가 너의 성벽 위에 파수꾼을 세우고 그들로 하여금 주야로 계속 잠잠하지 않게 하였느니라 너희 여호와로 기억하시게 하는 자들아 너희는 쉬지 말며 또 여호와께서 예루살렘을 세워 세상에서 찬송을 받게 하시기까지 그로 쉬지 못하시게 하라 사 62:6,7

오픈 감사 예배를 드리던 날의 기억이 지금도 생생하다. 그날은 공교롭게도 김용의 선교사님을 처음 뵌 날이기도 했다. 오전에 선교사님과 미팅을 마친 후, 오후 4시에 전 직원이 옥상에 모여 감사 예배를 드리고 작은 파티를 열기로 되어 있었다. 그런데 회사로 돌아오는 길, 차창 밖으로 빗방울이 하나둘 떨어지기 시작했다. 빗줄기는 점점 굵어졌다. 차 안에서 다급히 기도했다.

"하나님! 오늘 기도실 오픈하는 잔칫날입니다. 비가 오면 다 망칩니다. 제발 그쳐주세요!"

야속하게도 비는 더욱 거세졌다. 예배를 준비하는 내내 초조함에 입술이 바짝 말랐다. 마침내 오후 4시. 직원들이 하던 일을 정리하고 우산을 챙겨 하나둘 옥상으로 올라왔다. 그런데 바로 그 순간, 기적 같은 일이 일어났다. 하늘에 구멍이라도 뚫린 듯 쏟아지던 비가 거짓말처럼 잦아들더니 뚝 그친 것이다.

그때 올려다본 하늘을 평생 잊을 수 없다. 먹구름이 갈라진 틈으로 찬란한 태양 빛이 쏟아져 내렸고, 붉은 낙조가 옥상을 따스하게 감싸안았다. 마치 하늘 문이 열리며 하나님께서 "내가 이곳을 기쁘게 받았다"라고 화답하시는 것 같았다.

> … 보라 하나님의 장막이 사람들과 함께 있으매 하나님이 그들과 함께 계시리니 그들은 하나님의 백성이 되고 하나님은 친히 그들과 함께 계셔서 모든 눈물을 그 눈에서 닦아주시니 다시는 사망이 없고 애통하는 것이나 곡하는 것이나 아픈 것이 다시 있지 아니하리니 처음 것들이 다 지나갔음이러라 계 21:3,4

기도실 운영은 하나님이 주신 지혜를 따라 '릴레이 기도' 방식을 택했다. 아침 예배가 끝나는 오전 9시부터 오후 5시 30분까지, 근무 시간 중에 자유롭게 신청하여 기도할 수 있게 했다. 30분 혹은 1시간 단위로 예약하되, 1시간을 기도할 경우 30분은 회사를 위한 중보, 나머지 30분은 개인 기도를 하는 규칙을 정했다.

직원들의 반응은 뜨거웠다. 기도실 예약표는 늘 빈자리 없이 꽉 찼다. 나중에는 야근자나 당직자를 위해 밤 10시까지 개방 시간을

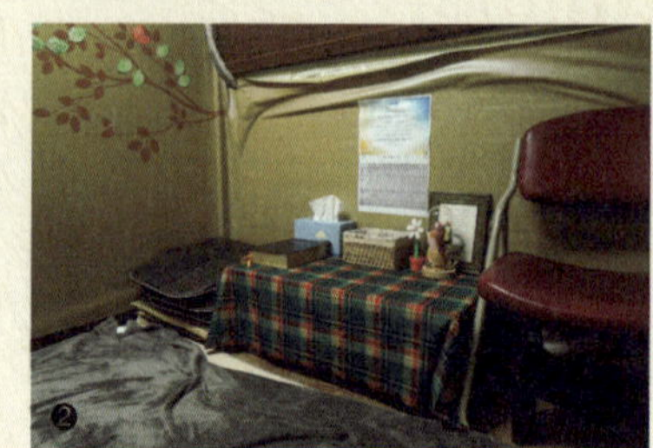

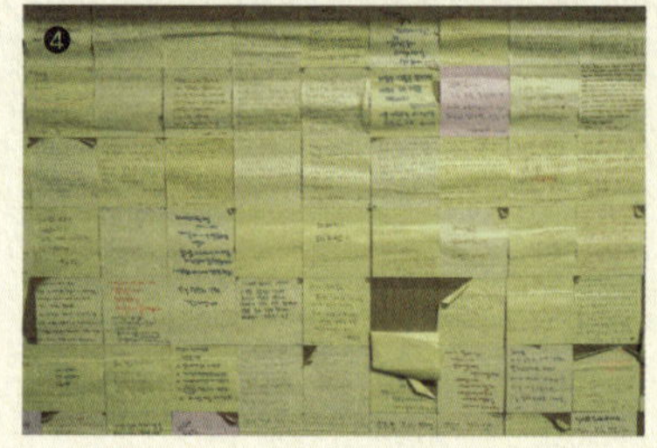

❶ 고 여운학 장로님이 손수 쓰신 기도실 현판
❷,❸,❹ 십자가 기도실 내부 모습

늘려야 할 정도였다.

돌이켜보면, 십자가 기도실은 규장과 갓피플 지체들을 길러낸 영적 인큐베이터이자 지친 영혼의 안식처가 되었다. 하나님은 그곳에서 저마다의 아픔과 눈물을 안고 온 직원들을 친히 만지시고, 위로하시며, 다시 일으켜 세워주셨다.

나 역시 틈만 나면 기도실을 찾았다. 당장 다음 달에 낼 책이 없어 막막할 때면, 그 좁은 방에 들어가 살려달라고 부르짖었다. 실컷 울고 내려오면 신기하게도 새로운 저자와 연결되는 기적 같은 일이 이어졌다. 그곳에서의 기도는 멈춰 있던 내 삶과 경영을 다시 뛰게 하는 호흡이 되었다.

기도로 승부 본다

십자가 기도실은 어느 날 갑자기 만들어진 게 아니었다. 그 토대에는 아무도 보지 않는 곳에서 눈물로 씨를 뿌린 숨은 중보자들의 헌신이 있었다.

앞서 고백했듯, 성령님을 만나기 전의 나는 깊은 영적 열등감에 사로잡혀 있었다. 기도가 안 되니 성경 지식에만 집착했고, 나의 신앙은 옳고 그름만 따지는 메마른 종교 행위에 매몰되어 있었다.

그 율법적인 잣대로 직원들을 재단하곤 했다. 방언 기도를 금하고, 은사 이야기를 꺼내지 못하게 했으며, 손을 들고 뜨겁게 찬양하는 것조차 소란스럽다며 가로막았다. 성경은 분명 부르짖고 사모하라 가르치건만, 내가 누리지 못하는 은혜를 남이 누리는 것을 도무지 견딜 수 없었다. 나는 타오르는 불씨에 기어이 찬물을 끼얹는 완악한 리더였다.

그런데 그런 가혹한 영적 핍박에도, 나와 회사를 위해 남몰래 눈물 흘리던 중보자들이 있었다. 뒤늦게 알게 된 사실이지만, 당시 규장과 갓피플에는 기도의 씨앗을 심는 직원들이 있었다.

하루는 규장의 한 형제가 점심시간마다 식사도 거른 채 사라지기에 이유를 물었더니, 생각지도 못한 대답을 했다.

"하나님께서 기도하라는 마음을 주셔서 금식하고 있습니다."

당시 마음이 굳어있던 나는 비아냥거리듯 쏘아붙였다.

"하나님 참 매정하시네. 밥도 안 먹이고 기도를 시키신단 말야?"

지금 생각하면 얼굴이 화끈거리는 망언이지만, 그때 내 영적 수준은 딱 그 정도였다.

훗날 십자가 기도실이 세워진 뒤 그곳에서 기도할 때, 하나님께서 문득 그 형제를 떠올려 주셨다.

'이곳에 쌓인 그의 기도가 이 기도실의 초석이 되었단다.'

알고 보니 그는 하나님의 명령에 순종하여 회사 주변을 돌며 중보기도를 했고, 아무도 없는 옥상에 올라와 차가운 바닥에 박스를 깔고 무릎으로 기도하며 고독한 기도의 싸움을 이어오고 있었다. 꽉 막힌 회사의 영적 기류를 뚫고 성령의 기름부으심이 임하기를 구하며, 홀로 처절한 기도의 사투를 벌여온 것이었다.

갓피플의 한 디자이너 자매 역시 공동체를 위해 기도하라는 사인을 받고, 점심에 자주 금식하며 옥상이나 자기 자리에서 간절히 기도했다. 가끔 내게 "대표님, 하나님이 이런 마음을 주셨어요"라며 조심스레 전해주기도 했지만, 나는 귓등으로 듣고 흘려버리곤 했다.

안타깝게도 두 사람은 내가 변화되는 것을 보지 못한 채 회사를 떠났다(형제는 신학교로, 자매는 미국으로 갔다). 그들은 자신들이 뿌린 기도의 열매를 확인하지 못했다. 철옹성 같은 대표와 냉랭한 회사 분위기 속에서 얼마나 답답하고 낙심했을까.

하지만 기도는 결코 땅에 떨어지지 않았다. 그들이 박스를 깔고 앉아 눈물 흘리던 그 자리에 마침내 '십자가 기도실'이 세워졌다. 그들이 심은 작은 기도의 씨앗은 죽지 않고 자라나, 이제는 전 직원이 깃들어 쉬는 거대한 기도의 숲이 되었다. 그곳에서는 지금도 열방을 향한 기도가 계속 피어오르고 있다. 두 사람의 기도가 부흥의 마중물이 된 것이다.

혹시 지금 당신이 속한 가정이나 일터가 영적으로 척박해 보이는가? 아무리 부르짖어도 변화의 기미가 보이지 않아 지쳐가고 있는가? 낙심하지 마라. 당신이 홀로 흘리는 그 눈물의 기도가 이미 땅속에서부터 생명의 싹을 틔우려 하고 있다. 눈에 보이는 변화가 없더라도 하나님은 다 듣고 계신다. 때가 되면 반드시, 당신이 뿌린 기도의 씨앗은 놀라운 부흥의 열매로 되돌아올 것이다.

혼자라고 외로워하지 마라. 갓피플을 중보했던 그 자매에게 하나님이 훗날 기도의 동역자들을 붙여주셨듯이, 당신에게도 반드시 합심하여 기도할 사람들을 보내주실 것이다.

그 기도의 힘 덕분에 우리 회사는 소수의 중보자가 아닌, 전 직원이 함께 움직이는 기도 공동체로 탈바꿈했다. 그 구체적인 시스템 중 하나가 바로 'KOP'(캅)이다. 이는 'Kyujang & Godpeople One thing Prayer'의 약자로, 매주 한 번 부서별로 소그룹을 이루어 업무와 회사를 위해, 그리고 서로의 개인적인 기도 제목을 나누며 뜨겁게 중보하는 시간이다.

또 하나는, 어느 날 기도 중에 하나님께서 전문적인 중보기도팀을 세우라는 마음을 주셨다. 직원들에게 업무 외에 중보의 짐까지 지우는 것이 부담스러워 고민하던 차에, 무릎을 탁 치게 만드는 아이디어가 떠올랐다. 바로 '아내들'이었다.

나의 아내뿐 아니라 이사나 국장급 리더의 아내들도 모두 기도의 용사였다. 그들에게 회사는 남편의 일터인 동시에 가정의 생계가 걸린 보루이자 사명의 현장이니, 말 그대로 '목숨 걸고' 기도해 줄 가장 강력한 중보자들이 아닌가!

나는 즉시 리더십의 아내들에게 S.O.S를 보냈다. 반응은 뜨거웠다. 내 아내를 필두로 5명의 규장과 갓피플 중보기도팀이 결성되었다. 그녀들은 매주 화요일 회사 내 '워룸'(war room, 중보 팀 기도실이

자 '룸팔이팔' 촬영 스튜디오)에 모여 전 직원의 이름을 하나하나 불러가며 눈물로 중보한다(코로나 시절에는 줌으로 매일 아침 1시간씩 기도 불을 밝혔다). 남편의 일터를 내 가정의 문제처럼 여기며 기도로 파수하는 그들이 있어 얼마나 든든한지 모른다.

기도의 불은 온종일 꺼지지 않는다. 공식 아침 예배는 8시 30분이지만, 나는 특별한 일정이 없으면 매일 아침 6시에 출근해 기도의 문을 연다. 직원들도 스스로 30분에서 1시간씩 일찍 나와 기도로 하루를 준비한다. 예배 후에는 곧바로 옥상 기도실에서 릴레이 기도가 이어진다. 마치 릴레이 경주처럼 기도의 바통을 이어받으며, 영적인 빈틈을 주지 않으려고 우리는 사활을 건다.

나의 경영 철학은 단순하다.

"모든 일을 기도로 시작해서, 기도로 끝낸다."

이것이 규장과 갓피플이 치열한 비즈니스 현장에서 승리하는 유일한 비결이자, 세상과 승부를 보는 방식이다.

선택이 아닌 생존

성령님을 만나고 내 삶에서 가장 극적으로 바뀐 영역은 단연 '기도'다. 하나님의 음성을 듣고 싶어서, 그분의 마음을 조금이라도 더 알고 싶어서 하루 3-4시간 매달리던 습관이 이제는 내 삶을 지탱하는 거룩한 일상이 되었다.

나의 하루는 언제나 기도로 문을 연다. 새벽 5시 30분 기상, 6시 회사 도착. 하나둘 모여드는 직원들의 기도 소리가 예배실을 채워갈 때, 나 역시 그 한편에서 2시간 동안 오롯이 하나님께 집중한다. 이 시간은 내게 '창조의 시간'이다. 하나님은 이때 번뜩이는 아이디어와 사업적 지혜를 부어주신다.

기도의 방식은 매우 구체적이고 실제적이다. 나는 히스기야 왕처럼, 내 기도 제목과 사업 안건, 심지어 나를 비방하는 악성 댓글까지 낱낱이 적어서 하나님 앞에 펼쳐 보인다. 하나님이 내 곁에 실존하심을 믿기에 인격적으로 대우해 드리는 것이다.

"주님, 이것 좀 보세요. 저들이 저를 이렇게 공격합니다. 억울합니다. 이 일을 어떻게 처리해야 할까요?"

아이처럼 일러바치고 나면, 하나님은 늘 적절한 해답을 주신다(물론 그중 9할은 '네가 용서해라, 참아라, 기다려라'여서 문제지만 말이다).

점심 식사 후에는 회사 앞 매헌시민의숲으로 향한다. 나는 그 넓은 숲 안에서도 내가 늘 기도하며 걷는 산책로에 '엠마오길'이라는 이름을 붙였다.

> 그들이 서로 말하되 길에서 우리에게 말씀하시고 우리에게 성경을 풀어 주실 때에 우리 속에서 마음이 뜨겁지 아니하더냐 하고 눅 24:32

엠마오로 가던 제자들에게 예수님이 동행하며 말씀을 풀어주실 때 그들의 마음이 뜨거워졌던 것처럼, 나도 그 숲길에서 주님과 데이트를 즐긴다. 발걸음마다 주님의 말씀이 깨달아지고, 그로 인해 내 마음이 다시 뜨겁게 타오르기를 소망하며 걷는다.

오후 업무 중에도 틈을 내어 옥상 기도실을 찾고, 퇴근 후에는 집 앞 탄천을 1시간 반 넘게 걷는다. 기도할 제목이 많은 날은 2시간을 훌쩍 넘기기도 한다. 밤하늘의 달과 별을 지붕 삼아 걷다 보면, 그 길은 어느새 나만의 '하늘 기도 골방'이 된다. 하루의 시작부터 침대에 누워 잠드는 순간까지, 나는 기도의 끈을 놓지 않으려 애쓴다.

사람들이 묻는다.

"그렇게 매일 기도에 매달리면 피곤하지 않으세요?"

솔직히 말해, 몸은 고되지만 살기 위해 이 시간을 사수한다. 내게 회사는 단순한 일터가 아니라 치열한 영적 전쟁터이자 사역지이기 때문이다.

> 너희가 내게 부르짖으며 내게 와서 기도하면 내가 너희들의 기도를 들을 것이요 **너희가 온 마음으로 나를 구하면** 나를 찾을 것이요 나를 만나리라 렘 29:12,13

흔히 기도를 '영혼의 호흡', '주님과의 교제'라고 표현한다. 틀린 말은 아니다. 하지만 내게 기도는 훨씬 더 절박한 단어인 '생존' 그 자체다. 나는 살기 위해 기도한다. 기도 줄을 놓치는 순간, 영적으로 죽는다는 것을 뼈저리게 체험했기에, 사활을 걸고 매달리는 것이다. 남들보다 신앙심이 깊어서가 아니라 그저 살고 싶어서다.

무엇보다 나는 하나님께 드릴 말씀이 참 많다. 하나님은 내 업무부터 시시콜콜한 감정까지 모두 공유하기를 원하신다. 규장과 갓피플, 가족, 그리고 떠오르는 수많은 지체의 이야기를 주님과 나누다 보면 시간 가는 줄 모른다.

내게는 하나님과 연결된 모든 순간이 기도다. 잠시라도 그 주파수가 어긋나면 걱정과 두려움의 파도가 금세 나를 덮쳐온다. 오직 주님 안에 안전하게 머무를 때만, 사탄이 쏘아대는 무수한 불화살을 튕겨낼 수 있다.

경영자로서 걱정거리가 왜 없겠는가. 지연되는 출간 일정, 직원 간의 갈등, 외부의 공격, 위태로운 재정 상황까지…. 생각만 해도 머리가 지끈거리는 문제가 산더미다. 그럴 때일수록 나는 더더욱 '무책임할 정도로' 문제로부터 시선을 돌려 하나님을 바라본다. 그리고 그분께 모든 짐을 떠넘기듯 맡겨버린다.

"아빠, 아시죠? 전 감당할 힘이 없습니다. 주님이 해결해 주세요."

여태껏 수많은 문제의 산을 넘을 수 있었던 비결은 단 하나다. 내가 대단한 경영자여서가 아니라, 나의 아버지가 위대하신 하나님이기 때문이다. 내가 잘한 게 있다면, 혼자 끙끙대며 해답을 찾으려 하지 않고 곧장 아빠에게 달려간 것뿐이다. 그분께 맡기면, 문제는 반드시 해결된다.

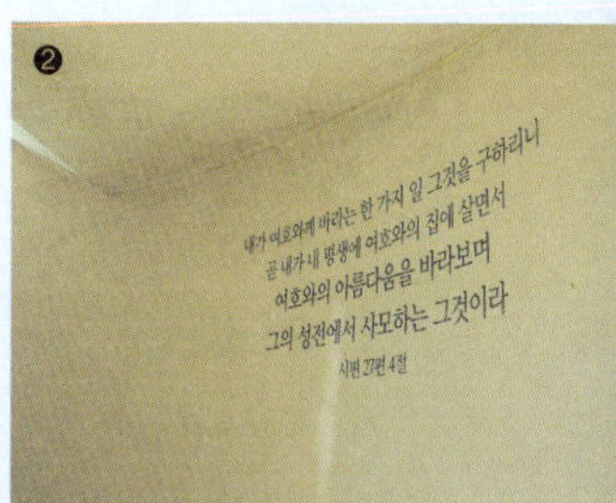

❶ 규장 사옥 옥상 간판
❷ 십자가 기도실로 올라가는 계단 벽 성구
❸ 아침 예배실 기도 자리
❹ 엠마오 길

누구에게 기도하는가?

말씀을 깊이 파고들기 시작하자 하나님은 내게 새로운 눈을 열어 주셨다. 궁금한 구절이 생기면 다른 해설서를 뒤적이기보다 성경 안에서 답을 찾으려 애썼고, 그때마다 하나님은 내 수준에 딱 맞는 깨달음을 주셨다.

히브리서 11장 6절은 내 기도의 패러다임을 송두리째 바꾼 결정적인 말씀이었다.

믿음이 없이는 하나님을 기쁘시게 하지 못하나니 하나님께 나아가는 자는 반드시 그가 계신 것과 또한 그가 자기를 찾는 자들에게 상 주시는 이심을 믿어야 할지니라 히 11:6

흔히 '믿음'에 관한 구절로 알려진 말씀이지만, 나는 이것을 '기도'의 관점에서 다시 읽었다. 구절 마디마다 '기도'라는 단어를 넣어 읽어보라. 그 의미가 명확해진다.

"믿음이 없는 기도는 하나님을 기쁘시게 하지 못하나니, 하나님께 나아가 기도하는 자는 반드시 그가 계신 것과 또한 그가 하나님께 기도하는 자들에게 상 주시는 이심을 믿어야 할지니라."

왜 히브리서 기자는 굳이 "그가 계신 것"을 믿으라고 했을까? 역설적이게도 하나님 앞에 나와 기도는 하지만, 정작 그분이 살아계셔서 내 음성을 듣고 계신다는 사실은 믿지 않는 이들이 많기 때문이다.

형식적으로 시간만 때우는 기도는 하나님을 기쁘시게 할 수 없다.

죽도록 기도하고도 "주께 얻기를 생각하지 말라"는 말씀을 듣는
것만큼 허망한 일이 또 있을까. 믿음이 결여된 기도는 허공을 치는
메아리에 불과하다.

기도가 중요한 건 알지만 막상 입이 떨어지지 않고, 5분을 넘기기
힘든가? 그것은 열정의 문제가 아니라 '믿음의 문제'다. 기도할 때
가장 먼저 점검해야 할 것은 '기도의 대상'이다. 당신은 지금 누구에
게 기도하고 있는가?

내가 믿는 대상이 누구인지 확실히 알면 기도가 풀린다. 하나님의
전지전능하심을 믿고, 그분이 나를 위해 하나뿐인 아들을 내어주신
'진짜 아버지'이심을 신뢰한다면 기도가 즐거워질 수밖에 없다. 그
분은 멀리 계신 관념적인 존재나 옆집 아저씨 같은 타인이 아니다.
나를 사랑하셔서 죽음에서 건지신 나의 아버지시다. 사랑하는 아버
지가 내 앞에 계시는데 무슨 말을 못 하겠는가. 투정도 부리고, 떼
도 쓰고, 아이처럼 펑펑 울 수도 있다.

그런데 우리는 종종 기도의 대상을 잊어버린다. 창조주 아버지가

아니라 낯선 타인에게 말하듯 기도할 때가 많다. 그러니 믿음이 생길리 없다. 아버지도 아닌 분이 내 투정을 다 받아줄 리 없지 않은가.

우리의 기도가 막힐 수 없는 이유는 명확하다. 예수님이 십자가로 하나님과 우리 사이의 막힌 담을 허무셨다. 예수 이름으로 구하면 반드시 시행하겠노라 약속하셨다. 심지어 우리가 어떻게 기도해야 할지 몰라 헤맬 때는 성령님이 말할 수 없는 탄식으로 우리를 대신해 간구해 주신다.

곧 우리가 원수 되었을 때에 **그의 아들의 죽으심으로 말미암아 하나님과 화목하게 되었은즉** … 롬 5:10

너희가 **내 이름으로 무엇을 구하든지 내가 행하리니** … 요 14:13

이와 같이 성령도 우리의 연약함을 도우시나니 우리는 마땅히 기도할 바를 알지 못하나 **오직 성령이 말할 수 없는 탄식으로 우리를 위하여 친히 간구하시느니라** 롬 8:26

이것은 삼위일체 하나님의 빈틈없는 도우심이다. 성부, 성자, 성령 하나님이 우리의 기도를 돕고 계신다. 그러니 우리는 기도의 대상이 여호와 하나님이심을 명확히 알고, 그분을 신뢰함으로 나아가기만 하면 된다.

기도는 하나님과의 대화다. 갓난아이를 보라. 부모와 대화할 때 논리를 갖추고 격식을 차리는가? 그저 울고 웃으며 온몸으로 감정을 표현한다. 말문이 트여도 "맘마", "싫어", "안아줘" 같은 원초적인 단어가 전부다. 그래도 부모는 다 알아듣고 기뻐한다. 아이가 자라면서 언어가 풍성해지듯, 기도의 깊이 역시 하나님과 친해질수록 자연스럽게 깊어지는 법이다.

처음부터 미사여구를 써가며 유창하게 하려 들지 말자. 힘이 들어가면 폼을 잡게 되고, 하나님이 아닌 기도하는 나 자신을 의식하게 된다. 그것은 연기일 뿐, 기도가 아니다. 아빠에게 말하듯 편안하고 솔직하게 속마음을 털어놓자. 그것이 최고의 기도다.

그렇게 주님과 대화하다 보면 기도의 지경이 점차 넓어진다. 나만 잘 먹고 잘살게 해달라는 기복적인 수준에서, 하나님이 원하시는 사명으로 시선이 옮겨진다. 나도 예전에는 "주세요" 목록만 읊었는데, 점점 내 필요보다 하나님의 뜻이 궁금해졌다.

그런즉 너희는 **먼저 그의 나라와 그의 의를 구하라** 그리하면 이 모든 것을 너희에게 더하시리라 마 6:33

하나님의 나라와 의를 구하면 내 필요는 덤으로 주신다고 약속하셨으니, 나는 '먼저 구할 것'에 집중하기로 했다.

'하나님의 뜻이 뭐지? 지금 하나님나라가 어디에 임해야 하지?'

그 질문을 품고 기도하자 하늘로부터 기도 제목들이 배달되기 시작했다. 우리나라와 북한, 열방의 선교지, 고통받는 이웃들…. 내 좁은 소견으로는 감히 품을 수 없었던 거대한 주제들이었다. ‘내가 기도한다고 저 나라가 바뀔까?’ 하는 의심이 들 때도 있었지만, 결과는 주님께 맡기고 배달된 제목을 놓고 충실히 간구했다.

기도할수록 주시는 마음이 많아져 기도 시간이 점점 늘어났다. 그래서 나는 늘 기도 노트나 스마트폰 메모장을 펴놓고 기도한다. 주님이 주시는 생각과 아이디어, 사람 이름, 키워드를 하나하나 받아적는다. 처음엔 무슨 뜻인지 몰라도 일단 적고 본다. 그리고 꼬리에 꼬리를 물고 기도하다 보면, 하나님께서 퍼즐을 맞추듯 그 뜻을 선명히 풀어주신다.

기도는 내 소원을 떼써서 얻어내는 수단이 아니다. 가장 높으신 분의 지혜를 구하고, 그분의 세밀한 음성에 귀 기울이는 거룩한 경청의 시간이다.

하나님의 침묵을 견디는 법

어느 날, 평소 기도의 깊이가 남다르다고 생각하며 존경해 온 손기철 장로님에게 물었다.

“어떻게 하면 하나님과 더 친밀해질 수 있나요?”

그의 대답은 의외였다.

"거룩한 낭비를 하세요. 침묵 가운데 하나님의 마음을 받을 때까지, 아무것도 하지 말고 그저 기다리는 겁니다."

그는 덧붙였다.

"그 지루한 기다림의 시간이 당신에게 광야가 될 것입니다."

주님과 친밀해지고 싶은 갈망이 컸던 나는 지체 없이 시도해 보았다. 십자가 기도실을 2시간 예약하고 올라갔다. 처음 1시간 동안은 여느 때처럼 간절히 부르짖으며 기도하고 뜨겁게 찬양했다. 그러고는 비장하게 선포했다.

"주님, 말씀하옵소서! 종이 듣겠나이다."

눈을 감고 잠잠히 기다렸다. 하지만 기대했던 거룩한 음성 대신 온갖 잡생각이 스멀스멀 기어 나왔다.

'아까 김 과장에게 결재를 해줬던가?'

'그 책 표지 디자인, 아무래도 마음에 안 드는데….'

'나를 힘들게 한 그 사람, 어떻게 응징하지?'

꼬리에 꼬리를 무는 잡념에 이어 며칠 전 본 영화 장면이 스쳐 지나가고, 심지어 야한 생각까지 불쑥불쑥 튀어나왔다. 급기야 졸음이 쏟아졌다. 새벽부터 시작된 강행군에 몸이 천근만근이었다. 나는 허벅지를 꼬집으며 필사적으로 의식을 붙들었다.

'주님, 제발 말씀 좀 해주세요! 저 여기 있습니다!'

속으로 백 번도 넘게 외쳤지만, 돌아오는 건 차가운 침묵뿐이었다. 허무하리만치 고요한 적막만이 무겁게 감돌았다.

나는 장로님에게 따지듯 물었다.

"시킨 대로 했는데 엉뚱한 생각만 잔뜩 하다 끝났습니다. 이게 뭡니까?"

그는 껄껄 웃으며 대답했다.

"처음엔 다 그렇습니다. 그게 바로 훈련이지요. 포기하지 말고 계속 버티세요. 반드시 하나님을 깊이 만나는 순간이 올 겁니다."

그날 이후 나는 작정하고 '거룩한 낭비'의 시간을 보냈다. 마치 밤새 그물을 던졌지만 피라미 한 마리 건지지 못한 베드로가 된 기분이었다. 아무 소득 없는 허탕인 시간이 쌓여갔다.

하루는 너무 지쳐 하나님께 하소연했다.

"하나님, 이제는 제발 말씀 좀 해주세요. 벽 보고 앉아 있는 것도 하루 이틀이지, 더는 못 하겠습니다…."

그런데 기적은 한계점에서 일어났다. 2-3개월쯤 지났을까. 어느 날, 그 좁은 기도 골방에 하나님의 임재가 가득 차오르는 것이 느껴졌다. 그전까지는 캄캄한 어둠과 적막뿐이었는데, 그날은 분명히 달랐다.

'누군가 내 앞에 계시다.'

어떤 거룩한 존재가 나와 마주 앉아계신다는 확신이 들었다.

그때부터 기도의 차원이 달라졌다. 더 이상 허공에 대고 쏟아내는 독백이 아니었다. 내 작은 신음에도 귀 기울이시는 하나님과의 대화가 시작되었다. "하나님, 이 일을 진행해도 될까요?"라고 물으면, 내 영혼에 응답이 메아리쳤다. 주님이 기뻐하시는 일에는 가슴 벅찬 평안이, 원치 않으시는 일에는 설명하기 힘든 불편함이 내 안에서 선명하게 대조되었다. 비로소 하나님과 주파수를 맞추는 나만의 통신법이 생긴 것이다.

돌이켜보면, 하나님이 침묵하셨던 그 지루한 몇 달은 결코 버려진 시간이 아니었다. 그 고요와 적막 속에서 내 안의 모난 부분과 고정관념, 조급함과 헛된 환상이 깎여나가고 있었다. 그 거룩한 낭비야말로 내 영혼의 불순물을 걸러내는 가장 값진 시간이었다.

이 시간을 버티게 한 힘은 오직 '믿음'이었다. 믿음은 하나님을 신뢰하는 것이다. 하나님은 살아계시며, 나와 함께하시고, 내 말을 듣고 계시며, 나를 향한 선한 계획을 갖고 계신다는 사실을 믿는 것. 이걸 진짜 믿는다면 앞날을 걱정하는 건 모순이다. 하나님을 믿는다면서 염려하는 건, 사실상 그분을 무시하는 것이나 다름없다.

나는 하나님이 지금 내 곁에 살아계심을 믿는다. 기도 중에 눈을 감으면 그분이 만져질 듯 가깝게 느껴진다. 이런 믿음이 생긴 후로는 일상 속에서 혼잣말이 늘었다.

"하나님, 저 지체를 어떡하면 좋습니까?"

"주님, 오늘 날씨가 참 좋네요. 제 마음은 좀 울적한데, 위로해 주세요."

남들이 보면 이상할지 모르지만, 나는 24시간 하나님을 의식하며 그분과 동행하려 애쓴다. 이것이 나의 '임재 연습'이다.

기도는 결국 믿음의 고백이다. 만물을 지으신 창조주가 지금 내 코앞에 와 계신다고 믿어보라. 어떻게 입을 다물고 있을 수 있겠는가. 우리가 기도하지 않는 이유는 바빠서가 아니라, 하나님이 내 앞에 계신다는 사실을 '진짜'로 믿지 않기 때문이다.

기도가 어려운가? 그렇다면 거창한 형식을 갖추려 하지 말고, 그냥 아무 말이나 걸어보자.

"하나님, 오늘 직장 상사 때문에 열받아 죽겠습니다."

"주님, 돈이 없어 막막합니다."

소소한 일상부터 털어놓자. 그리고 믿자. 하나님이 지금 내 앞에 턱을 괴고 내 이야기를 흥미진진하게 듣고 계신다는 사실을.

흔히들 묻는다.

"언제 하나님을 인격적으로 만나셨습니까?"

나는 이렇게 대답하고 싶다.

"내가 하나님을 인격적으로 대해드린 날, 비로소 하나님을 인격적으로 만났습니다."

이전에는 하나님을 막연한 기운이나 종교적 개념으로만 생각했다. 하지만 그분을 내 앞에 살아계신 '실체'로 인정하고 인격적으로 대우해 드리기 시작했을 때, 하나님은 내게 진짜 '인격'으로 다가오셨다.

그때부터 나는 하나님께 전적으로 의존할 수 있었다. 창조주와 피조물이 아닌, 아버지와 아들로서 생명의 관계를 맺게 된 것이다.

이 친밀함이 형성되어야 기도도, 말씀도, 사명도 짐이 아닌 기쁨으로 감당할 수 있다.

고독해도 행복한 이유

현대인은 혼자 남겨지는 것을 불안해한다. 침묵을 견디지 못해 끊임없이 사람을 만나고, 일을 만들고, 쉴 새 없이 스마트폰을 들여다본다. 적막이 두려워 습관적으로 TV를 켜두는 것이 일상이 되어 버렸다.

세상은 '고독'을 외로움이나 쓸쓸함, 혹은 실패의 증거로 여기며 연민 어린 시선으로 바라본다. 하지만 성경의 시각은 다르다. 고독은 형벌이 아니라 하나님을 만날 수 있는 최적의 시간, 골든타임이다.

때로 하나님은 우리를 철저히 고립시켜, 붙잡을 사람도 의지할 끈도 없는 벼랑 끝으로 내모신다. 이 고독의 과정에서 겪는 가장 큰 변화는 '인간관계의 정리'다. 주님은 기뻐하시지 않는 관계를 과감히 끊어내시고, 심지어 우리가 가장 가깝게 여겼던 이들과도 멀어지게 하신다. 마치 감독이 그라운드 위의 선수를 교체하듯, 내 인생의 동반자들을 바꾸시는 것이다.

물론 그 과정은 두렵고 아프다. 지난 인연이 무의미했다는 뜻은 아니지만, 하나님은 새로운 시즌을 위해 우리를 잠시 홀로 두신다. 오직 그분만 바라보게 하기 위해서다. 사람은 외로워야 하나님을 찾기 때문이다.

예전에 한 방송에서 사나운 반려견을 훈련하는 장면을 인상 깊게 본 적이 있다. 그 개는 통제 불능이었다. 사람을 향해 짖어대고, 자기를 돌보려는 주인마저 물려고 덤벼들었다.

훈련사가 내놓은 처방은 독특했다. 좁고 밀폐된 공간에 주인과 개, 훈련사 셋만 들어갔다. 주인을 구석에 앉혀둔 채, 훈련사는 개에게 겁을 주며 위협적인 분위기를 조성했다.

개는 처음엔 혼자 맞서 으르렁거리다가, 도저히 안 되겠다 싶었는지 슬금슬금 뒷걸음질 쳤다. 그러더니 결국 주인의 등 뒤로 숨어 코를 박았다. 자신을 보호해 줄 유일한 대상이 주인임을 깨닫고 그 품에 안긴 것이다. 그것이 관계 회복의 시작이었다.

그 장면을 보는데 얼굴이 화끈거렸다. 영락없는 내 모습이었기 때문이다. 나 역시 하나님께 곁을 내어드리기는커녕, 아쉬울 때만 주님을 찾으며 평소엔 내 고집대로 살았다. 하나님이 개입하시려 하면 "내 인생 내 겁니다!"라며 으르렁거렸다. 그러다 감당 못 할 위기가 닥치고 돈도, 명예도, 인맥도 다 소용없어지자 그제야 꼬리를 내리고 주님 품으로 파고들었다.

하나님이 우리를 광야로 이끄시는 이유도 이와 같다. 철저히 혼자가 되는 시간, 사방이 막힌 그 막막한 순간이 사실은 주님 품에 안길 수 있는 절호의 기회임을 알려주시려는 것이다. 그러니 고독을 두려워하지 마라. 인간관계가 정리되고 세상 모임에서 멀어졌다면 오히려 기뻐해라. 그것은 하나님을 만날 시간이 임박했다는 결정적인 신호다.

하나님과 독대하는 것만큼 귀한 일은 없다. 예수님조차 하루의 시작을 고독한 기도로 여셨고, 그 힘으로 사역을 감당하셨다. 하나님은 우리가 군중 속에 묻혀 있기를 원치 않으신다. 은혜의 보좌 앞으로 나아와 당신과 단둘이 마주 앉기를 간절히 원하신다.

그러므로 우리는 긍휼하심을 받고 때를 따라 돕는 은혜를 얻기 위하여

은혜의 보좌 앞에 담대히 나아갈 것이니라 히 4:16

성경 속 하나님의 사람들은 예외 없이 '고독의 학교'를 졸업했다. 모세는 미디안 광야의 적막 속에서 40년을 보내며 하나님을 만났고, 다윗은 푸른 초장과 거친 광야에서 홀로 주님을 노래했다. 예레미야는 감옥의 철장 안에서, 바울은 아라비아 광야에서 주님과 깊이 독대했다. 하나님은 당신을 독대한 사람을 통해서만 일하신다.

나도 주님 앞에 홀로 엎드리면 종종 그 영광의 무게에 압도되곤 한다. 그것은 공포가 아니라, 세상이 줄 수 없는 극한의 행복과 감격이다. 그 영광의 빛을 쬐고 나오면 세상에 겁날 것이 없다. 온 영혼이 하나님의 능력으로 충전되는 것을 느끼기 때문이다.

"저는 하나님과 독대할 만한 공간이 없어요"라며 고개를 젓는 이들이 있을지도 모른다. 하지만 소망하는 자에게 하나님은 반드시

"은혜의 보좌"를 예비해 주신다. 사랑하는 자녀가 아버지를 만나고 싶어 하는데 하나님이 공간 하나 마련해 주시지 않겠는가.

하나님을 만나는 지성소는 멀리 있지 않다. 방문을 걸어 잠근 내 방일 수도, 설거지하는 싱크대 앞일 수도, 출근길 차 안일 수도 있다. 그마저 여의치 않다면, 발 디딜 틈 없는 전철 안에서 이어폰을 꽂고 눈을 감는 그 순간이 바로 지성소가 된다.

내가 처음 하나님과 독대했던 날이 기억난다. 사방이 꽉 막혀 생존의 위기감이 목을 조여올 때였다. 더 이상 의지할 곳도, 도망칠 곳도 없었다. 결국 '여기 아니면 죽는다'는 심정으로 나아간 곳이 바로 기도의 자리였다.

솔직히 무서웠다. 지은 죄가 많아 취조당하는 죄수처럼 혼날 줄 알았다. 잔뜩 긴장한 채 떨고 있는데, 내게 다가오신 주님은 예상과는 전혀 다른 모습이었다. 나를 매섭게 꾸짖는 심판자가 아니었다. 나를 사무치게 그리워하던 아버지가 그곳에 계셨다. 그때 들려주신 음성을 평생 잊지 못한다.

> 불법이 사함을 받고 죄가 가리어짐을 받는 사람들은 복이 있고 주께서 그 죄를 인정하지 아니하실 사람은 복이 있도다 함과 같으니라 롬 4:7,8

> 야곱아 너를 창조하신 여호와께서 지금 말씀하시느니라 이스라엘아 너를 지으신 이가 말씀하시느니라 **너는 두려워하지 말라 내가 너를 구**

그 말씀 앞에서 펑펑 울었다. 평생 도망만 다니던 죄인을 책망 한 번 안 하시고 "너는 내 것이다"라고 불러주시는 그 사랑에 완전히 무너져 내렸다. 나는 떨리는 입술로 고백했다.

"하나님의 소유물이… 이제야 주님 앞에 나왔습니다."

하나님은 두 팔 벌려 나를 안아주셨다. 그분은 사랑 그 자체셨다. 매번 배신당하시면서도 끝까지 믿고 기다려주시는 조건 없는 사랑의 결정체셨다. 그 사랑의 깊이를 알고 나니, 기도의 자리를 떠날 수가 없다. 그곳에만 가면 지치고 상한 내 영혼이 소생되기 때문이다. 내게 기도는 의무가 아니라 생존 본능이자 가장 큰 기쁨이다.

하나님과 독대하는 시간 없이는 그분과 생명의 관계를 맺을 수 없다. 아무리 신앙 연수가 길고 지식이 많아도, 독대가 빠진 신앙은 종교 행위이자 껍데기뿐인 신앙이다.

은혜의 보좌는 하나님과 은밀한 사랑을 나누는 영광스러운 자리다. 매일 그곳으로 나아가자. 혼날까 봐 두려운가? 그건 사탄의 새빨간 거짓말이다. 하나님 품에는 정죄가 아니라 사랑과 은혜, 세상이 알지 못하는 평강이 기다리고 있다.

그분은 이미 두 팔을 활짝 펴고, 당신이 달려와 안기기만을 간절히 기다리고 계신다. 오늘도 예수님의 피를 힘입어 담대히 그 품으로 파고들자.

chapter 08

버티는 것이 영성이다

인내를 온전히 이루라
이는 너희로 온전하고 구비하여 조금도 부족함이 없게 하려 함이라
약 1:4

은혜의 임계점

삶은 결국 '버티기' 싸움이자, 한 치의 물러섬도 없는 치열한 '믿음의 전쟁'이다. 나는 평소 다큐멘터리를 즐겨 본다. 운동선수든, 예술가든, 성공한 경영인이든 자기 분야에서 일가(一家)를 이룬 이들의 삶을 들여다보면 공통점이 하나 발견된다. 그들은 모두 지독하리만큼 잘 버텨내는 사람들이라는 사실이다.

보통 사람은 노력의 수치가 100이라는 한계점에 다다르면 "할 만큼 했다"며 멈춰 선다. 하지만 정상에 오른 이들은 다르다. 숨이 턱 끝까지 차오르는 그 임계점을 넘어 110, 120, 130까지 자신을 밀어붙인다. 남들이 포기하고 돌아선 그 지루한 반복과 고통의 시간을 견뎌낸 자만이 비로소 정상의 공기를 마신다. 그들을 움직이는 동력은 무엇일까? 세상 사람들에겐 그것이 '신념'일 것이다. 그렇다면 하

나님을 믿는 우리에게는 무엇이 그 동력이 되어야 할까? 바로 '믿음'이다. 하나님이 나를 도우신다는 믿음, 그분이 반드시 약속을 이루신다는 확신이 있어야만 우리는 그 한계의 벽을 넘어설 수 있다.

영적 원리도 이와 같다. 말씀과 기도, 모든 신앙생활은 끝까지 버텨내야만 '진짜'를 만난다. 하나님은 때때로 우리 믿음의 진위를 달아보신다. 가장 흔한 테스트는 바로 '침묵'이다.

우리가 간절히 원하는 것을 하나님이 오랫동안 허락하지 않으실 때, 그 믿음이 진짜인지 가짜인지가 여실히 드러난다. 가짜 믿음은 금세 지쳐 쉬운 길, 넓은 길로 도망가 버린다. 하지만 진짜 믿음은 하나님을 신뢰하기에 묵묵히 그 자리를 지켜낸다.

갈대처럼 흔들리는 믿음이 단단해지려면 어떻게 해야 할까? 영적 성장에 왕도는 없다. 오직 말씀 안에서 은혜를 경험하고, 말씀으로 버텨내는 힘을 키워야 한다.

내 눈을 열어서 주의 율법에서 놀라운 것을 보게 하소서 시 119:18

성경이 잘 읽히지 않고 말씀이 도무지 이해되지 않을 때, 나는 이 구절을 가슴에 새기며 주문처럼 읽고 또 읽는다.

주의 말씀을 열면 빛이 비치어 우둔한 사람들을 깨닫게 하나이다
시 119:130

우리는 본래 우둔한 존재다. 하지만 주님의 말씀을 펼치는 순간, 그 안에서 빛이 쏟아져 나온다. 그 빛이 내 우둔한 머리를 밝혀 진리를 깨닫게 하신다. 이 약속을 믿기에 성경이 마치 벽돌처럼 답답하게 느껴질 때면 선포한다.

"하나님, 제 눈을 열어주세요. 이 활자 너머에 숨겨진 주님의 놀라운 비밀을 보게 해주세요!"

당장 이해되지 않아도 괜찮다. 여러 역본을 대조하며 읽고 또 읽는 끈기가 필요하다. 엉덩이를 붙이고 끝까지 말씀 앞에 머무는 것이 곧 영적인 실력이고 능력이다.

기도도 마찬가지다. 거창하게 생각할 것 없이 그저 기도의 자리로 나아가면 된다. 눈을 감고 "주님, 오늘 제가 무엇을 기도하기 원하십니까?"라고 여쭤보라. 그러면 성령님이 마음에 떠오르게 하시는 얼굴들이 반드시 있다. 교회와 목사님, 배우자와 자녀, 혹은 껄끄러운 동료일 수도 있다.

그들을 위해 중보를 시작하라. '이게 내 생각인가?' 하며 의심할 필요 없다. 사탄은 우리에게 미워할 거리를 던져줄 뿐, 타인을 향한 축복과 중보의 마음은 오직 하나님만이 부어주실 수 있는 선물이기 때문이다.

그렇게 꾸준히 기도하다 보면 어느 순간 '영적 임계점'을 넘어서게 된다. 그때 비로소 하나님의 마음이 알아지고, 성령님의 조명이 선명해진다. 그때까지는 자리를 지켜야 한다. 은혜의 샘물이 터져 나올 때까지 주님 발치에 머물러야 한다.

"기도가 잘 안 돼요", "성경이 너무 어려워요"라고 하소연하는 이들에게 단호하게 말하고 싶다.

"포기하지 마십시오. 처음엔 잘 안 되는 것이 당연합니다."

우리는 평생 세상 문화에 젖어 살아왔다. 하나님나라 언어와 문화에 적응하려면 당연히 시간이 걸린다. 낯선 외국어를 배우듯 말씀을 보고 또 보고, 기도를 하고 또 하다 보면 어느 순간 머릿속에서 번개가 치듯 '아, 이 뜻이었구나!' 하고 풀리는 날이 온다.

그러니 제발 버티자. 끝까지 포기하지 않고 말씀과 기도의 자리를 지키는 자에게 하늘의 문은 반드시 열린다.

그러나 네가 거기서 네 하나님 여호와를 찾게 되리니 만일 마음을 다하고 뜻을 다하여 그를 찾으면 만나리라 신 4:29

광야의 전투 자세

다윗은 유다 광야 한복판에서 갈급한 심정을 하나님 앞에 토해 냈다.

하나님이여 주는 나의 하나님이시라 내가 간절히 주를 찾되 물이 없어 마르고 황폐한 땅에서 내 영혼이 주를 갈망하며 내 육체가 주를 앙모하

내게 광야란 '하나님이 침묵하시는 시간'이다. 하나님과의 관계는 메마르고, 기도는 벽에 막힌 듯 답답하며, 말씀은 가슴에 와닿지 않는 시기. 하나님이 아득히 멀게만 느껴지는 이 혹독한 영혼의 겨울을 어떻게 통과해야 할까?

다윗의 고백에 그 해답이 있다. 그는 황폐한 땅이라는 환경을 탓하는 대신, 시선을 하나님께 고정했다.

"하나님이여, 주는 나의 하나님이시라."

이 고백이 회복의 첫 단추다. 광야 한복판에서도 하나님을 "나의 하나님"이라 부를 수 있어야 한다. 그렇지 않으면 그 삭막한 광야에서 기댈 곳은 아무 데도 없다.

기억하자. 하나님이 침묵하실 때는 있어도, 듣지 않으시는 때는 없다. 그분은 모든 것을 보고 듣고 계신다. 그러니 점잖은 척하지 말고 있는 그대로, "주님, 정말 힘듭니다, 목이 마릅니다"라고 토해내자. 그때 구원의 문이 열린다.

성경에는 신 광야, 시내 광야, 바란 광야 등 수많은 광야가 등장한다. 이스라엘 백성은 그 척박한 땅을 통과하며 각기 다른 생존법을 익혔다.

먼저 신 광야에서 하나님은 먹을 것이 없어 불평하는 백성에게 만나를 내리셨다. 아무것도 없는 척박한 땅에서도 친히 먹이시는 '공급자 하나님'을 신뢰하게 하신 것이다.

> … 보라 내가 너희를 위하여 하늘에서 양식을 비같이 내리리니 백성이
> 나가서 일용할 것을 날마다 거둘 것이라 … 출 16:4

시내 광야에서는 율법과 언약을 주셨다. 애굽의 노예로 제멋대로
살던 옛 습관을 버리고, 하나님의 말씀을 삶의 절대 기준으로 삼는
거룩한 훈련을 시키셨다.

> … 너희가 내 말을 잘 듣고 내 언약을 지키면 너희는 모든 민족 중에서
> 내 소유가 되겠고 출 19:5

그리고 바란 광야다. 백성들은 이곳에서 거대한 아낙 자손을 마
주하고 스스로를 메뚜기라 비하하며 현실이 주는 공포 앞에 무너졌
다. 그들은 이 뼈아픈 실패를 통과하며, 눈앞의 현실이 아니라 하나
님의 신실한 약속을 붙드는 '믿음의 눈'을 가져야 함을 배웠다.

> 다만 여호와를 거역하지는 말라 또 그 땅 백성을 두려워하지 말라 그들
> 은 우리의 먹이라 … 여호와는 우리와 함께하시느니라 그들을 두려워하
> 지 말라 … 민 14:9

이처럼 광야는 이스라엘을 하나님의 백성답게 빚어가는 거대한 훈련소였다. 불평하던 자들은 '감사와 신뢰'를 배웠고, 제멋대로 굴던 자들은 '순종과 인내'를 익혔으며, 현실에 짓눌렸던 자들은 '상황 너머의 약속을 붙드는 담대함'을 체득했다.

나 역시 인생의 굽이마다 다른 이름의 광야를 만났다. 영적 침체라는 광야에서는 '하나님 자녀의 정체성'을 세웠고, 재정의 광야에서는 '공급자 되신 하나님'을 경험했다. 침묵의 광야에서는 끈질기게 매달리는 '기도의 야성'을 키웠다. 그 혹독한 시간이 모여 지금의 나를 만들었다.

요즘 나는 '인력난'이라는 또 다른 광야를 지나고 있다. 직원들이 개인 사정으로 퇴사하고 적은 인원이 많은 업무를 감당해야 하는 상황 속에서 매일이 치열한 영적 전쟁이다. 하지만 나는 당황하는 대신 질문을 바꾼다. 불평하는 대신, '하나님이 이 상황을 통해 우리 공동체에 무엇을 말씀하시려는 걸까? 우리가 점검해야 할 본질은 무엇일까?'를 여쭈며 기도한다.

광야를 만났을 때, 나만의 확실한 전투 노하우가 있다. 바로 '납작 엎드리기'다. 어떤 어려움이 닥치든, 광야의 조짐이 보이면 즉시 바닥에 엎드린다. 가장 낮고 비천한 자세로 주님 앞에 엎드려 묻는다.

"주님, 제가 이 광야에서 무엇을 배우길 원하십니까? 말씀만 하십시오. 제가 고치고 돌이키겠습니다."

놀랍게도 웬만한 영적 위기는 이 자세 하나로 다 돌파할 수 있었다. 바짝 엎드려 기도하다 보면 내 안에 숨어 있던 교만과 불순종, 높아진 마음이 적나라하게 보인다. 그것을 하나하나 회개하고 나면, 어느새 주님을 향한 첫 마음이 회복되는 것을 느낀다.

주님은 우리가 뻣뻣하게 서서 따지는 것보다, 납작 엎드려 울며 부르짖는 간절함을 기뻐하신다(우리가 고통받는 것을 즐기신다는 게 아니라, 그 겸손하고 진실한 태도를 결코 외면하지 못하신다는 뜻이다). 그때마다 주님은 가장 사랑스러운 음성으로 우리를 위로하신다.

두려워하지 말라 내가 너와 함께함이라 놀라지 말라 나는 네 하나님이 됨이라 내가 너를 굳세게 하리라 참으로 너를 도와주리라 참으로 나의 의로운 오른손으로 너를 붙들리라 사 41:10

… 너희를 향한 나의 생각을 내가 아나니 평안이요 재앙이 아니니라 너희에게 미래와 희망을 주는 것이니라 너희가 내게 부르짖으며 내게 와서 기도하면 내가 너희들의 기도를 들을 것이요 너희가 온 마음으로 나를 구하면 나를 찾을 것이요 나를 만나리라 렘 29:11-13

지금 당신의 삶이 황량한 광야처럼 느껴진다면 엘리야의 자세를 취해보라.

땅에 꿇어 엎드려 얼굴을 무릎 사이에 파묻는 처절한 겸손함. 그 자세로 기도할 때 우리는 주님과 가장 깊이 연결된다. 그때 쏟아지는 하나님의 위로는 사탄의 어떤 불화살도 뚫지 못하는 강력한 방패가 될 것이다.

하나님이 침묵하시는 것 같아도 속지 말자. 끝까지 그분을 신뢰하자. 다윗처럼, 엘리야처럼 납작 엎드려 주님을 찾을 때, 당신은 어느새 혹독한 훈련을 마치고 광야를 졸업하는 승리자가 되어 있을 것이다.

하나님의 뜻 분별하는 방법

광야의 전투 자세가 '납작 엎드림'이라면, 그 광야를 통과하는 실전 기술은 '올바른 분별과 선택'이다. 짙은 안개처럼 앞이 보이지 않는 광야에서 우리는 끊임없이 선택의 기로에 서기 때문이다. 특히 경영자인 나에게, 한 치 앞을 예측할 수 없는 상황 속에서의 하루하루는 피 말리는 선택의 연속이었다.

수많은 선택지 앞에서 나는 주로 세 가지 기준을 두고 고민한다.

1. 한다(Yes) 2. 안 한다(No) 3. 일단 멈춤(Wait)

가장 빈번한 결정은 출판 여부다. 투고 원고를 읽을 때, 나는 편집자의 예리한 눈이 아닌 기도자의 겸비한 마음으로 문장 사이를 읽어 내려간다.

읽다 보면 가슴이 뜨거워지는 원고가 있다. 저자는 철저히 숨고 오직 하나님의 이름만 드러나며 주님을 향한 절절한 사랑이 뚝뚝 묻어나는 글이다. 이런 원고는 저자가 무명이거나 판매량이 불투명할지라도 주저 없이 'Yes'를 택한다. 하나님이 기뻐하시는 책이라는 확신이 들기 때문이다.

반대로, 읽는 내내 자꾸만 마음에 턱턱 걸리는 원고가 있다. 저자도 유명하고 문장도 유려하지만, 정작 주인공이 하나님이 아니라 저자 자신인 글이다. 은근슬쩍 자신의 영성을 과시하며 하나님의 영광을 가로채는 듯한 글은 좀처럼 페이지가 넘어가지 않는다. 영적 불편함이 가시지 않기 때문이다. 이런 원고는 단호하게 'NO', 출판하지 않기로 결정한다.

마지막으로, 이 책을 내는 것이 하나님의 뜻인지 확신이 서지 않거나 시기가 애매할 때는 '일단 멈춤'(Wait)을 택한다. 그리고 하나님의 2차 사인을 기다린다. 기도 중에 그 원고에 딱 들어맞는 제목이나 관통하는 핵심 메시지에 대한 통찰을 얻기도 하고, 전혀 관계없는 제삼자를 통해 확증을 얻기도 한다. 혹은 편집부원들의 의견이 자연스럽게 하나로 모이며 적극적인 지지와 공감이 일어나는 것을 보고 최종 결정을 내린다.

이것은 수많은 시행착오 끝에 터득한 나만의 노하우다. 물론 이 기준이 완벽하다고 할 수는 없다. 하지만 치열하게 하나님의 뜻을 좇는 과정에서, 나는 이 모든 방법을 뛰어넘는 한 가지 본질을 깨달았다.

우리는 흔히 하나님의 뜻을 구하는 과정을 O와 ×가 나뉘는 이분법적인 '정답 찾기'로 오해하곤 한다.

'A가 하나님의 뜻일까? 아니면 B가 정답일까?'

나도 예전에는 이 두 가지 선택지에 매몰되어 전전긍긍했다. A를 선택했다가 결과가 좋지 않으면 '역시 B가 정답이었는데 내가 실수했구나'라며 자책했고, 간절히 기도하고 결정했음에도 일이 꼬이면 하나님을 원망하기도 했다.

그러다 깨달은 사실이 있다. 하나님의 뜻대로 행한다고 해서 반드시 세상적인 성공, 즉 베스트셀러가 보장되는 건 아니라는 점이다. 하나님의 관심사는 '성공' 그 자체에 있지 않기 때문이다(만약 성공이 기준이라면, 천국의 상급은 대형 교회 목회자나 재벌들의 차지였을 것이다).

그렇다면 진짜 정답은 무엇일까? 기도 중에 하나님은 내게 명쾌한 답을 주셨다.

'A도 아니고 B도 아니다. 바로 네 마음이다.'

하나님 뜻에 순종하려는 순수한 동기, 그 마음이 곧 정답이라는 울림이었다. 내가 진정 하나님의 영광을 위해 고심 끝에 B를 선택했다면 그게 정답이다. 같은 마음으로 A를 선택했다면 그것 또한 정답이다. 어떻게 둘 다 정답이 될 수 있을까. 하나님나라에서는 가능하다. 하나님은 눈에 보이는 결과나 선택지가 아닌, 선택하는 자의 '중심'을 보시기 때문이다.

… 사람은 외모를 보거니와 **나 여호와는 중심을 보느니라** 하시더라

삼상 16:7

나 여호와는 심장을 살피며 폐부를 시험하고 각각 그의 행위와 그의

행실대로 보응하나니 렘 17:10

그 중심이 올바르다면 설령 서툰 판단으로 B를 선택해 길을 잃더라도, 전능하신 하나님께서는 내비게이션처럼 경로를 재탐색하셔서 결국 우리를 바른길로 인도하신다. 모든 것을 합력하여 선을 이루신다.

이 원리를 깨달은 후로는 A와 B 사이에서 머리를 싸매며 괴로워하지 않는다. 대신 딱 한 가지만을 점검한다.

"하나님, 이것이 제 욕심입니까, 아니면 하나님의 영광을 위한 일입니까?"

이때 교묘하게 숨은 내 욕심을 걸러내는 나만의 팁이 있다. 머리로 계산했을 때 'A가 내게 훨씬 유리하다' 싶으면, 하나님의 뜻은 오히려 B일 가능성이 크다. 내 본성은 여전히 탐욕스럽고 세상의 때가 묻어 있어, 본능적으로 내게 이익이 되는 쪽으로 마음이 기울기 마련이다. 그래서 나는 내 본성을 거스르는 쪽을 기꺼이 택하곤 한다.

하나님의 뜻을 구하는 자는 어떤 선택을 하든 염려할 필요가 없다. 정답은 A나 B라는 선택지에 있지 않고, 내 마음의 동기에 있기 때문이다. 동기가 순수하면 과정의 실수는 하나님이 덮어주시고, 부족함은 친히 채워주신다.

우리는 종종 하나님의 일을 완벽하게 해내려고 어깨에 힘을 잔뜩 준다. 실수하면 큰일이라도 날 것처럼 전전긍긍하며 신앙생활을 피곤하게 만든다. 하지만 기억하자. 하나님은 우리의 성과를 필요로 하는 분이 아니시다. 그분은 우리의 중심을 원하신다. 열심을 다하되, 부족한 부분은 '하나님이 알아서 수습해 주시겠지' 하고 맡겨드리는 믿음의 배짱이 필요하다.

지금 풀리지 않는 인생의 문제나 선택 앞에서 막막한가? 감히 권하고 싶다. 기도에 전부를 걸어라. "기도한다고 밥이 나오느냐"는 비아냥에 흔들릴 필요 없다. 기도하면 삶의 실제적인 필요는 물론, 그보다 훨씬 귀한 영적 응답도 반드시 찾아온다.

"기도해도 안 되더라" 말하는 이들은, 응답받을 때까지 기도하지 않은 것일지 모른다. 하나님이 우리의 중심을 달아보시는 인내의 시간을 견뎌야 한다. 전심으로 매달리면 돌파구가 반드시 열린다.

이 말씀을 붙잡고 버텨내자. 인내하며 기도하면 하나님은 반드시 피할 길을 내신다. 단, 한 가지 기억할 점이 있다. 하나님은 완제품을 한번에 던져주시는 분이 아니다. 그분은 늘 '실마리'를 먼저 건네신다.

우리는 기도 한 번으로 모든 문제가 일시에 해결되기를 바란다. 하지만 하나님은 우리의 믿음을 단련시키기 위해 과정을 밟게 하신다. 작은 실마리 하나를 주어 문을 열게 하시고, 그 문을 열고 들어가면 다시 기도하게 하시며, 그다음 실마리를 찾아가게 하신다. 그렇게 한 걸음씩 인도하심을 따라가다 보면, 어느새 문제의 끝자락에 당도해 있음을 발견하게 된다.

그러니 "기도했는데 응답이 없다"라고 섣불리 불평하지 말자. 영적 안테나를 세우고 하나님이 던져주시는 작은 실마리를 찾자. 그것은 스쳐 지나가는 말씀 한 구절, 우연히 만난 사람의 한마디, 큐티 본문이나 찬양의 가사일 수도 있다.

하나님은 지금도 당신 곁에서 끊임없이 신호를 보내고 계신다. 그

작은 신호에 반응하여 움직일 때, 당신은 하나님의 놀라운 계획 속
으로 걸어 들어가게 될 것이다.

언제 베스트셀러 준다고 했니?

한번은 저명한 목사님의 원고와 무명 선교사님의 원고가 동시에
들어온 적이 있다. 나는 내심 쾌재를 불렀다.

'유명 목사님의 원고로 베스트셀러를 만들어 매출을 올리고, 교계
의 인맥까지 넓힐 수 있는 절호의 기회다! 여기에 이름 없는 선교사님
의 책을 함께 출간해 드린다면 하나님도 기뻐하시겠지. 나의 실속과
하나님의 뜻을 동시에 충족시키는, 그야말로 완벽한 시나리오다!'

그러나 기도의 자리에서 하나님은 내 계산을 멈춰 세우셨다. 유명
목사님의 원고는 정중히 거절하고, 오직 무명 선교사님의 책만을 출
간하라는 마음을 주신 것이다. 효율의 관점에서는 도무지 납득하기
어려운 결정이었으나 나는 결국 순종하기로 했다. 다만, 그 순종의
이면에는 또 다른 보상 심리가 깔려 있었다.

'하나님이 이렇게까지 무리한 순종을 요구하실 때는 분명 예비하
신 반전이 있을 거야. 내가 결단하면 이 무명 선교사님의 책을 통해
보란 듯이 대박을 터뜨려 주시겠지!'

하나님의 대역전극을 기대하며 전력을 다했다. 유명 목사님에게
거절의 뜻을 전하며 뒤따르는 항의와 오해를 감수했고, 선교사님의

원고를 정성껏 매만져 세상에 내놓았다. 겉으로는 하박국 선지자의 고백을 읊조리며 거룩한 척했다.

"주님, 무화과나무에 소출이 없을지라도 저는 여호와로 말미암아 즐거워하겠습니다!"

하지만 속내는 달랐다. '설마 소출이 전혀 없겠어?'라는 계산으로 판매 수치가 치솟을 날만을 손꼽아 기다렸다.

그런데 웬걸, 내 기도가 그대로 응답되었는지 정말 소출이 없었다. 시장의 반응은 냉담했다. 초판 물량조차 소화하지 못한 채 책은 창고에 켜켜이 쌓여만 갔다. 설상가상으로 내가 거절했던 유명 목사님의 책은 다른 출판사에서 나와 단숨에 베스트셀러가 되었다. 속이 상해 견딜 수가 없었다. 억울한 마음을 쏟아내기 위해 옥상 기도실로 올라갔다.

"하나님, 이건 아니지 않습니까! 말씀하신 대로 다 했잖아요. 비난과 손해를 무릅쓰고 순종했는데 결과가 고작 이겁니까? 대박은커녕 쪽박이라니요!"

격해진 내 감정이 가라앉기를 잠잠히 기다리시던 주님은, 이내 고요하지만 묵직한 물음을 내 마음에 던지셨다.

'진구야, 내가 언제 너한테 베스트셀러를 주겠다고 약속했니?'

순간 말문이 막혔다. 주님의 마음이 계속 내 내면을 파고들었다.

'나는 네가 내가 기뻐하는 책을 내기를 원한다. 나는 그 이름 없는 선교사의 책을 기뻐한다. 그 책을 통해 내가 영광 받기를 원한다.'

나는 납득이 되지 않아 다시 여쭈었다.

"영광 받으시는 건 좋지만, 기왕이면 더 많은 사람을 통해 크게 영광 받으시면 좋잖아요. 하나님은 크신 분인데 왜 이렇게 작게 일하십니까?"

'이 책이 꼭 전달되어야 할 영혼의 수가 딱 이 정도란다. 그 영혼들이 내 마음을 알게 되었으니, 나는 그것으로 충분하다. 왜 네가 나의 영광을 숫자로 재단하느냐?'

할 말이 없었다. 이어 마음 한구석에 묵직한 감동이 더해졌다.

'이 책은 이름 없이 빛도 없이 나를 위해 평생을 헌신한 그 선교사에게 주는 나의 선물이며 나의 위로란다.'

'위로하시려거든 직접 하시지, 왜 굳이 저를 통해 하시나요?'라는 원망이 목구멍까지 차올랐으나 차마 입 밖으로 내뱉지는 못했다(아마 주님은 나의 그 속 좁은 마음까지 다 읽고 계셨을 것이다). 하지만 주님의 진심 앞에 내 마음은 속절없이 녹아내렸다. 무명의 선교사 한 사람을 향한 그분의 애틋하고도 절절한 사랑이 고스란히 느껴졌기 때문이다.

그날 기도실에서 성공의 기준을 새로 배웠다. 하나님나라에는 베스트셀러 순위표가 존재하지 않는다. 내 기준은 판매 부수와 매출액이었지만, 하나님의 기준은 '한 권의 책이 예비된 한 영혼에게 가닿는 것'이었다. 그 영혼이 책을 통해 주의 위로를 얻었다면, 출판을 향한 하나님의 목적은 이미 달성된 것이며 그 자체로 충분한 가치를 지닌다.

이 땅에 온 초기 선교사들의 삶을 보라. 조선 땅을 밟자마자 순교한 이들이 적지 않다. 세상의 눈으로 보면 허무한 죽음이요 실패일 뿐이지만, 그 피가 거름이 되어 오늘날 한국 교회의 부흥을 꽃피웠다. 나의 소임도 그와 같다. 하나님이 기뻐하시는 책을 만들고 유통하는 것, 딱 거기까지다. 그 책이 필요한 이에게 가닿아 생명을 살린다면, 그것으로 책의 소명은 다한 것이다. 많이 팔리고 적게 팔리는 것은 내 소관이 아니다.

또한 깨달았다. 대가를 바라고 하는 순종은 온전한 순종이 아니라 '거래'일 뿐이라는 사실을. 주님은 결과가 성공이든 실패든, 당신의 말씀에 반응하여 움직이는 순종 그 자체를 기뻐하신다.

그 사건 이후로 나는 눈에 보이는 결과에 일희일비하지 않게 되었다. 기도로 출간한 책이 반응이 없어도, 거절한 책이 다른 곳에서 대박이 나도, 묵묵히 내 길을 간다. 결과에 대해 왈가왈부하는 건 하나님의 주권을 침범하는 월권이기 때문이다.

우리는 그저 오늘 주신 말씀에 순종하면 된다. 우리를 먹이시고 입히시는 하나님을 신뢰하며, 계산기 두드리는 손을 멈추고 흔들림 없이 그분의 뒤를 따를 뿐이다.

유혹의 덫 앞에서

나는 매일 믿음으로 회사를 경영하겠노라 다짐한다. 하지만 사탄은 예수님이 광야에서 당하신 돈과 명예, 그리고 권력이라는 세 가지 시험을 내게도 똑같이 들이민다.

이 유혹의 덫에 걸려들면, 설령 그것이 하나님의 뜻이 아님을 알면서도 스스로 넘어갈 만한 달콤한 명분을 만들어내기 마련이다. 때로는 말씀을 왜곡해서라도 그 유혹을 당당히 누리려 하는, 내 안의 추악한 민낯과 마주할 때도 있다.

어느 날, 거부하기 힘든 거대한 유혹이 나를 찾아왔다. 교계는 물론 사회에서도 이름만 대면 알 만한 거물급 인사가 규장에서 책을 내고 싶다고 제안해 온 것이다.

'드디어 기회가 왔다!'

나도 모르게 주먹을 불끈 쥐었다. 계약만 성사된다면 성공이 보장된, 그야말로 확실한 카드였다. 수만 부 이상의 판매는 물론, 해외 유통망까지 확보된 절호의 기회였기 때문이다. 특히 코로나로 회사 사정이 녹록지 않았던 시기라, 이 제안은 위기에 처한 회사를 단숨에 일으켜 세울 동아줄처럼 보였다.

그와 관계를 맺음으로써 얻게 될 잠재적인 유익과 인맥은 상상 그 이상이었다. 이전부터 꼭 한번 만나고 싶었던 인물이었는데, 자연스럽게 연결된 것이 신기할 정도였다. 이 모든 상황이 하나님의 특별한 축복처럼 느껴졌다.

실제로 만나 교제하는 동안 그는 겉으로 흠잡을 데가 없었다. 사회적 공헌도 상당했고 하나님을 향한 진심도 느껴졌다. 덕분에 실무 차원의 출간 진행은 일사천리로 이루어졌다. 이제 계약서에 도장만 찍으면 마무리되는 상황이었다.

하지만 계약을 코앞에 둔 시점, 내 마음 깊은 곳에서 '멈추라'는 희미한 경고 신호가 감지되었다. 왠지 모를 찜찜함에 그에 대한 자료를 더 찾아봐야겠다는 생각이 들었다. 그리고 관련 영상들을 찾아본 순간, 나는 망치로 머리를 맞은 듯한 충격을 받았다. 영상 속 그에게서는, 내가 알던 모습과는 전혀 다른 비성경적인 언행이 고스란히 묻어났다.

'하나님, 이 정도 결점은 이해해 주셔야죠. 이분을 통해 얻을 수익으로 얼마나 많은 선한 일을 할 수 있겠습니까!'

스스로 합리화하며 애써 진실을 외면하려 했다. 하지만 내면의 갈등은 폭풍처럼 거세졌다. 계약 날짜는 다가왔고, 저자 측은 당연히 출간이 진행될 것으로 믿고 있었다.

보통 주님이 지지하시는 길에는 깊은 평안이 따른다. 그러나 그를 두고 기도할 때마다 마음은 캄캄하기만 했다. 주님은 마치 외출 중이신 것처럼 아무런 응답이 없으셨다. 확신 대신 어떤 문제가 터질 것만 같은 불안함이 나를 극도로 괴롭혔다. 영상 속 잔상이 뇌리에 박혀 떠나질 않았다. 그것은 아무리 보아도 하나님의 사람다운 모습이 아니었다.

지금까지 주님과 소통하며 얻은 원칙 중 하나는 명확한 사인이 없을 때 '일단 멈춤'(wait)을 택하는 것이었다. 나는 저자 측에 양해를 구하고 모든 진행을 잠시 중단시킨 뒤 기도실로 올라갔다.

사실 나는 이미 답을 알고 있었다. 기도할 때마다 마음이 갑갑하고 시원치 않다면, 주님의 답은 이미 'No'라는 것을 말이다. 다만 기회를 놓치고 싶지 않아 '그래도 훌륭한 분이잖아'라며 내 욕심에 명분을 덧씌우다 보니 마음이 복잡해졌을 뿐이었다.

나는 주님께 나의 생각을 내려놓게 해달라고, 누구도 반박할 수 없는 단호한 진리의 말씀으로 인도해 달라고 간절히 매달렸다. 그때 내 눈에 들어온 말씀이 있었다.

내 눈이 항상 여호와를 바라봄은 내 발을 그물에서 벗어나게 하실 것임이로다 시 25:15

더 명확한 의미를 알고 싶어 새번역으로 그 구절을 다시 읽었다.

주님만이 내 발을 원수의 올무에서 건지는 분이시기에, 내 눈은 언제나 주님을 바라봅니다.

내게 온 이 제안은 축복이 아니라 "그물"이요, "원수의 올무"였다. '이 책을 내면 내 발이 그물에 걸리겠구나. 원수의 올무에 빠지겠

구나. 하나님이 지금 막고 계시는구나.'

나는 엄중한 경고의 말씀을 통해 주님의 뜻을 최종적으로 확인했다. 그리고 그 저자에게 내부 사정으로 출간이 어렵게 되었음을 전하며 정중히 고개를 숙였다. 예상대로 원망과 비난 섞인 반응이 돌아왔지만, 내가 하나님의 사인을 무시하고 욕심을 부린 대가라 생각하며 묵묵히 감내했다.

그때 나는 이 말씀을 붙들며 마음을 다잡았다.

사람을 두려워하면 올무에 걸리게 되거니와 여호와를 의지하는 자는 안전하리라 잠 29:25

약 1년 뒤, 그가 사회적으로 큰 논란에 휘말려 지탄을 받게 되었다는 소식을 들었다. 만일 당장의 재정적 유익에 눈이 멀어 그의 책을 냈더라면, 규장 역시 올무에 걸려 타격을 입었을 것이다. 그때 뼈저리게 깨달았다. 당장은 손해처럼 보였던 그 순종이 실은 나를 살리고, 우리 회사를 수렁에서 건져낸 구원의 손길이었음을.

유혹은 누구에게나, 심지어 영적 승리를 거둔 후에도 찾아온다. 우리는 늘 유혹에 노출되어 있으며, 그 유혹에 끌려가는 순간, 이제껏 쌓아온 모든 것이 한순간에 무너지는 아픔을 겪는다. 그러므로 유혹이 우리의 영적 감각을 마비시키지 못하도록, 늘 깨어 세밀한 주님의 음성에 귀를 기울여야 한다.

우리는 유혹 앞에서 처음에는 거절하다가도, 어느새 자기합리화라는 달콤한 핑계를 대며 살짝 그것을 맛보곤 한다. 바로 그 순간, 유혹의 덫은 우리를 옥죄기 시작한다. 하나님께서는 우리가 유혹에 빠지는 것을 남 탓하지 못하도록 분명히 경고하셨다.

> 오직 각 사람이 시험을 받는 것은 자기 욕심에 끌려 미혹됨이니 욕심이
> 잉태한즉 죄를 낳고 죄가 장성한즉 사망을 낳느니라 약 1:14,15

결국 모든 문제의 근원은 '욕심'이다. 욕심을 다스리는 방법은 자기 부인, 곧 주님 앞에 완전히 항복하는 것 외에는 없다. 유혹은 우리의 가장 취약한 지점인 영적 아킬레스건을 집요하게 공략하기 때문이다. 이 달콤한 유혹을 이겨낼 수 있는 유일하고도 강력한 무기는 오직 하나님의 말씀뿐이다.

우리는 매 순간 선택의 기로에 선다. 유혹에 굴복할 것인가, 아니면 말씀을 붙들고 대적할 것인가. 죄를 내 안으로 들일 것인가, 아니면 거절하고 주님과 동행할 것인가. 보암직하고 매력적인 유혹의 겉모습을 걷어내면, 그 안에는 나를 무너뜨리고 영적인 죽음으로 이끄는 치명적인 독이 숨어 있음을 반드시 기억해야 한다.

네가 선을 행하면 어찌 낯을 들지 못하겠느냐 선을 행하지 아니하면 죄

가 문에 엎드려 있느니라 죄가 너를 원하나 너는 죄를 다스릴지니라

창 4:7

지금 내 앞에 온 제안이나 기회가 사탄의 것인지, 하나님의 것인지 분별하기 어렵다면 일단 멈추자. 그리고 기도와 말씀으로 분별의 시간을 갖자. 만일 멈추어 있는 동안 그 기회가 사라진다면, 그것은 유혹이었음을 깨닫고 감사해야 한다.

하나님의 인도하심은 우리가 믿음으로 응답할 때까지 인내하며 기다려주시지만, 사탄의 유혹은 늘 우리를 조급함으로 몰아넣는다. 시간이 흐를수록 거짓된 실체가 드러나기에, 초반에 정신없이 빠른 결정을 내리도록 우리를 몰아붙이는 것이다.

그러므로 선택의 순간에는 의도적으로 한 템포 늦추고, 말씀과 기도로 주님의 뜻을 묻는 것이 지혜롭다. 오늘의 승리가 내일의 승리를 보장하지 않는다. 우리는 매일 새롭게 주님과 소통하며, 말씀과 기도로 그분께 단단히 연결되어 있어야 한다.

PART 3

기도의 끈으로
연결되다

chapter 09

골방에서 태어난 베스트셀러

여호와가 너를 항상 인도하여 메마른 곳에서도 네 영혼을 만족하게 하며
네 뼈를 견고하게 하리니 너는 물 댄 동산 같겠고 물이 끊어지지 아니하는 샘 같을 것이라

사 58:11

내가 행한 일을 나누라

하나님의 뜻에 순종하겠다는 결단과 함께 진행 중이던 모든 출간 계약을 전면 백지화했다. 순종의 기쁨도 잠시, 눈앞에 닥친 현실은 냉혹했다. 4-5개월 뒤에 새로 내놓을 책이 전무한 상태가 된 것이다. 말 그대로 절체절명의 위기였으며, 아무것도 없는 바닥에서 다시 시작해야 했다.

막막한 상황에서 내가 할 수 있는 일은 무엇이었을까. 경영 전략 회의? 시장 조사? 아니다. 그저 기도하는 것뿐이었다. 다른 방도가 없었기에 출근 후 대부분 시간을 옥상 기도실에서 보냈다.

기도하다 통곡하고, 지쳐 잠들었다가 다시 일어나 부르짖기를 반복했다. 그러다 은혜가 임하면 실성한 사람처럼 웃었고, 이내 다시 눈물이 터져 한참을 울기도 했다. 밥 먹는 시간도 아까워하며 오

직 하나님의 세밀한 인도하심만을 기다리는, 처절한 몸부림의 시간이었다.

지금 돌아보면, 하나님께서는 나를 광야로 몰아넣고 강도 높은 기도 훈련을 시키셨던 것 같다. 위기의 순간, 나를 도울 이는 유력한 인맥이나 넉넉한 자금이 아닌, 오직 예수 그리스도 한 분뿐임을 뼈저리게 가르치신 것이다.

이전에는 '기획'이라는 명분 아래 세상 트렌드를 좇기에 급급했다. 인터넷을 뒤지고 유명한 모임을 찾아다니며 인맥 쌓는 일에 열을 올렸다. 하지만 은혜의 빛이 임하자 그 모든 인위적인 방식이 무의미하게 느껴졌다.

말씀을 읽고 기도하기에도 하루가 모자랐다. 자연스럽게 여러 사교 모임이나 취미 생활이 정리되었다. 눈을 뜨면 회사로 직행해 업무와 기도에 매진했고, 저녁 기도 루틴을 지키기 위해 약속을 잡지 않게 되었다. 오죽하면 아내가 걱정 어린 눈빛으로 "여보, 그렇게 사람을 안 만나도 정말 괜찮겠어요? 사업하는 사람이…"라고 했겠는가.

아내의 우려와 달리 내 삶은 오히려 군더더기 없이 명료해지고 있었다. 사람을 만나지 않으니 인간관계는 느슨해졌지만, 그 빈 공간만큼 하나님과는 더욱 촘촘하고 끈끈해졌다. 밖으로 돌며 저자를 만날 기회는 사라졌으나, 역설적이게도 그 막막함이 내게는 더욱 기도에 목숨을 걸게 하는 강력한 동력이 되었다.

나는 주님 손에 이끌려 기도실 바닥에 납작 엎드렸다. 그리고 밤

낮으로 부르짖었다.

"하나님, 원고가 없습니다. 직원들을 먹여 살려야 하는데 낼 책이 없습니다. 하나님이 책임지신다고 하셨으니, 제발 새로운 저자와 원고를 보내주세요!"

그 좁은 골방에서 나는 비로소 하나님을 '아빠 아버지'라 부르는 막내둥이가 되어, 그분과 가장 깊은 속내를 나누는 사이가 되었다.

그러던 어느 날, 기도 중에 하나님의 마음이 내 영혼을 훅 치고 들어왔다.

'내가 너희 중에 행한 일을 나누라.'

심장이 뛰기 시작했다. 곧장 기도 노트에 그 마음을 받아 적고 내려와 곰곰이 묵상했다. '우리 중에 행하신 일'이 무엇인지 되짚어보았다. 그러자 김우현 감독이 회사에 와서 기도했을 때, 전 직원이 성령의 임재를 경험하며 뜨겁게 회개했던 사건이 떠올랐다. 생각이 꼬리를 물었다.

'그렇다면 김 감독에게 그 생생한 현장의 기록을 써달라고 하면 되겠다!'

지체하지 않고 김 감독에게 연락했다. 그를 만나 규장과 갓피플 안에 일어난 놀라운 성령의 역사를 나누며 기도 중에 받은 감동을 전하자, 그의 눈이 놀라움으로 커졌다.

"대표님, 정말 소름 돋네요. 사실 저도 며칠 전에 하나님께서 똑같은 마음을 주셨거든요."

영적 주파수가 정확히 맞아떨어지는 순간이었다.

2007년 당시만 해도 교계에서 '방언'이나 '성령 체험'은 다소 조심스럽고 부담스러운 주제였다. 자칫 신비주의로 오해받기 십상이었고, 특정 집회 현장 혹은 시골 기도원에서나 일어나는 지극히 예외적인 현상으로 치부되곤 했다.

보수적인 교계 정서를 고려할 때, 이를 전면에 내세운 책을 출간한다는 것은 출판사 입장에서 무모한 모험에 가까웠다. 하지만 이것은 누군가의 이론이나 신학적 가설이 아니었다. 우리 직원들에게 실제로 일어난 사건이었으며, 삶이 송두리째 바뀐 생생한 간증이었다.

하나님께서는 이 놀라운 역사를 위해 두 개의 거대한 물줄기를 동시에 준비시키셨다. 나는 먼저 우리 회사에 임한 성령의 뜨거운 불을 김우현 감독 특유의 탁월한 필체로 풀어내기로 김 감독과 뜻을 모았다. 그리고 한편으로는 내가 성령님을 인격적으로 대면하도록 이끌어준 귀한 동역자, 손기철 장로님에게 전화를 걸었다. 당시 건국대학교 학장실에 계시던 장로님에게 간곡하게 요청했다.

"장로님, 큰일 났습니다. 장로님 덕분에 제가 성령님을 제대로 만나버리는 바람에, 진행 중이던 계약을 다 파기했습니다. 낼 책이 없으니 장로님이 책임지셔야겠습니다!"

장로님은 허허 웃으며 물으셨다.

"아이고, 우리 여 대표가 그렇다면 그래야지요. 내가 어떻게 책임지면 되겠습니까?"

"책을 써주세요. 장로님이 성령님을 처음 만나고 치유 사역자로 서기까지의 과정을요. 사람들이 성령님을 더 가깝고 쉽게 이해할 수 있도록 장로님의 이야기를 들려주세요."

장로님은 며칠간 기도로 하나님의 마음을 확인하신 뒤 집필을 시작하셨다.

하나님의 기획은 실로 완벽했다. 2007년 7월 4일, 《하늘의 언어》가 출간되어 서점가를 강타하자마자, 2주 뒤인 7월 16일에 《고맙습니다 성령님》이 출간되며 그 뒤를 든든히 받쳐주었다.

성령의 실재하심을 성경적 토대 위에 생생한 고백과 진리의 말씀으로 정교하게 풀어낸 두 책은, 완벽한 '투톱'을 이루며 교계에 폭발적인 반향을 일으켰다. 단순히 베스트셀러가 된 수준을 넘어, 이 책들을 기점으로 한국 교회 안에 성령의 임재를 사모하는 거룩한 갈망이 파도처럼 일어났다. 하루아침에 일어난 이 거대한 영적 파도를 목도하며, 나는 하나님의 일하심 앞에 깊은 전율을 느꼈다.

하나님의 선물은 거기서 끝이 아니었다. 앞서 언급했듯, 회사에 성령의 바람이 불었을 때, 아침 예배에서 당시 편집국장이던 김응국 목사님이 십자가 복음을 전하며 강력한 회개 운동이 일어났었다. 그때의 뜨거웠던 설교와 전 직원이 눈물로 써 내려간 공개 자복의 간증을 묶은 책이 바로 《십자가》(2008년 6월)다. '진정한 회개란 무엇인가', '십자가를 지고 예수를 따르는 삶이란 무엇인가'를 강력하게 선포한 이 책은 잠들어 있던 수많은 크리스천의 영성을 흔들어 깨웠다.

《하늘의 언어》, 《고맙습니다 성령님》, 《십자가》. 하나님이 주신 이 세 권은 서점가에서 폭발적인 반응을 얻었을 뿐만 아니라, 이성주의와 형식주의에 갇혀 차갑게 식어있던 한국 교회에 성령을 향한 뜨거운 열망을 지피는 강력한 기폭제가 되었다.

메마른 광야에서 오직 하나님만 바라보았더니, 주님은 내게 '물 댄 동산' 같은 풍성한 열매를 안겨주셨다. 내가 스스로 기획하려 애쓸 때는 막혔던 길이, 하나님께 맡겨드리자 시원하게 뚫렸다.

예기치 못한 순종의 선물

당시 내게는 큰 짐처럼 마음을 누르는 기도 제목이 하나 있었다. 바로 손기철 장로님의 치유 집회를 위한 새로운 장소를 구하는 문제였다.

《고맙습니다 성령님》이 베스트셀러가 되면서 성령의 불길은 뜨겁게 타올랐다. 온누리교회에서 열리던 월요 치유 집회에는 매주 3천 명이 넘는 인파가 구름 떼처럼 몰려들었다. 인원이 감당할 수 없을 만큼 늘어나자, 결국 장로님은 교회 측의 사정으로 정들었던 공간을 떠나야만 했다.

상황은 생각보다 녹록지 않았다. 매주 3천 명을 수용할 공간을

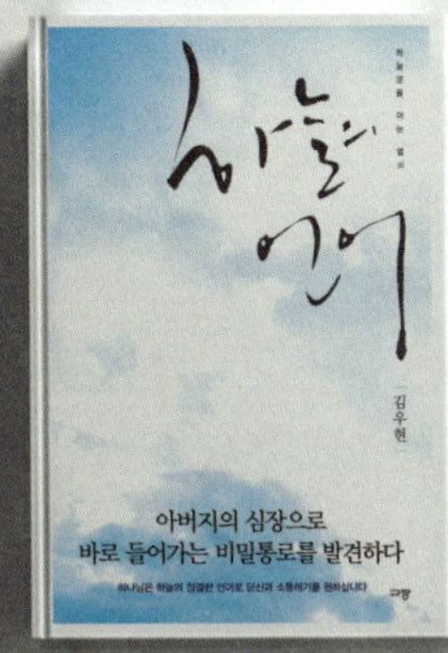

방언은 성령님께 의탁하는 '순종'이다.
방언으로 깊이 기도할 수 있는 힘은
오직 하나님의 말씀과 권위에 대한
순종으로부터 나온다.

《하늘의 언어》 중에서

찾는 것도 난제였지만, 더 큰 장벽은 영적인 분위기였다. 치유와 성령의 은사가 나타나는 집회를 기꺼이 품어줄 기성 교회를 찾기란 현실적으로 불가능에 가까웠고, 체육관을 대관하자니 감당해야 할 비용이 너무나 컸다.

뾰족한 대안 없이 이리저리 장소를 알아보는 사이, 교회와 약속한 기한은 하루하루 다가오고 있었다. 초조해하는 장로님을 곁에서 지켜보며 나 역시 마음이 무거웠다. 나는 옥상 기도실로 올라가 무릎을 꿇었다.

"하나님, 이건 사람의 힘으로 해결할 수 없는 일입니다. 주님이 개입하셔야 합니다. 상처 입은 영혼들을 치유하고 회복시키시는 것이 주님의 뜻 아닙니까. 그러니 친히 길을 열어주세요!"

간절히 기도하던 중, 주님이 공간을 예비해 두셨다는 믿음과 함께 불현듯 한 장소가 머릿속을 스쳤다.

'선한목자교회.'

두세 달 전, 교계 연합 행사차 방문했던 곳이었다. 부채꼴 모양으로 펼쳐진 계단식 본당, 그 어디에 앉아도 강대상과 십자가가 한눈에 들어오는 구조가 인상적이었다. 마치 2천 년 전, 예수님이 수많은 군중을 앉히고 말씀을 전하시던 갈릴리의 언덕을 그대로 옮겨놓은 듯한 그곳이 뇌리에 강렬하게 꽂혔다.

그러나 현실의 벽이 너무 높았다. 당시 선한목자교회 담임이신 유기성 목사님은 전임자가 남긴 100억 원이 넘는 부채를 떠안은 채 힘겨운 목회를 감당하고 계셨다. 빚더미에 앉은 교회가 외부 사역팀의 치유 집회를 위해 본당을 기꺼이 내어준다는 것은 도무지 그려지지 않는 그림이었다.

그럼에도 기도 중에 받은 마음을 무시할 수 없어, 손 장로님께 조심스럽게 운을 뗐다.

"장로님, 혹시 선한목자교회는 어떨까요?"

장로님은 듣자마자 고개를 가로저으셨다.

"여 대표님, 그건 힘들 겁니다. 이미 서울 시내 웬만한 교회는 다 연락해 봤지만 전부 거절당했어요. 선한목자교회라고 다르겠습니까. 교회 쪽은 기대를 접는 게 맞을 것 같습니다."

하나님이 주신 마음이라 믿었지만, 장로님의 현실적인 판단 앞에 딱히 설득할 말이 없어 잠자코 있을 수밖에 없었다. 그렇게 아무런 소득 없이 며칠이 더 흘렀을까. 장소를 확정해야 하는 최종 기한이 코앞으로 다가왔을 때, 손 장로님에게서 급히 연락이 왔다.

"여 대표님! 지난번에 말한 선한목자교회 말입니다. 어떻게 한번 알아볼 수 있을까요?"

"갑자기 왜 마음이 바뀌셨어요?"

장로님은 어느 교회 집회를 인도하고 내려오던 중, 우연히 엘리베이터에 함께 탄 성도들이 반갑게 인사를 건넸다고 했다.

"어머, 손기철 장로님 아니세요? 저 온누리교회 집사예요! 이번에 집회 장소를 옮기신다던데, 혹시 구하셨나요?"

아직 못 구했다는 장로님의 대답에, 그 집사님이 대뜸 "장로님, 선한목자교회가 집회하기 참 좋아요! 단상 앞이 넓어서 기도하기도 좋고요. 거기가 참 제격인데…"라고 했다는 것이었다.

그 성도가 엘리베이터에서 내리는 순간, 장로님의 뇌리에는 며칠 전 내가 했던 말이 번개처럼 스쳐 지나갔다.

'선한목자교회.'

서로 다른 시간, 다른 장소에서 하나님은 동일한 사인을 보내고 계셨다.

나는 전화를 끊자마자 유기성 목사님의 연락처를 수소문했다. 당시 유 목사님과는 일면식도 없는 사이였지만, 하나님께 짧게 기도한 뒤 떨리는 마음으로 전화를 드렸다. 무례해 보일 수 있는 부탁임에도 유 목사님은 묵묵히 경청하신 뒤 딱 한마디를 남기셨다.

"기도해 보겠습니다."

일주일쯤 지났을까, 유 목사님에게서 연락이 왔다. 내심 거절의 말을 예상하며 조마조마한 마음으로 전화를 받았는데, 수화기 너머로 뜻밖의 대답이 들려왔다.

"장로님들과 의논했습니다. 결론부터 말씀드리면, 오셔서 마음껏 쓰십시오."

장소 사용 허락을 받은 직후, 나는 손기철 장로님과 함께 유기성 목사님을 규장 사무실로 초대했다. 구체적인 이야기를 나누기 위해 마주 앉은 자리에서 유 목사님은 선뜻 성전을 내어준 이유를 차분히 들려주셨다.

"사실 이 성전을 건축할 때 성도들과 함께 서원했습니다. 이 공간이 우리만의 소유가 아니라 하나님나라를 위해 쓰임 받게 해달라고요. 100억이라는 거대한 부채를 짊어지고 시작한 건축이었지만, 우리 교회는 제가 부임하기 전부터 성령님을 뜨겁게 사모하는 곳이었습니다. 이미 화요일과 목요일은 다른 선교단체에 내어드리고 있는데, 마침 월요일이 비어 있네요. 하나님이 예비하신 것 같습니다."

목사님의 말씀을 듣는데 코끝이 찡했다. 부채의 무게보다 하나님나라의 확장을 먼저 생각하는 그 중심이 묵직한 울림으로 다가왔다. 우리는 서로 은혜를 나누며 따뜻한 교제를 마친 뒤 헤어졌다.

그날 이후, 혼자 기도를 드리는데 유 목사님의 배려에 대한 감사함이 가시질 않았다. 무엇으로 보답할 수 있을까 묵상하던 중, 하나님께서 내 마음에 선명한 감동을 주셨다.

'너는 유기성 목사를 도와라.'

내게 주신 달란트인 '책'으로 그 분의 사역을 돕고 싶다는 확신이 들었다. 나는 유 목사님에게 전화를 걸어 조심스럽게 여쭈었다.

"목사님, 베풀어주신 은혜가 너무 감사해서 제가 가장 잘하는 일로 목사님을 돕고 싶습니다. 혹시 책을 내실 원고가 있으십니까?"

목사님은 쑥스러운 듯 머뭇거리며 대답하셨다.

"사실… 하나님의 때를 기다리며 묵혀둔 원고가 하나 있기는 합니다만."

"당장 보내주십시오. 제가 읽어보겠습니다."

그날 저녁, 원고를 받아 읽기 시작했는데 첫 장부터 빨려 들어갔다. 그것은 단순한 글이 아니었다. '나는 죽고 예수로 사는' 십자가의 역설과 주님과 동행하는 기쁨이 문장마다 살아 숨 쉬고 있었다. 밤을 꼬박 새워 읽을 만큼 은혜가 넘쳤다. 날이 밝자마자, 나는 상기된 목소리로 전화를 걸었다.

"목사님, 이 책 저희가 꼭 내고 싶습니다."

그렇게 탄생한 책이 《나는 죽고 예수로 사는 사람》(2008년 9월)이다. 세상의 빛을 보지 못할 뻔했던 이 원고는 출간되자마자 한국 교계에 거대한 파장을 일으키며 베스트셀러가 되었다. 십자가 복음의 정수를 담은 메시지는 수많은 성도의 심령을 관통했고, 지금까지도 유 목사님의 주옥같은 말씀은 대부분 규장을 통해 책으로 기록되며 잠든 영혼들을 깨우고 있다.

결국 이 모든 일의 시작은 전략 회의실이 아닌 좁은 옥상 기도실이었다. 나는 손 장로님의 사역 공간을 위해 먼저 하나님의 나라와 의를 구했다. 그러자 주님은 닫힌 문을 여셨고, '유기성 목사님의 책'이라는 선물까지 덤으로 얹어주셨다. 순종하는 자들에게 건네시는 하나님의 예기치 못한 축복이었다.

하나님의 계산은 정확했고, 그 열매는 더할 나위 없이 풍성했다. 손 장로님은 선한목자교회에서 치유 사역의 기틀을 견고히 다지셨고, 유 목사님은 책을 통해 한국 교회의 영적 흐름을 이끄는 리더로 서게 되셨다. 무엇보다 이 베스트셀러가 한국 교회에 선한목자교회와 유기성 목사님의 '예수동행운동' 사역을 널리 알리는 귀한 마중물이 되지 않았을까 생각한다. 규장 또한 하나님나라를 함께 일굴 소중한 영적 파트너를 얻었으니, 그야말로 모두를 살리고 세우는 완벽한 합력하심이었다.

기도하고 순종했을 뿐인데, 하나님은 사람의 머리로는 그려낼 수 없는 최상의 시나리오로 우리 모두를 축복하셨다.

영적 인큐베이터

유기성 목사님의 책은 어느 날 우연히 찾아온 행운이 아니었다. 그것은 하나님께서 내게 보여주신 새로운 삶의 방식이었다.

그때를 기점으로 규장의 모든 책은 기도실에서 태어났다고 해도 과언이 아니다. 내가 할 일은 그저 기도 자리에 머무는 것뿐이었고, 그러면 하나님께서 밖의 모든 상황을 진두지휘하셨다. 그 좁은 골방이 세상과 연결되는 가장 확실한 통로가 되었던 것이다.

당시는 정말이지, 기도할 때마다 주님이 응답을 봇물 터지듯 부어 주시던 은혜의 계절이었다. 기도실에서 간절히 부르짖고 내려오면, 어김없이 휴대전화에 낯선 번호가 찍혀 있었다. 통화해 보면 마치 약속이라도 한 듯 한결같은 고백이 들려왔다.

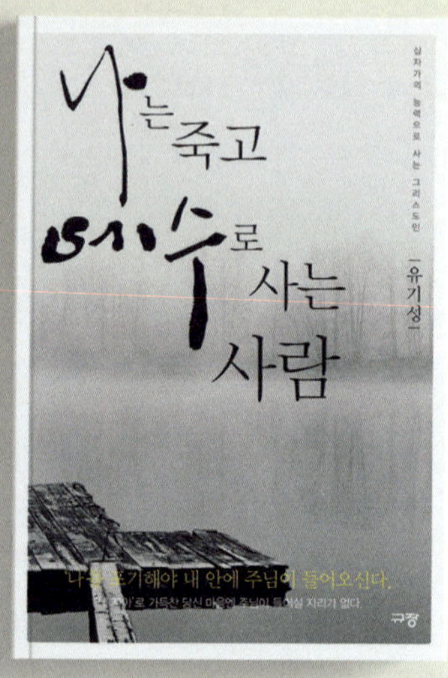

죄는 분명히 내가 지었는데
죄값을 자신의 아들에게 담당시키실 뿐만 아니라
나에게는 도리어 하나님의 자녀가 되는 복을 주시다니
이것은 도무지 이해할 수 없는 사랑입니다.

본문 중에서

"대표님, 기도하는 중에 하나님께서 규장을 통해 책을 내라는 마음을 주셨습니다."

때로는 지인 목사님들을 통해 연결되기도 했다.

"여 대표, 내가 아는 아주 귀한 선교사님이 계시는데, 이분 원고를 한번 검토해 보지 않겠나?"

내가 밖으로 뛰어다니며 저자를 찾아 헤맬 필요가 없었다. 무릎 꿇고 기도하면 하나님께서 새로운 저자들을 내 앞으로 '배달'해 주시는 듯한 경험의 연속이었다.

물론 출판인으로서 원고를 냉철하게 검토하고 선별하는 과정은 필수다. 하지만 기도의 자리에서 연결된 만남에는 대부분 주님의 'Yes' 사인이 떨어졌다. 상황이 이러하니, 내가 무슨 수로 기도실을 벗어날 수 있겠는가!

"하나님, 이건 뭐… 저보고 기도실에서 살라는 말씀이시군요!"

그랬다. 기도실은 나의 '영적 인큐베이터'였다. 하나님은 세상 한복판에서 이리저리 치이던 나를 당신의 날개 그늘 아래, 그 좁은 골방으로 숨기셨다. 그리고 그 안에서 나를 친히 먹이고 입히셨다. 힘들 때면 어린아이처럼 실컷 울게 하셨고, 고난을 정면으로 돌파할 수 있는 영적 야성도 길러주셨다. 처음엔 삭막한 광야 같았던 그 골방이 어느새 세상 그 무엇보다 안전한 나의 은신처가 되었다.

광야의 특징이 무엇인가. 내가 직접 농사짓지 않아도 하나님이 먹을 것을 책임지신다는 것이다.

그때에 여호와께서 모세에게 이르시되 보라 내가 너희를 위하여 하늘에서 양식을 비같이 내리리니 백성이 나가서 일용할 것을 날마다 거둘 것이라 … 출 16:4

광야의 생존 법칙은 단순하다. 땅을 파는 것이 아니라 하늘을 우러르는 것이다. 출애굽 한 이스라엘 백성들을 보라. 그들은 광야에서 땀 흘려 씨를 뿌리거나 추수하지 않았다. 그저 구름 기둥을 따라 이동하며, 매일 아침 주님이 내려주시는 만나와 메추라기를 거두었을 뿐이다. 내 삶의 원리도 이와 같았다.

규장은 매달 평균 4권의 신간을 출간한다. 그런데 신기하게도 하나님은 매달 정확히 4명의 저자를 보내주셨다. 그렇게 한 달을 은혜로 넘기고, 다음 달 출간 목록이 비어 있으면 나는 다시 엎드렸다. 그러면 어김없이 투고 원고가 들어오거나 지인의 소개가 이어졌고, 때로는 기존 저자가 불쑥 새로운 원고를 내미는 방식으로 공백이 채워졌다. 매달이 기적이요, 극적인 드라마의 연속이었다.

솔직히 고백하자면, 2007년부터 지금까지 규장에는 5개월 뒤의 구체적인 출간 계획이 없다. 일반적인 경영 상식으로는 말도 안 되는 일이다. 처음에는 나도 불안했다. 하지만 20년 가까운 세월 동안 주님이 제때, 정확하게 먹이시는 것을 몸소 체험하며 믿음의 맷집이 생겼다. 그 긴 시간 동안 직원들의 급여 한 번 밀리는 일 없이, 주님은 늘 넘치도록 채워주셨다.

이제 미래에 대한 막연한 걱정은 가슴 뛰는 설렘과 기대감으로 바뀌었다. 나의 계획을 내려놓자 비로소 하나님의 계획이 펼쳐지기 시작한 것이다. 주님의 일하심을 신뢰할수록 내가 상상하지 못한 이들이 연결되는 짜릿함을 맛본다. 물론 여기에는 전제 조건이 있다. 하나님의 열심과 그에 상응하는 나의 치열하고도 간절한 기도가 맞물려야 한다.

그렇다고 하나님이 내비게이션처럼 방향을 일일이 지시해 주시는 것은 아니다. 주님은 주로 '말씀'이라는 보물 지도를 건네신다. 묵상을 통해 그 속에 숨겨진 실마리를 하나씩 찾아가게 하신다. 그 과정에서 주님은 나를 훈련하시고 믿음을 키워주시며, 당신의 깊은 뜻을 깨닫게 하신다.

요즘 나는 아침에 눈을 뜨자마자 이불 속에서 인사를 건네곤 한다.

"하나님, 안녕히 주무셨어요?"

언젠가 어떤 목사님이 "하나님은 주무시는 분이 아닌데 왜 그런 걸 묻느냐"며 이야기한 적이 있었다. 그 말도 일리가 있어 기도를 살짝 바꾸었다.

"하나님 아버지, 귀염둥이 막내 진구 왔어요! 하늘 아버지가 밤새 저를 지켜주신 덕분에 잘 잤습니다! 오늘 하루도 기대합니다. 오늘은 또 누구를 만나게 하실지, 하나님의 일을 어떻게 행하실지 벌써 설레네요!"

친밀한 사귐으로 시작하는 이 짧은 대화가 하루의 영적 주파수를 맞추는 중요한 첫 단추가 된다. 게다가 기대감으로 눈을 뜨니 딱히 우울할 틈이 없다. 물론 경영자로서 머리 아픈 난제를 만나는 날도 있지만, 나는 스트레스를 거절하고 말씀을 붙잡기로 선택한다.

우리가 알거니와 하나님을 사랑하는 자 곧 그의 뜻대로 부르심을 입은 자들에게는 모든 것이 합력하여 선을 이루느니라 **롬 8:28**

내 인생의 키는 모든 것을 합력하여 선을 이루시는 하나님 손에 쥐어져 있다. 그렇기에 눈앞의 문제가 꼬여 보여도, 결국 이 일을 통해 하나님이 보여주실 기막힌 반전을 기대한다. 불쾌한 일을 당해도 감정에 매몰되지 않고, '이 사건을 통해 주님이 무엇을 가르치려 하시는가'를 살피며 주님의 시선으로 해석하려 애쓴다.

이 글을 쓰는 이 순간에도, 나는 예상치 못한 목사님과 연결되어 기쁘게 통화했다. 그 분과 함께 펼쳐갈 하나님의 새로운 프로젝트를 생각하니 벌써 가슴이 뛴다.

내가 무릎 꿇는 순간, 모든 문제의 해답을 쥐고 계신 하나님이 움직이신다. 나의 진짜 경영은, 바로 그 골방에서 시작된다.

출판 노하우를 나누다

어느 날, 기독교출판협회에서 강연 요청이 왔다. 1년에 한 번 열리는 경영자 세미나에서 규장의 베스트셀러 기획 노하우와 경영 비법을 공개해 달라는 제안이었다. 나는 웃으며 대답했다.

"제가 정말 솔직하게 다 말씀드려도 아마 믿지 않으실 텐데요."

담당자는 손사래를 치며 간곡히 부탁했다.

"그럴 리가요. 솔직하게만 나눠주세요. 그런데 정말 영업 비밀까지 다 공개하셔도 괜찮으시겠어요? 그 자리에 다른 출판사 대표님들도 많이 오실 텐데요."

나는 망설임 없이 대답했다.

"네, 하나도 숨기지 않고 모두 말씀드리겠습니다."

강연 당일, 수많은 기독교 출판사 대표님들이 펜을 들고 눈을 반짝이며 앉아 있었다. 규장의 성공 비결을 하나라도 더 얻어가겠다는 열기가 강연장을 가득 채웠다.

나는 칠판 앞으로 걸어가 오늘의 규장을 있게 한 첫 번째 비결을 적었다.

"1. 기도"

대표님들은 고개를 끄덕이며 열심히 받아 적었다. '그래, 기본은 기도지'라고 수긍하는 표정이었다. 나는 이어서 두 번째 비결을 써 내려갔다.

"2. 기도"

청중의 절반 정도가 펜을 쥐고 있던 손을 멈칫하더니 나를 빤히 쳐다보았다. 여기저기서 웅성거리는 소리가 들리기 시작했다. 나는 개의치 않고 마지막 세 번째 비결을 적었다.

"3. 기도"

강연장에는 무거운 정적이 흐르다 못해 냉랭한 기운마저 감돌았다. 모두가 펜을 내려놓았다. '지금 장난하냐'는 눈빛들이었다. 혁신적인 기획 전략이나 정교한 마케팅 노하우를 기대했던 그들에게 그 흔한 '기도' 타령은 너무나 뻔하고 진부한 대답이었을 것이다. 나는 마이크를 잡고 입을 열었다.

"다들 실망하신 눈치네요. 뭔가 기가 막힌 기술이나 데이터를 기대하셨습니까? 물론 여기 계신 대표님들도 모두 기도하실 겁니다. 하지만 제 기도는 조금 다릅니다. 저는 목숨을 걸고 기도합니다. 주님이 아이디어를 주지 않으시면 당장 굶어 죽을 수도 있다는 절박한 심정으로 매달립니다."

나는 칠판의 세 단어를 다시 가리키며 말을 이어갔다.

"제가 가진 노하우는 정말 이것이 전부입니다. 기도했더니 하나님이 다 하셨습니다. 기도 중에 주님이 마음 주시는 저자가 있으면 연락했고, 기다리라 하시면 묵묵히 기다렸습니다. 책이 나온 뒤에도 이 책이 주인을 잘 찾아가게 해달라고 기도한 것이 전부입니다. 기도만이 유일한 답입니다."

나는 세상의 트렌드를 좇지 않는다. 베스트셀러 순위보다 더 중요한 것은 '지금 한국 교회를 향한 하나님의 시선이 어디에 머무는가'를 읽어내는 일이다. 그 시선을 정확히 포착하여 원고로 빚어내는 것이 규장의 기획이다.

이를 위해서는 기도의 불을 꺼뜨리지 않고 늘 주님과 주파수를 맞추고 있어야 한다. 그것이 나의 유일한 경영 전략이다. 20년이 지난 지금도, 이 생각에는 변함이 없다.

chapter 10

하나님의 캐스팅

그런즉 심는 이나 물 주는 이는 아무것도 아니로되
오직 자라게 하시는 이는 하나님뿐이니라

고전 3:7

하나님은 나를 훈련하실 때 '고난'이라는 채찍을 쓰기도 하시지만, 무엇보다 '사람'이라는 선물을 통해 은혜의 깊이를 깨닫게 하신다. 내 인생의 결정적 전환점이 되었던, 하나님의 절묘한 캐스팅으로 이루어진 만남을 소개하려 한다.

기도로 심고 눈물로 거두다

7년의 간구, 복음의 진수를 담다

성령의 인도하심을 따라 살기 시작하면서 내게 한 가지 비밀스러운 습관이 생겼다. 바로 '기도 노트'다. 이 노트에는 하나님께서 기도 중에 문득 떠올려 주시는 사람들의 이름이 적혀 있다. 당장은 아무런 연결고리도 없고 만날 기약조차 없는 이들이지만, 하나님께서 언젠가 기가 막힌 방법으로 연결해 주실 것을 믿으며 그 이름들을 내 심중에 미리 심는 것이다.

기도를 심다 보면 하나님께서 만남의 문을 여시고, 그 이름을 향해 품게 하셨던 기도 제목이 성취되는 순간이 온다. 그때 비로소 그 이름은 리스트에서 기쁘게 '졸업'하고, 그 빈자리는 또 다른 새로운 이름으로 채워진다.

그렇게 20년 가까이 유지해 온 이 노트에는 늘 20-30명의 이름이 적혀 있다. 규장의 저자들은 대부분 이 기도 노트라는 인큐베이터를 거쳐 세상에 나왔다. 이것은 나와 하나님만이 아는 '영적 캐스팅 보드'이자 하나님의 세밀한 섭리를 기록한 비망록이다.

이 기도 노트에 이름을 올리고, 실제적인 기도의 열매를 맺기까지 오랫동안 공들여 기도한 분이 있었다. 바로 전 순회선교단 대표이자 현재는 로그미션 대표이신 김용의 선교사님이다.

선교사님과의 첫 만남은 대면이 아닌 '목소리'를 통해서였다. 어느 날 차 안에서 예전 '선교한국' 집회의 설교 테이프를 듣게 되었다. 제목은 〈복음을 영화롭게 하라〉.

운전하며 무심코 듣던 나는, 이내 갓길 쉼터에 차를 급히 세워야만 했다. 시야를 가릴 정도로 쏟아지는 뜨거운 눈물 때문에 더 이상 운전대를 잡고 있을 수 없었기 때문이다.

그것은 충격에 가까운 경험이었다. 십자가와 예수 그리스도의 복음을 이토록 원색적이고 선명하며 강력하게 선포하는 설교는 난생 처음이었다. 그날 차 안에서 나는 김 선교사님의 메시지에 완전히 압도되었다. 복음 앞에 내 영혼의 교만이 무너져 내렸고, 동시에 이 생명의 메시지를 반드시 책에 담아 세상에 전해야겠다는 사명감이 불타올랐다.

일면식도 없는 사이였지만, 나는 즉시 기도 노트에 그의 이름을 올렸다.

'하나님, 이분의 메시지를 책으로 담아낼 기회를 주십시오.'

몇 달 뒤, 하나님이 '이제 연락해 보라'는 마음을 주셨고, 2007년 9월 6일 인천에서 선교사님을 처음 대면했다.

나는 단도직입적으로 출간을 제안했다. 하지만 선교사님은 단호하게 고개를 저으셨다. 자신을 드러내는 일을 극도로 경계하는 분이었기 때문이다.

"저는 책을 낼 만한 사람이 아닙니다. 그저 하나님이 허락하시는 자리에서 말씀을 전하는 것으로 족합니다."

나는 물러서지 않고 설득했다.

"선교사님, 맞습니다. 지금도 전국을 다니며 말씀을 전하고 계시죠. 하지만 선교사님의 발길이 닿지 못하는 곳은 어떡합니까? 책은 선교사님이 직접 가실 수 없는 땅끝까지 갈 수 있습니다. 모두가 잠든 깊은 밤, 갈급한 영혼의 머리맡에서 선교사님을 대신해 복음을 전할 수 있는 유일한 매체는 오직 책뿐입니다. 그러니 반드시 책을 내서야 합니다!"

간곡한 설득에 선교사님은 "기도해 보겠다"는 답변을 주셨다. 그리고 그 응답을 얻기까지 장장 7년이라는 세월이 흘렀다. 나는 그동안 끈질기게 기도를 심었다. 잊을 만하면 안부를 여쭙고, 집회가 있는 곳이면 어디든 찾아가 얼굴도장을 찍었다. 하나님이 주신 마음이 너무 선명했기에 멈출 수가 없었다.

그 집요한 믿음의 요청 끝에 마침내 승낙을 얻었다. 선교사님이 하나님께 확신을 받고 집필을 허락하신 것이다. 그렇게 세상에 나온 책이 《진리가 결론되게 하라》(2014년 11월)다. 이어 4년 뒤, 복음학교의 핵심 메시지를 집대성한 《복음을 영화롭게 하라》(2018년 3월)가 탄생했다.

나는 이 책들이 말할 수 없이 자랑스럽다. 감히 말하건대, 십자가 복음의 본질을 이토록 적나라하고 깊이 있게 풀어낸 책은 드물다. 실제로 이 책들을 읽고 회심했다는 독자들의 간증이 지금도 끊이지 않고 있다.

먼 훗날 천국에서 하나님이 "너는 세상에서 무엇을 하다 왔느냐"라고 물으신다면, 나는 규장이 낸 수많은 양서 중에서도 이 책들을 꼽으며 말씀드리고 싶다.

"하나님, 이 책이 세상에 나오기까지 제가 7년을 간구했습니다. 이 책 덕분에 수많은 영혼이 십자가 앞으로 돌아왔습니다."

기도는 결국 '신뢰의 싸움'이다. 만약 "5년만 기도하면 반드시 응답받는다"는 확약서가 있다면, 기도하지 않을 사람이 누가 있겠는가. 하지만 기도에는 보증서가 없다. 오직 '하나님이 마음을 주셨으니 그분이 반드시 이루신다'는 신뢰 하나로 버티는 것이다.

내 기도 노트에는 15년 넘게 이름을 올리고 있는 분도 있다. 아직 응답되지 않았지만 조급해하지 않는다. 나는 그저 농부가 씨를 뿌리듯 묵묵히 기도를 심을 뿐이다. 거두시는 분은 오직 하나님이시기에.

오랫동안 품어온 기도 제목이 성취될 때의 희열은 세상 그 무엇과도 바꿀 수 없다. 마치 평생 무명으로 지냈던 노장 선수가 은퇴 직전 올림픽 금메달을 목에 건 것 같은 벅찬 감격이다. 응답의 순간, 영적 도파민이 터지며 하나님의 살아계심이 피부로 느껴진다. 그 과정을 통해 내 믿음의 근육은 더욱 단단해진다.

기도를 쌓다 보면 반드시 결실의 계절이 온다. 하나님께서 잘 익은 장독 뚜껑을 열어 그 맛을 보게 하시는 때가 온다. 그때 우리는 무릎을 치며 깨닫게 될 것이다.

'아, 하나님이 이래서 5년, 7년을 기다리게 하셨구나. 지금이 가장 완벽한 타이밍이구나!'

9년의 인내, 기적처럼 맞물린 두 기도

내게는 하나님과 맺은, 눈에 보이지 않는 계약서가 차고 넘친다. 나는 기도 노트에 하나님이 주신 약속들을 꼼꼼히 적어둔다. 그리고 기도 자리에 나아갈 때마다 그 약속의 말씀들을 하나님 앞에 펼

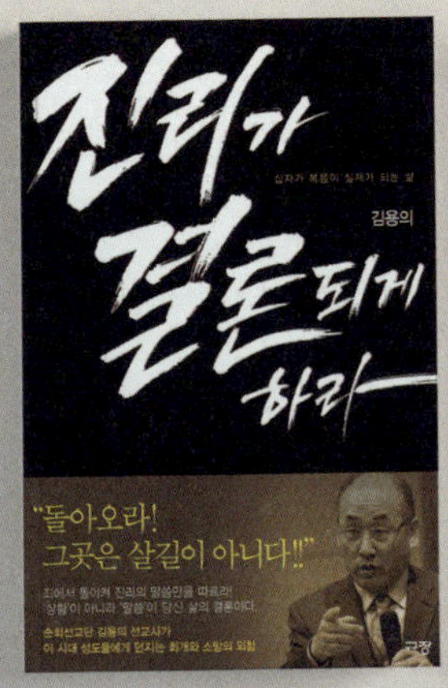

‘모태신앙’이라도
자신에게 복음이 실제가 되지 못한다면,
그것은 아무리 그 내용이 화려해도
쓸 수 없는 이론의 복음에 지나지 않는다.
우리는 계속해서 다음 질문 앞에 서야 한다.
“나에게 진정 복음은 실제가 되었는가?”

《복음을 영화롭게 하라》 중에서

쳐 보이며 상기시켜 드린다.

"하나님, 기억하시죠? 이전에 제게 이 약속을 주셨잖아요. 잊으시면 안 됩니다."

먼저 하나님이 주신 약속을 짚어드린 뒤, 내 소망을 올려드리는 것이 나의 오랜 기도 루틴이다.

하나님은 사람이 아니시니 거짓말을 하지 않으시고 인생이 아니시니 후회가 없으시도다 어찌 그 말씀하신 바를 행하지 않으시며 하신 말씀을 실행하지 않으시랴 민 23:19

사람은 약속을 어겨도, 하나님은 반드시 지키신다. 만약 그 약속이 지체되고 있다면 이유는 하나다. 내가 아직 그 약속을 감당할 그릇으로 온전히 빚어지지 못했기 때문이다. 하나님의 시간인 '카이로스'는 우리가 준비되는 시점과 정확히 맞물려 돌아간다. 그러므로 약속의 성취가 더디게 느껴지는 것은 하나님 잘못이 아니라, 아직 덜 여문 내 문제일 때가 많다.

하나님의 약속을 받아내기 위해서는 합당한 준비가 필요하다.

첫째는 '믿음'으로 붙잡는 것이다. 눈앞의 상황이 불가능해 보일지라도, 하나님이 말씀하셨다면 믿고 취해야 한다. 하나님은 우리의 믿음 분량만큼 일하시기 때문이다.

둘째는 믿음에 따르는 '순종'이다. 노아를 보라. 마른하늘에 홍수가 난다는 황당한 경고를 믿고, 무려 120년간 산꼭대기에서 방주를 지었다. 세상의 조롱을 뒤로한 채 묵묵히 망치질하며 심판을 예고했던 그 무모해 보이는 순종이 결국 그와 그의 가정을 구원했다.

노아가 그와 같이 하여 **하나님이 자기에게 명하신 대로 다 준행하였더라** 창 6:22

셋째는 '감사함으로 기다리는 인내'다. 기다림이 길어지면 지치기 마련이고 불평이 튀어나오기 쉽다. 하지만 그 순간에도 감사를 잃지 않을 때, 약속의 성취는 앞당겨진다.

이 묵시는 정한 때가 있나니 그 종말이 속히 이르겠고 결코 거짓되지 아니하리라 **비록 더딜지라도 기다리라 지체되지 않고 반드시 응하리라** 합 2:3

나는 이 말씀이 눈앞에서 고스란히 이루어지는 것을 목격했다. 그날의 감격은 지금도 생생하다. 때는 2025년 6월 28일, 토요일 아침이었다. 여느 때처럼 유튜브 '주마중' 채널의 댓글을 읽던 중, 한 문장에서 시선이 멈추었다. 마치 핀 조명을 받은 듯 선명하게 떠오른 그 댓글이 내 마음을 강하게 사로잡았다. 닉네임 '허그러브' 님이 남긴 글이었다.

> 지금 풀무불의 고난은 지나갔고 무익한 종을 사용하고 계십니다. 그 중심을 아시는 아버지께서 자격 없는 저를 하나님 자녀의 특권으로 사용하고 계십니다. 늘 주마중을 통해 응답을 받기에 가장 기다리는 시간입니다. 여진구 대표님, 건강하십시오. 규장출판사를 응원합니다.
> – 블레싱캠페인에서 항상 사랑을 받았고, 앞장서서 마음을 보태며, 간절히 기도로 함께했던 사모 올림

이름도 밝히지 않은 어느 사모님의 진심 어린 댓글이었다. 마침 그날 유튜브 영상에서 나눈 메시지 주제가 '기다림'이었기에 묘한 울림이 있었다.

무심코 아이디를 눌러 연결된 '허그엘'이라는 채널의 영상들을 살펴보던 나는 소스라치게 놀랐다. 2년 전 CBS 〈새롭게 하소서〉 간증을 통해 접했던 분이었기 때문이다. 당시 고난으로 점철된 삶 속에서 피워 올린 그 분의 믿음의 고백에 큰 은혜를 받아, 언젠가 꼭 저자로 모시고 싶어 간절히 기도해 왔던 분이었다.

당시 나는 하나님께 여쭈었었다.

"주님, 이분의 사연이 참 귀합니다. 책으로 내면 많은 영혼이 위로

를 얻을 것 같습니다. 진행해도 될까요?”

하지만 그때 하나님의 사인은 'Wait'(일단 멈춤)였다.

'아직 때가 아니다. 기다려라.'

나는 순종하는 마음으로 기도 노트에 이름만 적어두고 2년을 묵혔다. 그런데 그날, 우연한 댓글을 통해 하나님은 이분을 다시 내 앞에 세우신 것이다.

심장이 뛰었다. 그 자리에서 기도했다.

“하나님, 이 만남은 결코 우연이 아니지요? 제 기도를 기억하시고 연결해 주신 거지요? 드디어 때가 찼습니까?”

주님은 기쁨과 평안을 부어주시며, 이제 연락해도 좋다는 확신을 주셨다.

수소문 끝에 평택 함께하는교회 최준문 담임목사님의 아내, 임금주 사모님과 연락이 닿았다. 전화를 받은 사모님은 울먹이며 놀라운 이야기를 털어놓았다.

“대표님, 저는 규장에서 책을 내고 싶어 지난 9년 동안 기도해 왔습니다. 제가 먼저 원고를 투고하는 것이 아니라, 여진구 대표님이 먼저 연락해 주시기를 간구하며 기다렸습니다.”

9년이라니! 어떻게 포기하지 않고 그 긴 시간을 버텨냈을까. 사모님은 약속의 말씀을 붙들었다고 했다.

너희 안에서 행하시는 이는 하나님이시니 자기의 기쁘신 뜻을 위하여 너

"너는 피투성이라도 살아 있으라.
다시 이르기를 너는 피투성이라도 살아 있으라!"
피투성이가 되더라도 괜찮으니
절대로 죽으려고 하지 말고
너는 살아만 있어 달라고 하시는 하나님의 당부대로
나는 살아내기 위해 몸부림쳤다.

본문 중에서

사모님은 오직 이 말씀만을 신뢰했다. 방송 출연 후 다른 출판사에서 출간 제의가 왔지만 단호히 거절했다. 내야 할 곳이 정해져 있다는 이유였다. 정작 규장과는 아무런 약속도 없었지만, "하나님이 말씀하셨으니 반드시 규장과 연결될 것"이라 선포하며 수년간 잠잠히 기다린 것이다.

임 사모님에게는 또 하나의 확증이 있었다. 규장에서의 연락이 하염없이 늦어지자 '하나님의 뜻이 아닌가' 하는 의구심이 들 때였다. 그때 글쓰기 연습 삼아 응모했던 '예수동행일기 공모전'에서 뜻밖의 1등 소식이 날아들었다. 그것은 하나님께서 '내가 너의 글쓰기를 지지한다'고 그녀의 가슴에 새겨주신 명확한 사인이었다.

이 모든 사연을 들으며 온몸에 전율이 일었다. 하나님은 이미 9년 전부터 규장의 저자를 예비하셨고, 양측에 동일한 기도의 씨앗을 심어두셨다. 그리고 당신의 정확한 타이밍에 '댓글'이라는 작은 실마리로 9년의 퍼즐을 완벽히 맞추셨다. 내 입술에서는 "할렐루야"라는 고백만이 터져 나왔다.

그렇게 임금주 사모님의 첫 책 《너는 피투성이라도 살아 있으라》(2026년 1월)가 세상에 나왔다. 9년 묵은 기도의 향기가 배어 있는 이 책은, 하나님의 섭리 가운데 가장 완벽한 때에 빛을 보게 되었다.

당신은 하나님의 약속을 얼마나 오래 기다려 보았는가? 누군가는 9년, 나는 무려 15년을 기다려 만난 저자도 있다. 지금도 14년째 기도 노트에 이름을 올리고 기다리는 분이 있다. 하지만 지치지 않는다. 하나님이 약속하셨다면, 그 약속은 반드시 이루어질 확실한 미래이기 때문이다.

아직 응답받지 못한 약속이 있는가? 세월 속에 흐릿해진 기도 제목이 있는가? 내 욕심은 버리되, 주님이 주신 약속이라면 끝까지 붙들자. 감사함으로 준비하며 기다리자. 우리가 그 약속을 담아낼 그릇으로 준비되는 날, 하나님은 불현듯, 가장 완벽한 타이밍에 그 일을 성취하실 것이다.

하나님의 선수 교체

내게는 선물과도 같은 두 분의 동역자가 있다. 바로 홍성건 목사님과 NCMN 김미진 대표님이다. 두 분과의 만남은 그야말로 하나님의 완벽한 '선수 교체'였다. 그 배경에는 규장의 운명을 건 뼈아픈 결단과 순종이 있었다.

때는 2013년경이었다. 당시 규장의 매출을 견인하던 유력한 베스트셀러 저자가 솔깃하면서도 위험한 제안을 해왔다. 신앙 도서가 아닌 자신의 전공과 관련된 일반 서적을 내달라는 것이었다. 그 조건으로 자신이 기획 중인 5권의 신앙 서적 원고를 모두 규장에 주겠다고 했다.

거부하기 힘든 파격적인 제안이었지만, 그 이면에는 '요구를 들어주지 않으면 앞으로 규장과 작업하지 않겠다'라는 무언의 압박이 서려 있었다.

간절히 기도하며 주님의 뜻을 구했지만, 주님은 단호하셨다.

'그 원고는 나와 상관이 없다. 세상에서 어떤 평가를 받든, 내 나라에서는 의미 없는 책이다.'

규장의 정체성은 '오직 하나님을 드러내는 책'을 만드는 데 있다. 제안받은 원고는 규장의 결도, 나의 사명과도 거리가 멀었다. 거절해야 마땅했으나 망설여졌다. 그를 잃는다는 것은 당장의 매출 타격은 물론, 향후 보장된 잠재적 베스트셀러들을 통째로 놓치는 것과 같았기 때문이다.

현실적인 이익과 신앙적 양심 사이에서 깊은 고민에 빠졌다. 하지만 결론은 정해져 있었다. 아무리 달콤한 제안이라도 하나님이 기뻐하시지 않는다면 축복이 아니라 독이었다.

나는 눈앞의 매출 대신 하나님 편에 서기로 결단했고, 떨리는 마음을 다잡으며 저자에게 정중히 거절 의사를 전했다.

"죄송합니다. 저희는 이 원고를 출간할 수 없습니다. 만일 이 결정이 불편하시다면, 규장에서 이미 출간된 책들을 모두 가져가서도 좋습니다."

경영자로서는 빵점짜리 선택일지 모른다. 눈 딱 감고 하나를 들어주면 다섯을 얻는 장사인데 말이다. 하지만 하나님께 의탁한 경영은 계산기를 두드려서는 안 된다. 그것이 내가 지켜온 원칙이다.

나는 회사의 가장 큰 매출처이자 유력한 저자를 잃을 각오를 하고 하나님께 엎드렸다.

"하나님, 보셨죠? 저 하나님을 택했습니다. 매출도, 저자도 포기했습니다. 그러니 이제 주님이 책임지세요. 제게 새로운 하나님의 사람을 붙여주세요!"

그 간절한 기도의 응답으로 혜성처럼 나타난 분들이 바로 홍성건 목사님과 김미진 대표님이었다. 홍 목사님은 탁월한 말씀 사역자로, 김 대표님은 '왕의 재정학교'를 통해 수많은 재정의 묶임을 풀어낸 간증의 주인공으로 내가 평소 깊이 존경하던 분들이었다. 이미 1년 전부터 두 분의 이름을 기도 노트에 올리고 하나님의 때를 간구해 오던 터였다.

하지만 현실적인 걸림돌이 있었다. 당시 홍 목사님이 섬기던 선교단체에는 자체 출판사가 있었기에 규장과 연결될 가능성은 희박해 보였다. 그런데 절묘한 타이밍에 기막힌 소식이 들려왔다. 하나님의 이끄심을 따라 두 분이 그 단체를 사임하고 새로운 사역(NCMN)을 시작한다는 것이었다.

'아! 이래서 하나님이 미리 기도하게 하셨구나.'

하나님의 큰 그림이 보이기 시작했다. 하지만 나는 기드온처럼 한 번 더 확실한 사인을 구했다.

어느 날 아침 예배를 마치고 나오는데, 평소 그 선교단체 출신으로 알고 지내던 갓피플 직원과 마주쳤다. 내가 안부를 묻자 그가 뜻밖의 이야기를 꺼냈다.

"대표님, 혹시 홍성건 목사님과 김미진 간사님 소식 아세요? 두 분이 최근 독립해서 새 단체를 만드셨는데, 지금 책을 준비 중이라고 하더라고요. 한번 알아보시면 어떨까요?"

이보다 확실한 사인이 어디 있을까. 그 직원은 내가 두 분을 놓고 오랫동안 기도해 온 사실을 전혀 몰랐다. 나는 즉시 연락처를 받아 김미진 대표님(당시 간사)께 만남을 요청했다.

"1년 넘게 두 분을 위해 기도해 왔습니다. 왕의 재정학교 이야기를 꼭 책으로 내고 싶습니다. 이 책이 새로운 단체의 사역에도 큰 힘이 될 것입니다."

김 대표님은 긍정적으로 화답했고, 홍 목사님께 보고한 뒤 최종 연락을 주겠다고 했다.

며칠 뒤인 2013년 7월 25일, 드디어 홍 목사님, 김 대표님과의 식사 자리가 잡혔다(이 날짜를 잊을 수 없는 이유는, 바로 다음 날 내게 급성 심근경색이라는 죽음의 고비가 찾아왔기 때문이다. 사탄은 규장의 새로운 도약을 막기 위해 내 목숨을 노릴 만큼 집요하게 공격해 왔다. 그 치열했던 영적 전쟁의 전말은 뒤에서 나누겠다).

기도로 준비한 만남을 앞두고 약속 장소에 도착해 차에서 내리려는데, 때마침 휴대전화 진동이 울렸다. 얼마 전 내가 거절했던 그 저자의 문자였다.

그동안 고마웠습니다. 앞으로 제 책은 다른 곳에서 내겠습니다.

최후통첩이었다. 막상 이별 통보를 받으니 가슴이 쿵 내려앉았다. 저자와의 인연이 결국 여기서 마침표를 찍는구나 싶어 착잡한 심정을 감출 수 없었다. 나는 차 안에서 요동치는 마음을 붙잡고 간절히 기도했다.

"주님… 결국 유력한 저자가 떠났습니다. 하지만 후회하지 않겠습니다. 주님 말씀에 순종했으니까요. 이제 주님이 책임져 주세요! 지금 만나는 이분들이 규장의 새로운 저자가 되게 해주세요!"

상실감과 기대감이 뒤엉킨 복잡한 심정으로 식당에 들어섰다. 인사를 나눈 뒤, 홍 목사님이 차분하게 입을 열었다.

"사실 NCMN 사역을 준비하며 책을 어디서 낼지 계속 기도했습니다. 다른 유명 출판사와 진행하려는데, 하나님이 멈추라고 하셨지요. 자체 출판을 고민해 보기도 했지만 그 역시 아니라고 하셨습니다. 오직 '예비한 곳이 있으니 기다리라'는 마음만 주셨습니다."

목사님이 인자하게 미소 지으며 말씀을 이었다.

"그때 딱 규장에서 연락이 왔습니다. 다시 여쭈었더니 주님이 말씀하시더군요. '내가 예비한 곳이 바로 여기다'라고 말입니다."

할렐루야! 그날은 진정한 축복의 날이었다. 하나님은 한쪽 문을 닫으시는 동시에, 더 크고 넓은 문을 활짝 열어주셨다. 큰 저자를 잃었으나, 하나님은 더 깊은 영적 거인들을 선물로 보내주셨다.

하나님의 놀라운 일을 바라보며

또한 동참하기 위해서는

먼저 우리 안에 하나님의 말씀인

성경이 흥왕해야 합니다.

성경으로부터 올바른 지도력과

재정 원칙이 세워지기 때문입니다.

《말씀관통 100일 통독》 중에서

그렇게 탄생한 책이 바로 한국 교회의 말씀 읽기와 성경적 재정관에 새로운 바람을 일으킨 《말씀관통 100일 통독》(2014년 1월)과 《왕의 재정 1》(2014년 6월)이다.

하나님께 순종하여 당장의 손해를 감수했더니, 하나님은 상상할 수 없는 최선의 것으로 갚아주셨다. 이것이 바로 하나님나라의 경영 법칙이다.

거룩한 연결고리

가장 낮은 곳에서 발견한 하늘의 거인들

김우현 감독과의 만남은 하나님의 치밀한 섭리였다. 2004년 초, 한 직원이 내게 다큐멘터리 CD 한 장을 건네며 말했다.

"대표님, 이거 한번 꼭 보세요. 지하철에서 전도하는 어느 할아버지 이야기인데, 보다가 정말 많이 울었습니다."

제목은 〈팔복〉. 그날 저녁, 식탁에서 무심코 영상을 틀었다. 밥을 한술 뜨며 화면을 지켜보던 나는 그만 숟가락을 툭 떨어뜨리고 말았다. 그리고 엉엉 울어버렸다. 영상 속 최춘선 할아버지의 맨발과 그 피 끓는 외침이 내 영혼을 송두리째 뒤흔들었기 때문이다.

그때 깨달았다. 하나님의 사람들은 항상 우리 곁에 있다는 사실을 말이다. 다만 우리가 모르고 지나칠 뿐이다. 예수님 당시에도 그

분이 하나님의 아들임을 알아본 이는 극소수이지 않았는가. 지금도 우리 곁에는 하나님의 메신저들이 숨 쉬고 있지만, 우리가 세상을 사느라 바빠서 그들을 알아보지 못한다.

그런데 김우현 감독은 그들을 알아보는 눈을 가졌고, 그들의 삶을 기록하는 손을 가졌다. 모두가 '미치광이' 혹은 '광신도'라며 손가락질할 때, 그는 할아버지의 남루한 행색 너머에 있는 하나님을 향한 강렬한 사랑을 보았다. 그래서 수년간 그 뒤를 따르며 그 숭고한 발자취를 묵묵히 기록해 온 것이었다.

다음 날 즉시 수소문해 그를 만났다. 대화가 통했다. 우리는 단 하루 만에 오랜 전우를 만난 듯 믿음의 동지가 되었다. 그의 시선은 언제나 지극히 작은 자, 소외된 자를 향해 있었다.

나는 그에게 출간을 제안했고, 그렇게 탄생한 책이 팔복 시리즈의 첫 권인 《가난한 자는 복이 있나니》(2004년 12월)다. 당시로는 파격적으로 책과 다큐멘터리 CD를 결합한 형태였다.

반응은 폭발적이었다. 우리는 수익보다 은혜가 우선이라는 생각에 영상 저작권을 과감히 풀었고, 팔복 시리즈는 한국 교회 전체에 회개와 은혜의 물결을 일으켰다. 이어 《애통하는 자는 복이 있나니》(2005년 8월), 《온유한 자는 복이 있나니》(2010년 8월)가 출간되며 그 흐름은 계속되었다.

이 만남은 내게도 새로운 눈을 뜨게 했다. 이전에는 대형 교회나 화려한 성과에만 눈길을 주었다면, 이제는 이름도 빛도 없이 충성하는 '숨은 거인'들에게로 시선이 확장된 것이다. 하나님은 작은 일에 충성하는 자를 눈여겨보시고, 그에게 큰일을 맡기신다.

> 그 주인이 이르되 잘하였도다 착하고 충성된 종아 **네가 적은 일에 충성하였으매 내가 많은 것을 네게 맡기리니** 네 주인의 즐거움에 참여할지어다 하고 마 25:21

하나님은 이 '작은 자를 세우는 사역'을 기뻐하셨는지, 곧이어 또 다른 하나님나라의 지극히 작은 자를 예비해 주셨다.

책 출간 후, 김 감독이 중국 북경에서 열리는 코스타 집회 강사로 초청받았다. 당시 그는 교계에 지인이 거의 없어 혼자 가기를 어색해했고, 내게 동행을 부탁했다. 사실 그때 회사에는 2박 3일간의 중요한 기획 회의가 잡혀 있었다. 대표가 자리를 비울 상황이 아니었으나, 기도할 때마다 '가서 섬기라'는 마음의 부담이 강하게 들어 결국 회의를 미루고 순종하는 마음으로 비행기에 올랐다.

행사장 강사 식당에서 식사하던 중, 낯선 남자 한 분이 구석에 쭈뼛쭈뼛 앉아 있는 모습이 보였다. 식사도 하지 않은 채 홀로 우두커니 있는 모습이 자꾸만 눈에 밟혀 말을 건넸다.

"식사하셨어요? 이리 와서 같이 드시죠."

합석하여 가볍게 인사를 나누던 중에 내가 물었다.

"강사로 오셨나요?"

"아니요."

"그럼 어떻게 오셨어요? 학생 같지는 않은데….."

그가 옅은 미소를 띠며 이야기했다.

"저는 몽골 선교사입니다. 중국 출장을 왔는데, 아침 기도 중에 하나님께서 갑자기 북경 코스타로 가라는 마음을 주셨습니다. 이유는 말씀하지 않으셨고요. 표가 없을 줄 알았는데 마침 기차표가 있어서 무작정 왔습니다. 막상 왔는데 갈 데가 없어 여기 들어왔네요."

그의 무모하리만치 순수한 순종에 흥미가 생겼다. 호기심에 이것저것 더 묻기 시작했다.

"어느 교회에서 파송 받으셨나요?"

"미국 유학 중에 코스타에서 선교사로 부르심을 받았습니다. 학업을 마치고 바로 몽골로 향했지요."

"한국에서는 어디서 공부하셨습니까?"

"서울대학교 동양사학과를 나왔습니다."

"그럼 미국에서는요?"

"하버드대학교입니다."

나와 김 감독은 입을 다물지 못했다. 서울대에 하버드라니! 당대 최고의 스펙을 가진 엘리트가 보장된 미래를 버리고 왜 몽골 오지에 자원했을까. 이야기를 나눌수록 그 안에 담긴 깊은 영성과 진정성이 느껴졌다. '하나님이 이 사람을 그냥 이곳으로 보내셨을 리가 없다'는 확신이 들었다. 나는 그에게 조심스레 물었다.

“혹시 학생들에게 나누고 싶은 메시지가 있으세요?”

“네, 하나님께 받은 마음은 있습니다만, 제가 강사가 아니라서….”

나는 즉시 행사 주최 측 목사님을 찾아가 파격적인 제안을 건넸다. 오늘 저녁 집회 강사로 이 몽골 선교사님을 세워보면 어떻겠느냐고 말이다. 주최 측과 기존 강사분의 배려로 무명의 몽골 선교사는 그날 저녁 유학생 수백 명 앞에서 메시지를 전하게 되었다.

선교사님은 자신의 삶과 선교지에서 겪은 은혜를 진솔하게 고백했고, 현장의 반응은 뜨거웠다. 학생들뿐 아니라 나 역시 큰 은혜를 받았다. 저분의 이야기는 반드시 책으로 나와야 했다.

“선교사님, 책을 씁시다.”

나는 곧장 출간을 제안했으나 그는 “사역 연수가 짧아서 아직 어렵다”며 정중히 사양했다.

북경에서 헤어질 때, 선교사님이 제안했다.

“김 감독님, 준비 중이신 다큐북 《부흥의 여정》에 몽골의 이야기도 담으면 좋겠습니다. 몽골에도 복음의 흔적이 있거든요. 오시면 제가 안내해 드리겠습니다.”

이미 짐작했겠지만, 이분은 바로 이용규 선교사님이었다.

이듬해, 나는 몽골의 영적 흔적을 기록하려는 김우현 감독 팀과 함께 몽골로 날아갔다. 물론 내게는 또 다른 목표, 이용규 선교사님의 출간 승낙을 받아내겠다는 결연한 의지가 있었다.

몽골의 대평원을 가로지르는 6시간의 차량 이동 시간은 하나님이 마련해 주신 완벽한 독대의 자리였다. 나는 이 선교사님과 무릎을 맞대고 앉아 다시 정식으로 제안했다.

"선교사님, 서울대와 하버드라는 간판이 보장하는 탄탄대로의 미래를 포기하고, 이 불도 안 들어오는 몽골 땅까지 오신 이유를 나눠 주십시오. 하나님이 이끄신 그 여정을 책으로 써주십시오."

하지만 선교사님은 여전히 책을 낸 뒤 교만해져 하나님께 쓰임 받지 못할까 두렵다며 요지부동이었다. 나는 승부수를 던졌다.

"선교사님, 고작 책 한 권 냈다고 교만해질 분이라면 차라리 빨리 책 내고 망해버리는 게 낫지 않겠습니까? 미리 망하는 게 영적으로는 더 유익합니다."

선교사님의 눈이 휘둥그레졌다. 나는 틈을 주지 않고 몰아붙였다.

"사역 연수가 무슨 상관입니까. 예수님도 3년 사역하고 가셨습니다. 중요한 건 하나님의 타이밍입니다. 제가 선교사님을 중국에서 만난 것도 다 하나님의 섭리 아니겠습니까. 선교사님의 자랑을 하라는 게 아닙니다. 하나님이 하신 일을 대신 자랑해 달라는 겁니다. 그 귀한 일을 왜 마다하십니까? 하나님이 부끄러우십니까?"

차 안에는 긴 정적이 흘렀다. 선교사님은 심각하게 고민하더니 기도해 보겠다고 했다. 그는 밤새 사모님과 상의하며 씨름했고, 다음 날 아침 내게 말했다.

"한번 적어보겠습니다. 아주 부끄러운 고백록이 될 겁니다."

할렐루야! 하나님이 하룻밤 사이에 그 마음을 움직이신 것이다. 내가 대답했다.

"부끄러운 대로 써주세요. 선교사님이 낮아질수록 예수님이 높아지십니다. 멋있게 잘 쓰려고 하지 마시고, 있는 사실 그대로 부끄러운 글을 써주세요."

몇 달 뒤 도착한 원고에는 묵직한 울림이 있었다. 그런데 문제는 제목이었다. 마감 직전까지도 딱 꽂히는 제목이 없어 회의실 분위기는 무겁게 가라앉아 있었다. 그때 책임 편집자 자매가 혼잣말처럼 푸념을 내뱉었다.

"제목이 너무 안 나오네. 그냥 다 내려놓고 도망가고 싶다…."

그 순간 '내려놓고'라는 단어가 내 귀에 번개처럼 꽂혔다.

"잠깐! 지금 뭐라고 했어? 내려놓고? 내려놓음?!"

"네?"

"이거다! 내려놓음!"

하나님은 돌들로도 소리쳐 찬양하게 하신다더니, 직원의 푸념을 통해 제목을 주신 것이다.

그렇게 탄생한 《내려놓음》(2006년 3월)은 기독교 출판계의 역사를 새로 썼고, 후속작 《더 내려놓음》(2007년 12월)을 합쳐 100만 부가 넘는 판매고를 올렸다.

사실 출간 직후에는 반응이 없었다. 저자는 무명인 데다 한국에 있지도 않으니 홍보할 방법이 전무했다. 그렇게 묻히나 싶었는데,

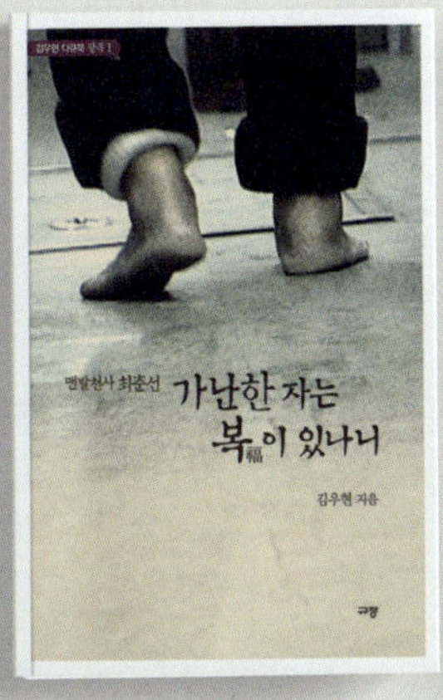 

기도의 응답으로, 하나님의 축복으로
세상에 부러운 사람이 없고
무서운 사람이 없고
보기 싫은 사람이 없고
얼마나 감사한지요.

부러운 것, 부러운 사람이 없는 사람은
법률 없이 일등 부자예요.
미운 사람이 없는 사람은
세상의 일등 권세예요.

《가난한 자는 복이 있나니》 중에서

기적이 일어났다. 갑자기 역주행을 시작하더니 하루에 1만 부, 3만 부씩 주문이 폭주하기 시작했다. 하나님이 기름부으셨다고밖에는 설명할 길 없는 역사였다.

이 책의 열매는 놀라웠다. 이용규 선교사님은 인세를 몽골국제대학교 운영을 위해 흘려보냈고, 책을 통해 학교가 널리 알려지며 큰 후원의 물꼬가 트였다.

하나님의 말씀을 따라 순종하며 나아갈 때, 우리는 주님이 예비하신 '사람'을 만난다. 나는 그저 인도하심에 순종해 북경에 갔을 뿐인데, 그곳에서 전혀 예상치 못했던 하나님의 사람을 만났고, 그 만남은 폭발적인 시너지를 일으켜 하나님나라의 일을 이루어냈다. 내 명철을 의지하지 않고 범사에 그분을 인정하며 따라가는 것, 그것이 나의 가장 큰 복이자 강력한 무기다.

너는 마음을 다하여 여호와를 신뢰하고 네 명철을 의지하지 말라 **너는 범사에 그를 인정하라 그리하면 네 길을 지도하시리라** 잠 3:5,6

세상을 바꾸는 '긍휼'의 연결고리

나는 하나님의 사람을 찾아다니며 여기저기 기웃거리지 않는다. 영적인 원리는 단순하다. 하나님의 사람들은 서로 연결되어 있다. 믿음의 사람들끼리는 서로를 알아보고 끌어당긴다. 그래서 한 사람을 만나면, 그가 또 다른 하나님의 사람에게로 나를 인도한다. 이것이 내가 경험한 거룩한 연결고리다.

내게 그런 만남의 축복을 안겨준 분이 있다. 바로 한국컴패션 대표 서정인 목사님이다. 첫 만남은 2003년, 그가 미국 생활을 정리하고 한국에 컴패션을 처음 세워 대표로 부임했을 때였다.

그는 첫인상부터 강렬했다. 하나님 앞에 '코람데오'(Coram Deo)로 서 있는 자 특유의 선한 기운이 느껴졌다. 보통 NGO 단체를 경영하다 보면 당장의 성과나 규모를 키우기 위해 세상적인 방법과 타협하고 싶은 유혹에 빠지기 마련이다. 하지만 서 목사님은 달랐다.

조금 느리게 가더라도 철저히 하나님의 방법만을 고집했다. 그 우직한 중심이 내게는 두터운 신뢰로 다가왔다. 나는 그 진정성에 반해 컴패션 사역을 돕기 시작했고, 목사님과 깊은 영적 교제를 나누게 되었다.

그해 나는 곧장 출간을 제안했다. 목사님은 "기도해 보겠다"라고 하셨다. 그런데 그 기도의 응답이 책으로 나오기까지는 꼬박 10년이라는 세월이 걸렸다. 그렇게 인고의 시간을 거쳐 탄생한 책이 바로 《고맙다》(2013년 12월)이다.

지나고 보니 그 10년은 허송세월이 아니었다. 하나님께서 한국컴패션에 부어주신 긍휼의 은혜가 사역의 열매로 무르익는 시간이었다. 책에는 그동안 치열하게 쏟아부은 사랑의 현장이 고스란히 담겼고, 그 진심이 독자들에게 전해지자 놀라운 일이 일어났다. 수많은 이가 한 아이를 향한 주님의 애끓는 마음에 공감하며 아동 후원에 동참했고, 더 나아가 사역자로 헌신하는 결단까지 이어진 것이다. 하나님의 타이밍은 이토록 한 치의 오차도 없이 정확하고 아름다웠다.

이 만남의 끈은 또 다른 하나님의 사람에게로 이어졌다. 컴패션 행사장에서 만난 당시 홍보대사, 배우 신애라 씨였다. 화려한 연예인이기에 앞서 그녀는 진실한 예배자였다. 한 영혼을 가슴으로 낳아 기르는 입양 사역을 묵묵히 그리고 기쁘게 감당해 나가는 모습은 그 자체로 강력한 울림을 주는, 살아있는 메시지였다.

그녀에게도 출간을 제안했다. 긍정적인 답변을 들었지만, 방송 활동과 육아, 사역을 병행하며 글을 쓴다는 건 쉬운 일이 아니었다. 이 책 역시 무려 9년이라는 산고의 시간을 지나야 했다.

하지만 그 오랜 기다림 끝에, 하나님의 도우심으로 마침내《하나님, 그래서 그러셨군요!》(2024년 5월)가 탄생할 수 있었다. 출간 후 독자들의 반응도 뜨거웠지만, 편집 과정에서 원고를 먼저 읽은 내가 더 큰 위로와 은혜를 받았다.

하나님은 정확한 때 만남을 허락하시고, 그 관계 속에 '책'이라는 씨앗을 심으신다. 그래서 우리는 서두르지 않는다. 그 씨앗이 기도의 양분을 머금고 풍성한 열매로 익을 때까지 잠잠히 기다릴 뿐이다. 세상이 가장 필요로 하는 그 순간에, 설익은 열매가 아닌 영혼을 살리는 온전한 양식을 내놓기 위해서다. 이것이 규장이 믿고 따르는 하나님의 시간표다.

막힌 문을 여는 '기도'의 사람들

때로는 나의 영적 감각이 무뎌져 있을 때조차, 하나님은 신실하게 당신의 사람들을 보내주신다. 내 노력이나 분별력이 아닌, 전적인 하나님의 예비하심으로 만난 분이 있다. 바로 '따라 하는 기도' 시리즈의 저자 장재기 목사님이다.

당시 장 목사님은 지구촌교회에서 20여 년간 사역한 뒤, 유튜브 채널 〈장재기TV〉(26만 구독자)를 통해 기도의 불을 지피고 있었다. 그의 채널은 기도가 막혀 답답해하던 수많은 영혼에게 기도를 직접 따라 하게 함으로써 영적 호흡을 불어넣고 기도의 루틴을 세워주었다. 그 은혜를 입은 구독자들 사이에서 기도문을 책으로 엮어달라는 요청이 빗발치기 시작한 건 당연한 수순이었다.

목사님은 기도로 준비하던 중 평소 알고 지내던 출판계 지인에게 조언을 구했다. 그런데 놀랍게도 출판사를 경영하던 그 지인이 규장을 적극 추천해 주었다. 이 또한 하나님의 세밀한 섭리였다.

장 목사님은 처음에 반신반의했다고 한다.

'규장에서 나 같은 무명인 목사의 책을 내줄까?'

하지만 하나님이 주시는 강한 확신에 순종하여 규장에 원고를 투고했다.

그 무렵, 나 역시 새로운 저자를 찾기 위해 기도의 안테나를 세우고 있었다. 규장에는 1년에 평균 600여 편의 투고 원고가 들어온다. 하나같이 귀한 원고들이지만, 그중에서도 '지금 하나님이 규장을 통해 세상에 내보내길 원하시는 메시지'를 분별해야 하기에, 나는 제목 하나도 허투루 넘기지 않는다. 그때 내 눈을 사로잡은 제목이 있었다.

"따라 하는 기도."

신선했다. 내용을 훑어보니 독특한 형식 속에 깊은 영성이 배어 있었다. 즉시 원고와 저자를 놓고 기도했다. 그러자 주님께서 내 마음에 벅찬 감동을 부어주셨다.

'그는 나를 사랑하는 자요, 나 또한 그를 사랑한다. 그는 내게 속한 자니 책으로 정성껏 섬겨라.'

보통은 실무자가 하지만, 그날은 하나님께서 내게 직접 연락하라는 마음의 부담을 주셨다. 나는 지체 없이 휴대폰을 들었다.

"안녕하세요, 장 목사님. 규장 대표 여진구입니다."

전화를 받은 목사님은 화들짝 놀라며 물었다.

"네? 대표님이 어떻게 직접 전화를 주셨습니까?"

실무자가 아닌 대표의 직통 전화에 그는 적잖이 당황한 듯했으나, 그 놀라움은 이내 감동으로 바뀌었다. 그렇게 우리의 소중한 인연은 시작되었다.

실제로 만난 장 목사님은 기대보다 훨씬 더 깊고 맑은 영혼을 가진 분이었다. 인격적이고 온유했으며, 무엇보다 '따라 하는 기도문'을 직접 써낼 만큼 삶 자체가 기도로 푹 젖어 있었다.

내가 기도 중에 받은 하나님의 마음(그는 내 사랑하는 자다)을 전하자, 목사님은 눈시울을 붉혔다. 하나님이 자신을 기억하시고 그간의 충성을 알아주신다는 사실이 그에게 큰 위로가 된 듯했다.

그렇게 서로의 진심을 확인하며 만든 책이 《따라 하는 기도 1》(2021년 3월)이다. 반응은 실로 뜨거웠다. 기도의 문이 막혀 고통받던 성도들이 책을 펴놓고 한 문장씩 따라 읽으며 눈물을 쏟았고, 기도의 열정이 회복되었다는 간증이 줄을 이었다. 이 시리즈는 《따라 하는 기도 5: 고난》(2024년 4월)까지 이어지며 한국 교회 성도들의 든든한 '기도 길잡이'로 자리매김했다.

장 목사님을 통한 축복은 여기서 멈추지 않았다. 발이 넓은 그는 또 다른 귀한 동역자를 연결해 주었다. 바로 순전한교회 이태재 목사님이다.

이 목사님은 선교단체 워십 리더 출신으로, 곁에만 있어도 예배를 향한 뜨거운 갈망과 기름부으심이 전해지는 분이다. 미국 유학 후 한국의 중견 교회를 섬기던 그는, 주님의 인도하심을 따라 새롭게 개척 교회를 섬기기 시작했다. 그 척박한 개척의 현장에서도 날마다 하늘 문을 여는 예배를 사수하는 그의 행보는, 그 자체로 '예배가 삶이요, 삶이 예배'라는 메시지를 묵직하게 던져준다.

그가 평생 헌신해 온 예배의 정수를 담아 펴낸 《하나님만 바라보는 시간》(2024년 10월)과 하나님과 친밀하게 동행하는 법을 일깨워 주는 안내서 《성령의 감동을 따르는 시간》(2025년 11월)은 출간 직

하나님께서 품으시는 한 어린이의 가치 앞에
제가 생각한 효율성의 잣대를 들이밀 수는 없었습니다.
하나님 안에서 한 사람의 가치는 언제나 절대적이었습니다.

〈고맙다〉 중에서

후부터 독자들의 뜨거운 사랑을 받고 있다.

하나님이 보내주신 사람은 늘 다음 축복을 여는 열쇠를 품고 온다. 사람을 통해 일하시는 하나님의 정교한 섭리 앞에서, 나는 매번 그 경이로움에 감격한다.

오래된 씨앗, 새로운 열매

시대를 깨우는 영적 거목과의 인연

내 인생에 지대한 영향을 끼쳤고, 지금까지도 깊은 교제를 나누는 귀한 분이 있다. 분당우리교회 이찬수 목사님이다. 이 목사님과의 인연은 한국 교회의 큰 어른이신 고 옥한흠 목사님을 통해 시작되었다.

1998년, 나는 옥한흠 목사님의 책을 출간하고 싶어 찾아뵈었다. 비록 여러 사정으로 끝내 규장에서 책이 나오지는 못했지만, 목사님을 인터뷰하고 교제하며 배운 가르침은 내게 무엇과도 바꿀 수 없는 영적 자산으로 남았다.

어느 날, 대화 중에 옥 목사님께 조심스레 여쭈었다.

"목사님, 사랑의교회에는 훌륭한 부교역자들이 참 많지 않습니까. 그중에서 아직 세상에는 덜 알려졌지만, 정말 '진국'인 목회자 한 분만 추천해 주십시오."

옥 목사님은 1초의 망설임도 없이 대답하셨다.

"이찬수 목사."

그 단호한 확신 앞에 내심 놀랐다. 옥 목사님은 덧붙이셨다.

"내가 가장 눈여겨보고 기대하는 사람일세. 한국 교회의 미래를 열어갈 목회자야. 게다가 그 아버님이 목회 중에 금식기도를 하시다 순교하셨어. 그 영적 유산이 참으로 대단한 사람이라네."

옥 목사님의 확신에는 분명한 이유가 있었다. 나는 당시 사랑의 교회 중고등부를 담당하던 이찬수 목사님을 만났다. 그는 뜨거운 사람이었다. 다음세대를 향한 열정이 불꽃처럼 타오르고 있었다.

나는 그에게 중고등부 부흥의 현장을 책으로 담아달라고 요청했다. 그렇게 탄생한 책이 《YY 부흥보고서》(1999년 8월)다. 'Young Youth'의 약자인 'YY'를 제목으로 내건 것은 당시로서는 상당히 파격적인 시도였다. 이 책은 출간 직후 10만 부 넘게 판매되며 베스트셀러가 되었고, '이찬수 목사'라는 이름이 교계에 널리 알려지는 결정적인 계기가 되었다.

이후 목사님은 하나님의 인도하심을 따라 분당우리교회를 개척했다. 교회가 성장하고 안정기에 접어들었을 때, 그의 인생과 개척 여정의 고백을 담은 책 《보호하심》(2011년 5월)을 출간했다.

보호하심, 이 단어는 이 목사님의 인생을 정의하는 키워드다. 목사님은 책에서 금식기도 중 소천하신 아버님의 뒤를 이어 험난한 목회의 길을 걸으며 느꼈던 고독과 인간적인 근심을 담담히 서술했다.

그리고 그 모든 치열한 순간이 결국 하나님의 철저한 보호하심 아래 있었음을 고백했다.

이 책은 고난의 터널을 지나는 수많은 크리스천에게 하나님의 위로를 전하며 깊은 영적 회복을 일으켰다. 책의 선한 영향력과 더불어 분당우리교회도 불일 듯 부흥했다. 한국 교회에 이토록 건강하고 훌륭한 목사님이 세워지는 과정을 지켜보며, 책으로 동역할 수 있었던 것은 내게도 큰 기쁨이자 영광이었다.

그 후로도 규장은 이찬수 목사님의 책을 꾸준히 출간하고 있다. 시대를 관통하는 절박한 메시지를 하나님의 심장으로 써 내려가는 이 목사님의 글을 세상에 내놓는 일은 대표로서 늘 가슴 뛰는 사명이다. 이 소중한 인연에 감사할 따름이다.

다시 만난, 여섯 걸음의 예배자

포드처치(POD Church) 원유경 목사님과는 꽤 오래전부터 시작된 특별한 인연이 있다. 나는 출판사 대표로서 늘 영적 레이더를 켜두고 산다. 지금 하나님이 어디에 은혜의 기름을 붓고 계시는지, 어느 교회를 통해 일하고 계시는지를 예의 주시하는 것은 나의 일상이다.

몇 년 전, 온누리교회 청년 예배가 폭발적으로 부흥한다는 소문이 들려왔다. 예배가 살아있고, 매주 청년들이 구름떼처럼 몰려든다는 것이었다. 그 부흥의 진원지가 궁금해 찾아보니 인도자가 '원유경 목사'라는 이름이었다. 어딘지 낯이 익었다. 설마 하는 마음에 영상을 찾아보다가 나는 무릎을 쳤다.

"세상에, 맞구나!"

원유경 목사님은 내가 30대 시절, 섬기던 모교회에 새로 부임하신 담임 목사님의 장녀였다. 당시 고등학생이었던 그녀는 늘 제 몸집만 한 기타를 메고 다녔는데, 예배를 향한 순수한 열정만큼은 누구보다 뜨거웠던 학생으로 기억한다. 교회에서 마주칠 때마다 내가 엄지를 치켜세우며 "정말 멋지다!"라고 응원하곤 했던 그 소녀, 오직 하나님나라만을 갈망하던 '부흥 소녀'가 바로 지금의 원 목사님이다.

이후 내가 이사를 하며 교회를 떠나게 되어 자연스레 소식이 끊겼는데, 어느새 한국 교계가 주목하는 차세대 리더가 되어 내 눈앞에 다시 나타난 것이다.

화면 속 목사님은 여전했다. 아니, 훨씬 더 깊어져 있었다. 강단에서 기타를 치며 찬양하고 말씀을 선포하는 모습에서, 어릴 적 그 순수함 위에 강력한 영성이 덧입혀진 것을 보았다. 말씀은 신선했고, 울림은 묵직했다.

반가운 마음에 당장 연락을 취해 만남을 가졌다. 오랜 공백이 무색할 만큼, 우리는 서로의 지난 삶과 신앙의 여정을 나누며 깊은 대화를 이어갔다. 대화 말미에 내가 조심스럽게 제안했다.

"원 목사님, 그 귀한 이야기를 책으로 냅시다."

하지만 원 목사님은 정중하면서도 단호하게 답했다.

"대표님, 훗날 하나님의 때가 되면, 그때 제 삶으로 온전히 증명된 고백을 책에 담고 싶습니다.”

그 당찬 포부가 무척이나 마음에 들었다. 나는 하나님이 펼치실 원 목사님의 새로운 시대를 기대하며, “그때가 오면 꼭 함께합시다”라고 약속했다.

그 후 우리는 영적 동역자가 되어 서로를 위해 중보했다. 그리고 코로나 팬데믹이 한창이던 때, 원 목사님은 하나님의 강권적인 이끄심으로 포드처치를 개척하게 되었다.

그렇게 기도로 숙성된 시간이 흘러 탄생한 책이 바로 《여섯 걸음》(2023년 4월)이다. 자신의 사명과 처절했던 개척 과정, 예배를 향한 목마름과 철학을 밀도 있게 담아낸 이 책은 출간 즉시 수많은 독자의 가슴을 뛰게 했고, 지금까지도 꾸준히 사랑받고 있다.

나는 원 목사님을 학생 시절부터 지켜봐 온 터라 각별한 애정이 있다. 사실 한국 교계 풍토상 여성 사역자가 단독 목회를 한다는 건 결코 쉬운 일이 아니다. 그럼에도 편견과 한계를 뚫고 오직 하나님께 붙들려 전심으로 질주하는 모습이 참으로 훌륭하고 대견하다. 하나님께서 원 목사님을 한국 교회의 미래를 이끌어갈 리더로 세워가고 계심이 느껴진다.

요즘 포드처치가 예배 처소 문제로 광야의 시간을 지나고 있다. 나는 원 목사님에게 위로보다 더 깊은 격려를 전했다.

“목사님, 오히려 기뻐하세요. 하나님이 ‘진짜 이야기’를 써 내려가고 계십니다.”

이 고난의 과정을 통해 하나님은 포드처치와 우리 모두에게 전하고 싶은 메시지가 있으실 것이다.

다행히 원 목사님은 그 하나님의 마음을 정확히 알고 한 걸음씩 씩씩하게 걷고 있다. 나는 이 연단의 시간을 통해 포드처치의 성도들 역시 온실 속 화초가 아닌, 강인한 영적 야성을 가진 예배자로 단련되리라 믿어 의심치 않는다.

아버지의 장학생, 나의 동역자

대구 엠마오교회 한창수 목사님은 내게 저자 이상의 의미를 지닌 특별한 분이다. 우리의 인연은 1997년으로 거슬러 올라간다. 당시 여운학 장로님은 한국 교회의 미래를 짊어질 인재를 키우겠다는 일념으로 신학생 대상의 '이슬비 장학생'을 선발하셨다(이것이 훗날 '303비전 장학생'의 모태가 되었다).

선발 심사는 매우 까다로웠다. 단순히 성적만 우수한 학생을 뽑는 자리가 아니었다. 암송 실력은 기본이었고, 평소의 경건 생활과 성실함, 즉 한 사람의 영적 됨됨이를 꼼꼼하고 엄격하게 살폈다. 파격적인 장학금 혜택만큼이나 심사 기준이 높았던 탓에 당시 경쟁률은 무려 20대 1에 달했다.

그 치열한 경쟁을 뚫고 선발된 청년이 바로 한창수 목사님이었다. 나는 그와의 첫 만남을 지금도 선명히 기억한다. 수많은 지원자 사이에서도 그는 단연 돋보였다. 눈빛은 총명했고, 말씀을 사모하는

순종 없이 풍랑을 피하는 것만을
자랑하는 그리스도인이 아니라
광풍을 잠잠하게 하시는 예수님의 능력을
경험하는 은혜를 아는 그리스도인이 되길 바란다.
진짜 축복은 광풍을 만나지 않는 것에 있는 것이 아니라
하나님의 능력을 아는 데 있기 때문이다.

《보호하심》 중에서

태도와 하나님을 경외하는 중심이 몸에 배어 있었다. 그때부터 우리는 각별한 인연의 끈을 이어오게 되었다.

세월이 흘러 2022년, 아버지가 하나님의 부르심을 받으셨다. 평생을 바쳐 일구신 암송학교의 빈자리를 누가 채울 것인가는 규장의 큰 기도 제목이었다. 우리는 간절히 엎드려 하나님의 뜻을 구했고, 주님은 마치 준비해 두신 듯 한창수 목사님을 지목하셨다. 그렇게 그는 아버지의 뒤를 이어 현재 303비전성경암송학교 2대 교장으로서 다음세대를 말씀으로 양육하는 일에 헌신하고 있다.

그는 지성과 영성, 인품을 두루 갖춘 보기 드문 목회자다. 인생의 굽이마다 오직 말씀 안에서 길을 찾았고, 그렇게 몸으로 살아낸 말씀의 기록을 책으로 엮어냈다. 합력하여 선을 이루시는 하나님의 일하심을 경험한 삶의 고백 《롬팔이팔》(2023년 2월)과 고난을 대하는 성경적 통찰을 담은 욥기 묵상집 《고난극복: 변나명용》(2024년 11월)은 그의 삶과 메시지가 일치함을 증명하는 책들이다.

아버지가 심으신 장학금은 훗날을 예비한 축복의 씨앗이었다. 하나님은 그 헌신을 잊지 않으시고, 아들의 대에 한창수 목사님이라는 인재를 보내어 거룩한 동역을 이어가게 하셨다. 그는 내게 가장 든든한 믿음의 동지이자, 서로를 위해 전심으로 기도하는 영적인 형제다.

마르지 않는 기름부음의 비밀

나는 포도나무요 너희는 가지라 그가 내 안에, 내가 그 안에 거하면
사람이 열매를 많이 맺나니 나를 떠나서는 너희가 아무것도 할 수 없음이라

요 15:5

끝까지 쓰임 받는 비결

1988년 말단 사원으로 입사해 오늘에 이르기까지 38년, 그중 2004년 대표직을 맡은 이래 지금까지 규장을 이끌어오며 참으로 수많은 영적 리더를 만났고 그들의 흥망성쇠를 지켜보았다.

하나님이 사람을 들어 쓰시는 과정에는 일정한 법칙이 있다. 그분은 목동 다윗처럼 아무도 주목하지 않는 곳에 숨어 있는 자를 찾아내어 기름부으신다. 단, 기름부었다고 해서 곧바로 화려한 무대에 세우지는 않으신다. 반드시 다윗의 도피 생활과 같은 혹독한 '광야 학교'를 통과하게 하신다. 예수님조차 공생애를 시작하기 전, 성령에 이끌려 광야에서 마귀에게 시험을 받으셨지 않은가.

마태복음 4장을 보면, 리더가 되기 위해 통과해야 할 필수 관문이 나온다.

- **물질의 시험** : "돌을 떡으로 만들라"
    - 먹고사는 생존의 문제 앞에서 비굴해지지 않을 수 있는가?
- **명예의 시험** : "성전 꼭대기에서 뛰어내리라"
    - 사람들의 환호와 인기에 취하지 않을 수 있는가?
- **권력의 시험** : "내게 절하면 천하만국을 주겠다"
    - 세상 권세와 타협하지 않고 오직 하나님만 섬길 수 있는가?

예수님은 이 모든 유혹을 말씀으로 단칼에 베어버리셨다. 우리도 마찬가지다. 하나님께 쓰임 받으려면 이 치명적인 3대 관문을 반드시 통과해야 한다. 대부분 무명 사역자는 이 테스트를 비교적 잘 통과한다. 아무것도 가진 게 없기에 오직 하나님만 의지하며, 눈물과 기도로 광야를 건너온다. 그러면 하나님은 비로소 그들을 세상에 드러내기 시작하신다.

목회자든 선교사든 하나님을 향한 그들의 심장이 뜨겁게 뛸 때, 주님은 그들을 들어 올려 축복의 통로로 삼으신다. 그들은 곳곳에서 생명의 말씀을 선포하고 성령의 은사를 나누며, 목마른 영혼들을 하나님 앞으로 이끄는 귀한 마중물 역할을 감당한다. 주님의 영광이 머무는 '영적 전성기'가 열리는 것이다.

문제는 그다음이다. 사역이 꽃을 피우고 사람들이 구름떼처럼 몰려들어 인기의 정점에 섰을 때, 진짜 위기가 시작된다. 유명해지고 불러주는 곳이 많아지면, 아이러니하게도 그 바쁜 사역 때문에 하나님과 독대하는 시간이 가장 먼저 희생된다. "사역이 너무 바빠서 기도할 시간이 없다"라는 핑계가 자연스러워진다.

하지만 하나님은 냉정하시다. 당신 앞에 머물지 않는 사람은 더 이상 쓰지 않으신다. 포도나무에 붙어 있지 않은 가지가 어떻게 푸르름을 유지할 수 있겠는가. 결국 기름부으심은 서서히 말라가고, 하나님은 촛대를 다른 곳으로 옮기신다.

그러나 너를 책망할 것이 있나니 너의 처음 사랑을 버렸느니라 그러므로 어디서 떨어졌는지를 생각하고 회개하여 처음 행위를 가지라 만일 그리하지 아니하고 회개하지 아니하면 내가 네게 가서 네 촛대를 그 자리에서 옮기리라 계 2:4,5

나는 출판 현장에서 수많은 저자를 만나며, 이 서글픈 패턴을 수없이 마주해야 했다. 광야를 통과한 무명의 용사들이 규장에서 책을 내고 교계에 이름이 알려지며 소위 '유명 인사'가 된다. 그러나 안타깝게도 얼마 못 가 은혜의 빛이 바래고 영적 생명력을 잃어가는 모습을 지켜볼 때가 많다. 원인은 단 하나, '변질'이다.

하나님을 향한 첫사랑이 식고, 그 간절했던 눈물의 기도가 메마르기 시작한다. 한때는 그토록 겸손했던 이들이 가는 곳마다 대접받는 것에 익숙해지더니, 조금만 의전이 소홀해도 불쾌한 기색을 드러낸다. 사명자로서의 본질이 변질된 것이다.

누구를 비판하려는 게 아니다. 우리 모두가 경계해야 할 무서운 덫이다. 한때 크게 쓰임 받던 이들이 왜 실족하는가? 사역을 통해 얻은 세상의 단맛(돈, 명예, 권세)에 취했기 때문이다. 그 자극적인 맛에 혀가 마비되어, 정작 내 영혼을 살리는 '말씀과 은혜의 참맛'을 잊어버린 것이다.

하지만 이런 유혹 속에서도 끝까지 주님께 붙들린 이들이 있다. 아무리 이름이 나고 살인적인 스케줄에 쫓길지라도, 하나님과 독대하는 절대 시간을 생명처럼 사수하는 이들이다. 하나님은 그런 사람을 더 깊은 차원의 영적 세계로 이끄시고, 세상이 감당치 못할 더 크고 위대한 일을 맡기신다.

끝까지 쓰임 받고 싶은가? 그렇다면 바로 이들처럼 영혼의 미각을 지켜야 한다.

너희는 여호와의 선하심을 맛보아 알지어다 그에게 피하는 자는 복이 있도다 너희 성도들아 여호와를 경외하라 그를 경외하는 자에게는 부족함이 없도다 시 34:8,9

"여호와의 선하심을 맛보아 알지어다."

당신은 그 맛을 기억하는가? 세상의 달콤한 맛에 길들어, 우리 영혼을 살리는 그 깊고 담백한 은혜의 맛을 잊지는 않았는가? 우리는 다시 그 미각을 회복해야 한다.

성경은 또한 말씀한다.

"여호와께 피하는 자는 복이 있도다."

복을 찾아 사람을 쫓아다니지 말자. 하나님께 피하는 것 자체가 가장 큰 복이다.

살다 보면 재정, 명예, 성취 등 늘 무언가가 부족하게 느껴지기 마련이다. 하지만 주님은 명쾌한 해답을 주신다.

"여호와를 경외하라. 그를 경외하는 자에게는 부족함이 없도다."

하나님을 두려워하며 경외할 때, 비로소 내 영혼의 결핍이 사라진다. 여호와의 선하심을 날마다 맛보고, 세상이 아닌 여호와께 피하며, 끝까지 여호와를 경외하는 것. 이것만이 우리가 변질되지 않고 마지막 호흡이 다하는 그날까지 하나님 손에 붙들려 쓰임 받는 유일한 길이다.

신선한 기름부음의 열쇠

사역을 오래 하다 보면 가장 두려운 적이 찾아오는데, 바로 '매너리즘'이다. 어제 받은 은혜로 오늘을 버티려 할 때, 우리의 영성은 고인 물처럼 썩기 시작한다.

그렇다면 날마다 신선한 기름부음을 유지하는 비결은 무엇일까? 나는 그것을 '매일 새롭게 부어지는 하나님과의 친밀함'이라 정의하고 싶다.

여기서 오해하지 말아야 할 점이 있다. 기도를 많이 하고, 예배에 빠지지 않으며, 성경을 통독한다고 해서 무조건 하나님과 친밀해지는 것은 아니다. 행위보다 중요한 것은 언제나 '동기'다.

냉정하게 스스로를 점검해 보자. 당신의 그 모든 열심이 개인의 소원 성취나 사역의 성공을 위한 것인가, 아니면 순수하게 하나님과 함께하는 것이 좋아서인가? 다시 말해, 당신과 하나님의 관계는 이익을 주고받는 '비즈니스 관계'인가, 아니면 존재 자체로 충분한 '생명 나눔 관계'인가?

하나님은 늘 새로우신 분이다. 어제 만난 하나님과 오늘 만나는 하나님은 또 다르다. 그분은 굉장히 역동적이고 '트렌디'(trendy)하신 분이다. 그렇기에 우리 역시 어제의 관성에 머물러 있을 수 없다.

먼저 우리는 날마다 하나님 한 분만으로 즐거워하는 법을 배워야 한다. 안 보면 보고 싶고, 언제나 함께하고 싶은 사랑의 갈망이 우리 안에 있어야 한다. 그런 친밀함 속에서 비로소 '그분이 오늘 무엇을 기뻐하시는지'를 기쁘게 고민할 수 있다. 어제의 은혜를 우려먹지 말고, 오늘 새롭게 주시는 마음에 반응하여 날마다 새로운 고백과 찬양을 올려드려야 한다. 그래야만 하늘의 신선한 기름이 우리 영혼에 부어진다.

그렇지 않고 늘 하던 대로, 습관에 젖어 마음 없는 제사를 드리면 영적 한계에 부딪힌다. 우리에게는 스스로 기름부음을 생성할 능력이 없다. 그것은 오직 '하나님과의 깊은 교제'라는 파이프를 통해서만 공급된다.

나는 수많은 사역자에게서 안타까운 현상 하나를 발견하곤 한다. 화려하게 출발하여 영적 궤도에 올랐으나, 어느 순간 기름부음이 끊겨 서서히 고갈되어 가는 모습이다.

그들의 공통점은 명확하다. 어느 정도 자리가 잡히면 더 이상 하나님의 공급하심을 절박하게 구하지 않는다. 자기 노하우와 경험으로 '스스로' 사역하려 든다. 결국 그들은 하나님이 더 이상 쓰실 수 없는 상태로 변질되고 만다.

기억하라. 하나님이 쓰실 사람은 차고 넘친다. 쓰임 받기를 고대하며 "나를 써주소서!"라고 부르짖는 순수한 영혼들이 곳곳에 예비되어 있다. 하나님 입장에서도, 기껏 세워놨더니 제멋대로 행동하며 하나님을 비즈니스 파트너 취급하는 사람보다, 그 순수한 이들에게 기회를 주고 싶지 않으시겠는가.

다시 묻는다. 끝까지 쓰임 받고 싶은가? 새 기름부음과 은혜가 마르지 않길 바라는가? 방법은 단순하다. 사역이라는 '일'보다 하나님과의 '관계'에 집중하는 것이다. 이를 위해 날마다 주님 앞에 엎드려 기도하고 찬양하는 시간을 최우선 순위로 떼어놓아라. 그 시간은 결재를 받거나 숙제하는 시간이 아니다. 오직 하나님 한 분만으로 만족하며 그분의 얼굴을 구하는 시간이어야 한다.

지금 당신의 신앙 현주소를 정직하게 점검해 보라.

'나는 정말 하나님을 사랑하는가, 아니면 하나님의 능력을 사랑

하는가?’

‘예배드릴 때, 필요한 것을 얻으러 가는가, 아니면 하나님이 보고 싶어서 가는가?’

하나님 앞에 머무는 시간이 줄어든다는 건, 그분과의 소통과 교감이 끊어지고 있다는 위험 신호다. 이것은 사역이 망하는 것보다 더 큰 위기다.

나는 ‘하나님과 친밀한 사람’을 진정 성공한 사람이라 부른다. 하나님나라는 세상의 실적이나 스펙으로 가는 곳이 아니다. 교회 규모가 크고 성도 수가 많다고 해서 반드시 기름부으심이 있는 것도 아니다. 수만 명이 모여도 냉랭한 교회가 있는가 하면, 산골짜기 작은 교회라도 성령의 불이 활활 타오르는 곳이 있다. 하나님은 숫자에 속지 않으신다.

하나님은 우리에게 미션을 주실 때 ‘승률 100퍼센트’나 ‘투자 대비 효율’을 따지지 않으신다. 그분이 보시는 것은 오직 ‘자원하는 마음’과 ‘사랑의 동기’뿐이다. 그러니 눈에 보이는 성과가 없다고 낙심할 필요도, 성과가 좋다고 우쭐할 필요도 없다.

만약 하나님이 대형 교회 목사나 부자만 사랑하신다면, 천국에서 예수님 옆자리는 전부 그들 차지일 것이다. 하지만 천국은 그런 곳이 아니다. 세상은 유력한 자가 주류를 이루지만, 하나님나라는 하나님과 친밀한 자가 주류가 된다. 성공의 개념 자체가 다르다.

세상은 재력, 지위, 학벌, 팔로워 숫자 등을 성공의 잣대로 삼는다. 이는 타인과의 끊임없는 비교로 순위를 결정짓는 철저한 상대 평가 방식이다. 남을 밟아야 내가 사는 무한 경쟁, 이것은 명백한 마귀의 논리다.

반면 하나님나라는 말씀을 기준으로 한 절대 평가의 세계다. 남과 비교하며 우열을 가릴 이유가 전혀 없다. 오직 하나님의 임재 안에서 그분과 동행하며 오늘을 사는 것, 주님은 그 순종의 걸음을 '최고의 성공'이라 부르신다.

촛대는 왜 옮겨지는가?

내 주변에는 하나님과 친밀하게 동행하는 사람들이 참 많다. 그중에서도 내게 깊은 영감을 주는 대표적인 세 분을 소개하고자 한다.

먼저 홍성건 목사님이다. 그 분을 보면 마치 빈틈없는 '영적 거인' 같다는 생각이 든다. 늘 하나님과 깊이 연결되어 있어, 툭 치면 말씀이 튀어나올 정도로 내면이 진리로 가득 차 있다. 그 입에서 나오는 단어 하나하나에는 복음의 능력이 생생하게 살아 숨 쉰다.

유기성 목사님도 그렇다. 그 분이 외치는 '예수동행운동'은 단순한 구호가 아니라 목사님의 삶 그 자체다. 매 순간 예수님을 의식하고, 주님 안에서 생각하고 결정하려 몸부림치는 모습은 존경스럽다 못해 절로 고개가 숙여진다.

손기철 장로님은 또 어떤가. 일상의 사소한 부분까지 성령님께 결재를 받으며 살아가는 그가, 늘 입버릇처럼 하는 말이 있다.

"대표님, 제게 무슨 특별한 자격증이나 능력이 있는 게 아닙니다. 저는 그저 주님이 흐르시는 통로일 뿐입니다. 통로가 할 일은 딱 하나, 내 안을 깨끗하게 비워두는 것이지요."

이들의 공통점은 명확하다. 자신의 존재는 철저히 지우고, 오직 하나님만 드러낸다는 것. 이것이 바로 끝까지 쓰임 받는 이들의 공통된 비결이다.

반면, 참으로 안타까운 사례들도 목격했다. 한때는 불일 듯 쓰임 받고 놀라운 기름부으심이 있었으나, '교만'이라는 치명적인 덫에 걸려 거룩함을 잃어버린 사람들이다.

교만은 무섭다. 교만은 '하나님의 영광'을 도둑질한다. 하나님만 앉으셔야 할 영광의 보좌에 자기가 앉는다. 입으로는 하나님의 복음을 말하지만, 실상은 '자기 복음'을 전파하고, 하나님의 나라가 아닌 '자신만의 견고한 왕국'을 건설한다. 그 성벽에 갇혀 누구의 직언도 듣지 않게 된다. 결국 하나님을 바라보게 해야 할 양 떼들의 시선을 가로채 자신을 우상화한다. 그 끝은 비참한 파멸뿐이다.

나는 하나님이 가장 미워하시는 죄가 '교만'이라고 확신한다. 그것은 하나님 외에 '자아'라는 다른 신을 섬기는 명백한 우상 숭배이기 때문이다. 하나님은 당신의 영광을 그 누구와도 나누지 않겠다고 엄중히 선포하셨다.

> 나는 여호와이니 이는 내 이름이라 **나는 내 영광을 다른 자에게, 내 찬송을 우상에게 주지 아니하리라** 사 42:8

> 나는 나를 위하며 나를 위하여 이를 이룰 것이라 어찌 내 이름을 욕되게 하리요 **내 영광을 다른 자에게 주지 아니하리라** 사 48:11

하나님께 드릴 영광을 가로채는 것은 피조물이 스스로 창조주가 되겠다는 반역이다. 모든 타락은 늘 이 교만에서 시작된다.

규장의 저자 중에도 전도유망했던 한 목사님이 있었다. 그는 탁월한 지성과 명석한 두뇌, 시대를 읽는 감각을 지닌, 그야말로 하나님께 '5달란트'를 받은 사람이었다. 성도들에게 미치는 영향력 또한 지대했다.

그러나 인기가 독이 되었다. 돈과 명예, 권력이 생기자 그는 서서히 궤도를 이탈했다. 더 큰 불행은 그의 주변에 "목사님, 그러시면 안 됩니다"라고 진심으로 조언해 줄 사람이 아무도 없었다는 점이다. 자신의 왕국에 스스로 갇혀버린 탓이었다.

나는 그에 대한 흉흉한 소문이 들려올 때마다 '설마' 하며 애써 부정했지만, 결국 하나님께서 오래 참으심으로 덮어두셨던 죄악의 뚜껑을 여시는 순간, 그의 은밀한 악행이 만천하에 드러나고 말았다. 그 결과 평생 쌓아 올린 명예와 권력은 한순간에 물거품처럼 사라졌고, 그는 교계에서 자취를 감췄다.

교만과 거짓으로 무너진 거인들을 볼 때마다 등골이 서늘해진다. 그것이 결코 남의 일이 아니라는 생각 때문이다.

'정신 차리지 않으면 저 자리가 내 자리가 될 수도 있다. 우리 공동체의 최후가 될 수도 있다.'

그래서 나는 오늘도 두렵고 떨리는 마음으로 자신을 돌아보며 마음을 다잡는다. 쓰임 받는 것은 전적인 은혜지만, 끝까지 쓰임 받는 것은 그 사람의 준비된 그릇에 달려 있다. 그 그릇의 크기는 오직 '겸손'으로 결정된다.

누구든지 자기를 높이는 자는 낮아지고 누구든지 자기를 낮추는 자는 높아지리라 마 23:12

특별히 사랑받는 사람의 특징

대표로서 가장 중요한 미션 중 하나는 적재적소에 인재를 배치하는 것이다. 물론 모든 직원을 아끼지만, 그중에서도 유독 눈길이 가고 중요한 일을 믿고 맡기게 되는 사람들이 있다.

나는 신입 사원 면접을 볼 때 크게 두 가지 영역을 살핀다. 영적인 영역과 업무적인 영역이다. 그중 영적인 영역의 핵심 질문은 단하나다.

"당신은 하나님과 친하십니까?"

질문은 단순하지만, 대답하는 지원자의 눈빛과 목소리의 떨림, 태도를 보면 그가 진짜 하나님과 친밀한지 아닌지를 단박에 알 수 있다. 하나님과 친밀한 사람은 억지로 기도하거나 의무감에 성경을 읽지 않는다. 그분이 너무 좋아서, 그분과 더 깊이 소통하고 싶어서 어떻게든 시간을 떼어놓는다.

그런 사람은 삶의 태도가 착실하고 정직할 수밖에 없다. 사람의 눈치를 보는 것이 아니라 늘 하나님 앞에 머무는 코람데오의 삶을 살기 때문이다. 그는 아무도 보지 않는 곳에서도 요령 피우지 않고 묵묵히 제 자리를 지키며, 한계에 부딪힐 때마다 기도로 돌파구를 찾아낸다. 그러니 업무의 효율과 성과는 자연히 따라오게 마련이다.

업무적인 영역에서는 '사명감'을 확인한다. 하나님이 맡겨주신 이 일을 단순히 생계 수단으로 보는지, 아니면 거룩한 소명으로 여기는지를 보는 것이다. 이 또한 영성과 직결된다. 하나님 앞에서 사는 사람은 작은 업무 하나도 '주께 하듯' 최선을 다해 탁월하게 해내려 애쓰기 때문이다.

리더로서 인재를 중용하는 나만의 기준이 있듯이, 하나님께서 특별히 사랑하고 쓰시는 사람에게도 명확한 특징이 있다. 우리는 성경 속 다윗의 삶을 통해 그 거룩한 캐스팅의 기준을 발견할 수 있다. 나는 그의 삶을 관통하는 네 가지 영적 특징을 묵상하며, 이것이 곧 주님이 우리에게 찾으시는 '인재의 조건'임을 깨닫게 되었다.

첫째는 '하나님께 온전히 몰두한 사람'이다. 다윗은 목동일 때나, 광야를 떠돌 때나, 왕위에 오른 후에도 한결같이 주님의 임재만을 갈망했다. 사방이 적으로 둘러싸인 절체절명의 순간에도 그가 구했던 것은 승리가 아니라 오직 주님의 얼굴이었다. 그는 자신의 상황보다 하나님의 임재에 더 깊이 몰두했던 사람이었다.

> 내가 여호와께 바라는 한 가지 일 그것을 구하리니 곧 내가 내 평생에 여호와의 집에 살면서 여호와의 아름다움을 바라보며 그의 성전에서 사모하는 그것이라 시 27:4

둘째는 '하나님께 마음이 사로잡힌 사람'이다. 하나님은 다윗의 외모나 능력이 아닌 주님을 향한 순전한 중심을 보셨다. 다윗은 자신의 야망을 위해 하나님을 이용하는 자가 아니라, 하나님의 꿈이 자신의 꿈이 될 만큼 그분의 마음에 완전히 사로잡힌 자였다.

> … 내가 이새의 아들 다윗을 만나니 내 마음에 맞는 사람이라 내 뜻을 다 이루리라 하시더니 행 13:22

셋째는 '하나님에 대해 평생 배우는 사람'이다. 다윗은 이스라엘의 왕이었지만, 하나님 앞에서는 배우는 자의 자세를 잃지 않았다. 그는 자신의 경험을 의지하기보다 날마다 주님의 길을 가르쳐달라고 간구하며 겸손히 무릎 꿇었다.

여호와여 주의 도를 내게 보이시고 주의 길을 내게 가르치소서 주의 진리로 나를 지도하시고 교훈하소서 주는 내 구원의 하나님이시니 내가 종일 주를 기다리나이다 시 25:4,5

마지막으로 다윗은 '하나님께 흠뻑 취해 있는 사람'이었다. 그에게 신앙은 의무나 종교적 행위가 아닌 가슴 벅찬 즐거움이었다. 주님의 임재 안에 있는 충만한 기쁨을 맛본 자는 세상이 줄 수 없는 영적 만족감에 취해 끝까지 사명의 길을 완주한다. 다윗은 생명이 위협받는 광야 한복판에서도 주님 한 분만으로 충분히 행복할 수 있음을 절절한 고백으로 증명해 냈다.

하나님이여 주는 나의 하나님이시라 내가 간절히 주를 찾되 물이 없어 마르고 황폐한 땅에서 내 영혼이 주를 갈망하며 … 주의 인자하심이 생명보다 나으므로 내 입술이 주를 찬양할 것이라 골수와 기름진 것을 먹음과 같이 나의 영혼이 만족할 것이라 … 시 63:1,3,5

이 네 가지 특징은 놀랍게도 내가 직원을 선발하는 기준과 정확히 일치한다. 하나님께 마음을 빼앗긴 사람, 그분께 흠뻑 취해 있는 사람을 주님은 찾으시고 특별히 사랑하신다. 이것이 바로 성경이 말씀하는 성령충만한 삶이다.

내게도 눈치를 봐야 할 상전이 계신다. 언제나 그분의 안색을 살피는 데 온 신경을 곤두세운다. 바로 나의 하늘 아버지이자 영원한 리더이신 여호와 하나님이시다.

새로운 프로젝트를 기획할 때면 반드시 기도로 검증하는 과정을 거친다. 이것이 하나님이 주신 아이디어인지, 아니면 그저 내 머리에서 나온 잔꾀인지를 치열하게 분별하기 위해서다.

"하나님, 오늘 예배 시간에 힌트를 주세요."

"만나는 사람들을 통해 주님의 마음을 알려주세요."

"하나님, 결재받으러 왔습니다. 주님 생각은 어떠십니까?"

마치 어린아이가 엄마 치맛자락을 붙들고 늘어지듯 매달린다. 주님의 최종 승인이 떨어져야만 움직일 수 있기 때문이다. 그러니 한눈팔 겨를이 없다. 그분의 작은 속삭임 하나라도 놓치지 않으려 온 신경을 곤두세우고 주님께 딱 붙어 있을 뿐이다.

그런데 가만 보면, 주님이 이런 시간을 은근히 즐기시는 것 같다. 답을 바로 주실 수도 있는데 일부러 뜸을 들이시곤 한다. 내가 애가 타서 더 매달리고, 더 갈망하며 당신의 품으로 파고들기를 기다리시는 것이다. 때로는 응석도 부리고 투정도 부리면서 말이다.

주님이 진짜 원하시는 건 '일의 성공'이 아닐지도 모른다. 성공 여부보다 내가 주님과 더 가까워지는 것, 24시간 주님만 바라보는 그 시선이야말로 주님을 가장 기쁘시게 하는 선물이 아닐까. 그래서 때로 응답을 보류하시고 나를 당신 곁으로 더 가까이 끌어당기시는 것이라 믿는다.

나는 결재 서류를 들고 갔는데, 주님은 내게 엉뚱한 선물을 내미신다.

'진구야, 일보다 더 좋은 게 있단다. 내가 진짜 네게 주고 싶은 건 바로 이거야.'

주님은 당신의 가장 귀한 보석함을 통째로 안겨주신다. 그 안에는 일의 성취와는 비교할 수 없는 '주님과의 친밀함'이라는 영원한 보석이 가득 들어 있다.

살다 보면 수많은 선택의 기로에 선다. 그때 조급해하지 말고, 오히려 그 순간을 하나님과 친밀해지는 기회로 삼자. 기도와 말씀으로 주님을 더 갈망하며 그분 곁에 머물자.

주님이 '이제 됐다. 네가 나와 이 정도로 가까워졌으니 내가 안심하고 맡길 수 있겠구나' 하실 때, 비로소 뜻을 보여주실 것이다. 그때 움직여도 늦지 않다. 하나님 뜻에 순종함과 동시에, 그분과 더욱 깊어지는 최고의 축복을 누리게 될 것이기 때문이다.

덤으로 얻은 생명,
아낌없이 흘려보내다

죽음 너머 영의 세계로

우리의 씨름은 혈과 육을 상대하는 것이 아니요
통치자들과 권세들과 이 어둠의 세상 주관자들과 하늘에 있는 악의 영들을 상대함이라

엡 6:12

갑자기 찾아온 통증

다시, 그날의 이야기다. 프롤로그에서 밝혔던, 내 인생을 송두리째 바꾼 2013년 7월 26일 금요일 밤의 일을 숨김없이 말하려 한다.

하나님은 그날, 나를 죽음의 문턱까지 데려가서서, 육의 눈으로는 결코 볼 수 없는 영의 세계를 목도하게 하셨다. 지금 떠올려 보면, 아찔하면서도 사무치게 감사한 기억이다.

그날 밤, 멈췄던 심장이 수십 번의 전기 충격을 견뎌내며 미세한 호흡을 되찾았다. 의료진은 촌각을 다투며 나를 수술실로 옮겼다.

수술실에 들어가기 전 대기실에서 간호사들이 서둘러 내 옷을 모두 벗겼다. 의식은 희미했으나, 실오라기 하나 걸치지 않은 적나라한 몸으로 차가운 침대에 누워 있다는 사실에 묘한 허무감과 공포

가 엄습했다. 그 찰나, 섬광 같은 깨달음이 스쳤다.

'아, 나는 지금 죽음 앞에 서 있구나. 내 힘으로 할 수 있는 것이 아무것도 없구나.'

통장에 쌓아둔 돈도, 평생을 일궈온 명예와 인맥도 죽음 앞에서는 한낱 휴지 조각에 불과했다. 적신(赤身)으로 왔다가 적신으로 돌아가는 인생의 본질이 뼛속 깊이 사무쳤다. 그 절박한 순간, 예수님이 그리웠다.

'내가 진정 붙잡아야 할 분은 오직 예수 그리스도뿐이었는데…. 그동안 너무 헛된 것들을 붙잡고 살았구나.'

다시 의식이 끊겼다. 전기 충격의 고통만이 생생했다. '쾅' 하는 충격과 함께 눈이 떠졌다가, 구형 텔레비전 전원이 꺼지듯 시야가 좁아지며 암흑으로 떨어지기를 반복했다.

병명은 급성 심근경색. 심장으로 이어지는 동맥 세 줄기가 혈전으로 꽉 막힌 상태였다. 설상가상으로 시술 도중 몸에 강한 경련이 일어났다. 숨이 끊어질 듯한 경련 탓에 의료진은 혈관 확장을 위한 스텐트조차 삽입할 수 없었다. 결국 의사는 고개를 저었다. 가망이 없다는 신호였다.

수술실 밖으로 나온 간호사가 내과 의사인 셋째 형님에게 조용히 말했다.

"마음의 준비를 하셔야겠습니다."

의사인 형님은 직감했다.

'끝이구나.'

하지만 혼절 직전인 제수씨(아내)에게 차마 사실을 전할 수 없었다. 형님은 지푸라기라도 잡는 심정으로 강력한 중보자에게 전화를 걸었다. 당시 미국 사역 중이던 손기철 장로님이었다.

"장로님! 여 대표가 위독합니다. 의사는 가망이 없다고 합니다. 지금 의지할 건 기도뿐입니다. 제발 기도해 주십시오!"

그 시각, 손 장로님과 헤븐리터치 팀은 애틀랜타에서 샬럿으로 이동 중이었다. 비보를 들은 장로님은 즉시 갓길에 차를 세웠다. 그리고 사역팀과 함께 근처 숲으로 들어가 부르짖기 시작했다.

"하나님, 여진구 대표를 살려주십시오! 아직 주를 위해 할 일이 많은 사람입니다!"

그날 밤 애틀랜타 집회 현장에서도 500여 회중이 하나가 되어 나를 위해 눈물로 중보했다.

생사의 갈림길에서 수술실 밖은 나를 살리려는 중보자들의 피 끓는 기도로 가득 찼고, 수술실 안에서는 죽음의 그림자와 맞서는 나의 처절한 영적 전쟁이 막 시작되고 있었다.

영의 세계에 가다

여기서부터는 지극히 주관적이지만, 부인할 수 없을 만큼 선명한 나의 영적 체험의 기록이다. 무엇으로 증명할 수는 없지만, 지금도 내 기억 속에는 그날의 광경이 어제 일처럼 생생하게 각인되어 있다.

응급 시술이 진행되는 동안, 나는 육체의 한계를 넘어 영적 세계의 실상을 목격했다. 흔히 임사 체험을 한 이들은 황금 길이나 보석으로 된 성을 보았다고 증언하곤 하지만, 내가 마주한 영의 세계는 전혀 달랐다. 그곳은 오직 빛과 어둠, 그리고 치열한 전투만이 존재하는 영적 격전지였다.

수술실에서 전기 충격이 거듭될수록 고통은 극에 달했다. 나는 서서히 삶의 끈을 놓고 있었다.

'차라리 죽으면 이 고통도 끝나겠지….'

가슴 위에 폭탄이 터지는 듯한 강력한 충격이 가해질 때마다 온몸이 널뛰듯 떨렸다. 심장이 멎어 호흡이 끊기면, 의료진은 다시금 강한 전기 충격을 가해 억지로 심장을 뛰게 했다. 생과 사를 오가는 지옥 같은 고통이었다.

'힘들다. 이제 그만 하나님 만나러 가고 싶다.'

그때였다. 맑고 청아한 목소리가 들려왔다. 마치 천사의 음성처럼 감미롭기까지 했다.

'그래, 그만 포기해. 하나님이 너를 버렸어.'

그 순간 정신이 번쩍 들었다. 천국에 가면 주님이 "고생했다, 내 아들아" 하며 맞아주실 줄 알았는데, 나를 버리셨다니?

'하나님이 나를 왜 버려? 그럴 리가 없는데!'

내가 비록 부족한 죄인일지라도 평생 하나님과 동행하려 애써왔기에, 그분이 나를 버리셨다는 말은 도저히 받아들일 수 없었다.

나는 직감했다.

'이것은 광명한 천사로 위장한 사탄의 속삭임이다.'

죽음의 문턱에서 하나님의 약속을 의심하게 만들어 생명줄을 끊어놓고, 영원한 멸망으로 끌고 가려는 간교한 수작이었다. 나는 흐려지는 의식을 부여잡고 필사적으로 마음을 다잡았다.

'아니야, 하나님은 나를 절대 버리지 않으셔! 나를 사랑하셔! 끝까지 나를 지켜주실 거야!'

그 믿음을 붙잡는 순간, 두 구절의 말씀이 강력한 빛줄기처럼 내 영혼을 관통했다. 마치 하나님의 육성처럼 들려왔다.

'볼지어다 내가 세상 끝날까지 너희와 항상 함께 있으리라'(마 28:20).

'내가 사망의 음침한 골짜기로 다닐지라도 해를 두려워하지 않을 것은 주께서 나와 함께하심이라'(시 23:4).

말씀의 보호막이 나를 감쌌다. 나는 사탄을 향해 이 말씀을 믿음으로 선포했다. 그때 '쾅' 하는 충격과 함께 현실의 눈이 떠졌다.

"선생님! 눈 떴어요!!"

"지금이야! 꽉 잡아! 놓치면 안 돼!"

의료진의 다급한 외침이 아득해지더니, 나는 다시 깊은 심연으로 빨려 들어갔다. 가슴을 태우는 듯한 통증도 어느새 사라졌다.

다시 눈을 뜨자, 고요하고 칠흑 같은 어둠 속에 나 혼자 떠 있었다.

‘여기가 어디지? 내가 왜 여기 있지? 정말 죽은 건가?’

그때, 저 멀리서 영화 〈해리 포터〉의 ‘디멘터’ 같은 검은 영들이 스멀스멀 다가오는 게 보였다. 무방비 상태인 내 영혼을 노리고 있었다. 그 순간, 반대편에서 번개 같은 빛이 번쩍이더니 검은 영들의 뒤통수를 저격했다. 빛에 맞은 영들은 비명도 없이 터져버렸다. 나는 직감했다.

‘중보기도다!’

수술실 밖에서, 그리고 지구 반대편에서 나를 위해 쏘아 올린 기도의 화살들이 적의 미사일을 요격하는 ‘아이언 돔’처럼 나를 방어하고 있었다.

하지만 적의 숫자는 압도적이었다. 영화 〈매트릭스 3〉에서 기계 군단이 시온으로 쏟아져 들어오듯, 수천수만 마리의 검은 영이 몰려왔다. 중보기도만으로는 역부족이었다. 이제 나도 싸워야 했다. 평소 훈련한 대로 예수 이름을 선포하기 시작했다.

“예수 그리스도의 이름으로 명하노니 더러운 영들은 떠나갈지어다!”

내 입술이 선포할 때마다 손에서 강력한 빛이 뿜어져 나갔다. 그 빛은 검은 영들을 정확히 타격했다. 마치 오락실 게임 ‘갤러그’에서 밀려오는 버그들을 미사일로 탁탁 쏘아 맞추듯, 나의 대적 기도와 중보기도가 협공을 이루어 검은 영들을 물리쳐 나갔다.

영적 전쟁 한복판에서 가장 효과가 컸던 무기는 단연 ‘예수님의 이름'과 '예수님의 보혈'이었다. 예수의 피를 의지해 대적하자 그 징그러운 영들이 맥없이 쓰러졌다. 예수 그리스도의 이름이 영적 세계에서 얼마나 실제적이고도 강력한 위력을 발휘하는지 목도한 순간이었다.

그러나 싸움은 끝이 없었다. 어둠의 세력에 포위되어 점점 밀리기 시작하자 나는 절박하게 부르짖었다.

"주님, 도저히 안 되겠습니다! 어떡합니까!"

절체절명의 순간, 내가 싸우고 있는 어둠에서 조금 떨어진 하늘에서 핀 조명 같은 선명한 빛줄기가 내려왔다. 나는 그것이 살길임을 직감했다.

'저 빛으로 들어가야 산다!'

예수께서 또 말씀하여 이르시되 나는 세상의 빛이니 나를 따르는 자는 어둠에 다니지 아니하고 생명의 빛을 얻으리라 요 8:12

나는 빛을 향해 죽을힘을 다해 질주했다. 검은 영들이 내 발목을 잡으려 발악했지만, 나는 말씀을 난사하며 그 포위망을 뚫고 나갔다. 시편 1편, 23편, 100편, 로마서 8장, 요한복음 15장…. 내 입술에서 나간 말씀들이 포탄처럼 날아가 적들을 무력화시켰다. 말씀의 위력은 실로 엄청났다.

검은 영들과 치열한 사투를 벌이며 빛을 향해 악착같이 기어갔다.

마침내 그 빛 속으로 머리를 들이미는 순간, 다시 '쾅' 하는 충격과 함께 현실의 눈이 떠졌다.

"마지막이다! 이번에 안 되면 끝이야! 꽉 잡아!"

긴박한 의료진의 목소리를 뒤로한 채, 내 눈은 스르르 감겼고, 나는 다시 영적 세계로 진입했다.

백보좌 심판대의 질문

이번에는 분위기가 사뭇 달랐다. 이전의 치열했던 전장과는 달리, 사방이 아주 밝고 환했다. 나를 괴롭히던 검은 영들은 온데간데없고 고요했다. 아무것도 보이지 않았다.

'죽어서 천국에 온 건가?'

그때 흰옷을 입은 두 존재가 내게 다가왔다. 빛에 가려 얼굴은 보이지 않았지만, 그들은 내 양팔에 각각 팔짱을 꼈다. 마치 죄인을 호송하듯 단호하고 엄격한 손길이었다. 나는 그들에게 이끌려 어디론가 향하고 있었다.

'이분들이 천사일까, 아니면 성령님인가?'

문득 요한계시록 말씀이 머릿속에 스쳤다.

또 내가 크고 흰 보좌와 그 위에 앉으신 이를 보니 … 죽은 자들이 자기 행위를 따라 책들에 기록된 대로 심판을 받으니 … 누구든지 생명책에

'아, 내가 지금 하나님의 백보좌 심판대 앞에 서러 가는구나.'

죽음을 실감하자, 마음이 몹시 분주해졌다.

'하나님 앞에서 구원받은 증거로 무엇을 말해야 하지? 예수님을 구주로 영접했으니 구원은 받은 거야, 그치?'

나는 마음속으로 급히 공적서를 작성했다. 하나님이 세상에서 무엇을 하다 왔느냐고 물으시면 대답할 목록이었다. 그동안 전도했던 사람들, 규장에서 낸 수많은 베스트셀러, 선교지에 흘려보낸 헌금 내역….

저 멀리 언덕이 보였다. 저기만 넘으면 영광의 보좌에 앉으신 하나님과 그 우편의 예수님, 그리고 허다한 증인이 나를 기다리고 있을 것만 같았다. 순간, 불안이 엄습했다.

'만약 하나님이 내가 준비한 것 말고 다른 걸 물어보시면 어쩌지? 제대로 대답하지 못하면 어떻게 되는 걸까?'

나는 양옆에서 나를 인도하는 존재들을 힐끔 쳐다보았다. 왠지 오른쪽에 있는 분이 더 직급이 높은 것 같았다. 그에게 조심스레 말을 걸었다.

"저기요, 뭐 좀 여쭤봐도 될까요?"

대답이 없었다.

"지금 우리 백보좌 앞으로 가는 중이죠?"

역시나 묵묵부답이었다. 나는 다급한 마음에 떼를 쓰기 시작했다.

“제발 하나님이 무엇을 물어보시는지 힌트라도 좀 주세요. 그 앞에 서면 너무 긴장해서 말이 안 나올 것 같아서 그래요. 미리 알려주시면 제가 잘 준비해서 대답할게요, 네? 제발 알려주세요.”

그러자 오른쪽에 있던 존재가 고개를 돌려 나를 바라보았다. 얼굴은 여전히 빛에 가려져 있었지만, 입가에 옅은 미소가 번지는 것이 보였다. ‘뭐 이런 애가 다 있나’ 하는 듯했다.

나는 기회를 놓치지 않고 더 졸랐다.

“정말 궁금해서 그래요. 딱 하나만, 딱 하나만 알려주세요!”

그가 걸음을 멈추더니, 장엄한 목소리로 물었다.

“정말 알고 싶으냐?”

위엄에 압도된 나는 기어들어 가는 목소리로 겨우 대답했다.

“네….”

“가르쳐주마. 하나님은 네게 ‘네가 얼마나 사랑하다 왔느냐’ 이것 하나를 물으실 것이다.”

순간 멍해졌다. 뒤통수를 얻어맞은 기분이었다. 내가 내세우려 했던 전도 실적이나 사역의 성과에 대한 물음이 아니었다. ‘얼마나 사랑하다 왔느냐’라는, 단 한 번도 예상하지 못한 이 본질적인 질문에 어떻게 답해야 할지 머릿속이 하얘졌다.

언덕을 오르는 발걸음이 무거워졌다. 도저히 자신이 없었다.

사랑을 하긴 했다. 하지만 그것은 나와 친한 사람, 내게 잘해주는 사람, 내 말을 잘 듣는 사람만을 골라 베푼 편협한 사랑이었다. 나를 거역하고 공격했던 사람, 관계가 틀어진 이들은 사랑하지 않았다. 오히려 그들을 밀어내고 속으로 저주하기까지 했다. 생각할수록 사랑했던 기억보다 시기하고 질투하며 미워했던 기억들이 파도처럼 밀려왔다.

심판대 앞에서는 그 무엇도 숨길 수 없다. 내 혀가 모든 진실을 자백하게 되어 있기 때문이다.

… 우리가 다 하나님의 심판대 앞에 서리라 … 모든 혀가 하나님께 자

백하리라 **롬 14:10,11**

이 땅에서 사랑하며 살지 못했다는 사실이 명백해지자 덜컥 겁이 났다. 하나님이 나를 지옥으로 가라 하실까 봐 나는 그 자리에 주저앉아 버렸다. 그리고 떼를 썼다.

"저 못 가요! 안 갈래요! 이대로 가면 저 큰일 납니다! 사랑이 이렇게 중요한 것인지 정말 몰랐어요!!"

곁에 있던 분이 다시 엄위하게 말했다.

"성경에 다 기록되어 있다."

그 순간, 내가 무심코 읽고 지나쳤던 말씀들이 뇌리를 스쳐 지나갔다.

오직 너희는 원수를 사랑하고 선대하며 … 눅 6:35

누구든지 하나님을 사랑하노라 하고 그 형제를 미워하면 이는 거짓말
하는 자니 … 요일 4:20

그 형제를 미워하는 자마다 살인하는 자니 살인하는 자마다 영생이 그
속에 거하지 아니하는 것을 너희가 아는 바라 요일 3:15

변명의 여지가 없었다. 나는 바닥을 치며 울부짖었다.

"죄송합니다! 몰랐습니다! 제발 한 번만, 딱 한 번만 더 기회를 주
세요! 다시 보내주시면 진짜 사랑하며 살겠습니다!"

내가 몸부림치자 두 존재가 내 팔을 더욱 꽉 움켜쥐었다. 나는 더
크게 발버둥 쳤다. 그 순간, 눈이 번쩍 떠졌다.

수술실 조명에 눈이 부셨다.

"살아났어요, 환자분 의식 돌아왔습니다!!"

간호사의 외침이 들렸고, 반대편에서 의사가 다급히 말했다.

"마지막 기회다. 이번에 놓치면 정말 끝이야! 스텐트 삽입할 수 있
게 꽉 잡아!!"

다행히 스텐트가 자리를 잡았고 막힌 혈관이 뚫렸다. 경련의 위험
때문에 동맥 세 줄기 중 두 줄기만 우선 뚫고 시술이 마무리되었다.
정신이 혼미한 가운데 의사의 얼굴이 시야에 들어왔다.

“축하합니다. 사셨습니다.”

6시간이 넘는 사투 끝에 수술실 문이 열리고 내가 나오자, 밖에서 기다리던 이들 사이에서 탄성이 터져 나왔다. 모두가 포기하려던 때, 기적적으로 살아난 것이었다.

복도는 이내 눈물바다가 되었다. 손 장로님도 미국에서 연락을 받고 안도의 눈물을 흘리셨다. 아내도 그제야 참아온 울음을 터뜨렸다. 그렇게 나는 온몸에 호스를 꽂은 채, 중환자실로 옮겨졌다.

실존하는 영적 세계

중환자실은 고요했다. 면회조차 금지된 병실 침대 위에 홀로 누워 있는데, 갑자기 뜨거운 것이 울컥 치밀어 올랐다. 감사였다. 죽음의 문턱에서 나를 건져 올리신 하나님을 향한 말할 수 없는 감사.

볼을 꼬집어 보았다. 아팠다. 꿈이 아니었다. 내가 다녀온 그곳, 빛과 어둠이 격렬하게 충돌하던 그 영적 전쟁터 역시 환상이 아니었다. 나는 확신한다. 영적 세계는 실존한다. 그곳에서는 지금 이 순간에도 하나님의 영과 악한 영 사이의 치열한 전투가 벌어지고 있다. 그러니 우리는 늘 깨어 기도하며, 오직 예수의 보혈을 의지해야만 끝까지 승리할 수 있다.

퇴원 전, 마지막 검사를 받으러 시술실에 갔을 때였다. 한 남자 간호사가 반갑게 인사를 건넸다. 응급 시술 당시 경련하는 내 몸을 붙잡고 있던 분이었다.

"안녕하세요, 진짜 살아나셨네요!"

"아, 그때 저를 도와주셨던 분이군요. 정말 고생 많으셨습니다."

"말도 마세요. 선생님, 어찌나 힘이 장사시던지…. 남자 셋이 붙어도 감당이 안 돼서 혼났습니다."

그때 옆에 있던 다른 간호사가 다가와 대뜸 물었다.

"선생님, 혹시 교회 다니십니까?"

"네, 그런데 어떻게 아셨어요?"

그가 신기하다는 듯 당시 상황을 들려주었다.

"그날 응급 시술 받으실 때, 선생님이 무의식 중에도 계속해서 비명을 지르셨거든요. 그런데 그 내용이 특이했습니다. '예수 그리스도의 이름으로!'라고 소리치시더니, 또 뭐라고 했더라… 아, 피! 계속 '예수 피, 예수의 보혈, 떠나가라!' 하면서 누군가와 막 싸우시더라고요. 하도 피를 찾으시길래 긴급 수혈이라도 필요한 줄 알고 당황했다니까요."

온몸에 전율이 일었다. 나는 분명 의식을 잃었으나, 내 영혼은 그 시각 사탄의 세력을 향해 예수의 보혈을 선포하며 피 터지는 전투를 벌이고 있었던 것이다. 간호사들의 생생한 증언은 내가 영의 세계에서 겪은 일과 정확히 일치했다.

퇴원 후, 나는 4개월마다 주치의를 만났다. 어느 날 그에게 조심스레 물었다.

"선생님, 솔직히 그날 제게 심장충격을 몇 번이나 시도하셨습니까?"

그가 당시를 회상하며 혀를 내둘렀다.

"스무 번은 족히 넘었을 겁니다. 제 의사 생활을 통틀어 한 환자에게 그토록 많은 전기 충격을 가한 건 여 선생님이 처음이었습니다."

통상적으로 네다섯 번의 시도에도 반응이 없으면 사망 판정을 내리는 것이 일반적이다. 그런데 그날의 나는 충격을 가하면 심장이 다시 뛰다가도, 처치하려 하면 다시 멈추기를 반복했기에 의료진도 포기할 수가 없었다고 했다. 무신론자였던 주치의가 덧붙인 말은 의미심장했다.

"참 기이했습니다. 그날 밤, 마치 선생님을 죽음으로 끌고 가려는 세력과 생명을 절대 뺏기지 않으려는 세력이 선생님의 몸을 두고 줄다리기를 하는 것만 같았습니다."

13년 가까운 세월이 흘렀지만, 그날의 기억은 마치 어제 마주한 장면처럼 여전히 또렷하다. 눈을 감으면 그 어둠과 빛의 격돌, 나를 노리던 검은 영들의 형체가 그림처럼 그려진다. 그것은 꿈이 아니었다. 나는 현존하는 또 다른 세계, 영원한 실재를 보고 돌아온 것이다.

내 신앙 여정에는 세 번의 거대한 파도가 있었다.

첫째, 중학생 시절 십자가 복음을 믿고 구원을 얻은 날.

둘째, 2007년 성령님을 깊이 만나 회개하며 주님과의 동행을 시작한 날.

셋째, 2013년 7월 26일, 죽음의 강을 건너 영적 세계를 목격하고 돌아온 날.

이날을 기점으로 내 삶의 목적이 달라졌다. 하나님은 생명을 연장해 주신 내게 새로운 비전을 보여주셨고, 그날 이후 삶과 사람을 바라보는 나의 시선은 완전히 바뀌었다.

유일한 계명, 사랑

만약 내가 그날 이 세계로 돌아오지 못하고, 그대로 백보좌 심판대 앞에 섰다면 어땠을까? 생각만 해도 아찔하다.

'네가 얼마나 사랑하다 왔느냐?'

하나님의 그 단도직입적인 질문 앞에서 나는 그 어떤 대답도 내놓지 못했을 것이다. 내밀 수 있는 사랑의 성적표가 없었기 때문이다.

그 사건을 기점으로, 내 삶의 우선순위는 근본적으로 뒤바뀌었다. 하나님이 보시는 유일한 기준은 '사랑'이며, 우리가 이 땅에 머무는 목적 또한 치열하게 사랑하기 위함임을 깨달았기 때문이다.

새 계명을 너희에게 주노니 서로 사랑하라 내가 너희를 사랑한 것같이 너희도 서로 사랑하라 요 13:34

그의 계명은 이것이니 곧 그 아들 예수 그리스도의 이름을 믿고 그가 우
리에게 주신 계명대로 서로 사랑할 것이니라 요일 3:23

지난날의 내 모습을 뼈저리게 반성했다. 이전의 나는 참으로 냉정
했다. 철저히 '기브 앤 테이크'(give and take)의 논리로 살았다. 상대
가 나를 사랑하면 나도 사랑을 베풀고, 나를 미워하면 똑같이 미워
하며 갚아주는 것. 그것이 내가 아는 세상의 상식이자 생존 법칙이
었다. 하나님은 불시에 찾아온 '심근경색'이라는 극약 처방을 통해,
내 안에 견고하게 자리 잡은 세상의 법칙을 산산이 무너뜨리셨다.

퇴원 후, 내 영혼은 깃털처럼 가벼웠다. 가장 먼저 마음속 감옥에
가두었던 사람들을 풀어주었다. 미워했던 이들을 용서하고 내 마음
에서 완전히 떠나보냈다. 주님이 붙여주신 직원들과 이웃들을 사랑
의 눈으로 바라보기 시작하니, 화낼 일이 없었다(시간이 흐르며 그때
의 감격이 조금은 무뎌졌지만, 이 글을 쓰며 다시 한번 사랑의 띠를 단단
히 동여매 본다).

사랑할 만한 사람을 사랑하는 건 누구나 할 수 있다. 그것은 본
능이다. 하지만 진짜 사랑은 그 너머에 있다. 도저히 사랑할 수 없
는, 나를 아프게 한 사람도 나를 향한 하나님의 사랑에 기대어 품어
안는 것, 그것이 주님이 원하시는 진정한 사랑이다.

너희가 만일 너희를 사랑하는 자만을 사랑하면 칭찬받을 것이 무엇이

놀라운 사실은, 사랑이 축복의 통로라는 점이다. 내가 사랑하기 편한 사람을 사랑할 때보다, 껄끄러운 사람을 억지로라도 품고 기도하며 사랑하려 몸부림칠 때, 하나님은 더 큰 은혜를 부어주신다. 그리고 결국에는 그 힘겹게 사랑한 사람들이 훗날 나의 가장 든든한 아군이 되고, 나를 위해 눈물 흘리는 중보자가 되는 기적을 목격하게 된다.

중환자실에 홀로 누워 고마운 얼굴들을 떠올렸다. 단연 1순위는 아내다. 그녀는 내 생명의 은인이다. 한밤중에 나를 위해 달려와 주었고, 고집부리는 나를 억지로 병원에 밀어 넣었으며, 혼비백산한 와중에도 기도의 불을 지펴 나를 살려냈다.

이 사건으로 아내는 내게 평생 유효한 '까방권'(까임 방지권)을 획득했다. 아내가 어떤 잔소리를 해도, 무슨 실수를 해도 나는 할 말이 없다. 평생 갚아도 모자랄 사랑의 빚을 졌기 때문이다.

나를 살린 주치의 선생님께도 감사했다. 알고 보니 내가 응급실에 간 날, 마침 선생님이 가까이 계셨던 덕분에 골든타임을 놓치지 않고 시술을 집도하실 수 있었다고 한다. 만약 선생님이 조금이라도 멀리 계셨더라면 나는 지금 이 자리에 없었을 것이다.

우연처럼 보이는 모든 순간 속에, 나를 살리기 위한 하나님의 치밀한 예비하심이 숨어 있었다. 그 세밀하고 거대한 사랑 앞에 나는 다시 한번 엎드릴 수밖에 없었다.

덤으로 얻은 사명

중환자실에서 일주일간 집중 치료를 받으며 안정을 되찾은 끝에 퇴원이 결정되었다. 퇴원 전날 밤이었다. 잠결인지 꿈결인지 모를 몽롱한 상태에서 누군가가 찾아왔다. 얼굴은 보이지 않았지만, 영혼 깊은 곳에서 직감했다. 바로 예수님이셨다.

나는 벅차오르는 가슴을 안고 주님께 달려갔다. 그때 주님이 내게 물으셨다.

'내가 너에게 무엇을 하여주기를 원하느냐?'

(유튜브 채널 〈롬팔이팔〉에서 저자들에게 던지는 마지막 공식 질문이 바로 여기서 시작되었다. 내가 주님께 직접 받았던 질문이었기 때문이다.)

수만 가지 생각이 스쳐 지나갔다. 건강? 지혜? 사업의 번창? 무엇이 정답일까 고민하던 나는 가장 깊은 곳에 숨겨둔 갈망을 꺼내놓았다.

"주님… 저는 그저 주님과 늘 함께하고 싶습니다. 주님의 임재 가운데 항상 머물기를 원합니다."

그러자 주님이 내 손을 잡으셨다. 그 순간, 주변 풍경이 바뀌었다. 어디론가 날아가는 듯한 기분이 들더니 낯선 장소에 도착했다. 그곳은 어둡고 퀴퀴한 냄새가 진동하는 지하 공간이었다. 앞을 보지 못한 채 무언가에 묶여 신음하는 이들, 병들고 가난한 자들이 곳곳에 널브러져 있었다. 나는 당황하여 여쭈었다.

"예수님, 왜 저를 이런 곳에 데려오셨습니까?"

주님이 나직이 말씀하셨다.

'내가 있는 곳은 바로 여기다. 나를 만나고 싶으냐? 나와 함께하고 싶으냐? 그렇다면 이곳으로 오너라.'

충격이었다. 나는 당연히 예수님이 거룩한 성전이나 기도의 골방에 계실 줄 알았다. 그러나 가장 낮고 소외된 자들 틈에 계셨으며, 그들의 신음 소리에 귀 기울이고 계셨다.

"주님이 정말 여기 계신다고요?"

놀라 주님께 질문하며 잠에서 깼다. 새벽녘이었다. 심장이 쿵쾅거려 다시 잠들 수가 없었다. 볼에 주르륵 눈물이 흘렀다. 기적처럼 살아나 날이 밝으면 다시 세상으로 돌아가는데, 이것은 분명 나를 향한 주님의 사인이었다.

'노숙자 사역이나 빈민 구제를 하라는 뜻인가?'

한참을 기도하던 중 성령께서 그 의미를 해석해 주셨다.

'내가 네게 보여준 것은 육적인 가난이 아닌 영적인 가난이다.'

비로소 퍼즐이 맞춰졌다. 하나님 눈에 가장 시급한 빈곤층은 돈이 없는 자들이 아니었다. 말씀이 없어 영적으로 눈먼 자, 염려와 근심의 사슬에 묶인 자, 사탄의 포로가 되어 신음하는 영혼들이었다. 그들을 살리라는 것이 주님이 나를 죽음에서 건져주신 명확한 이유였다. 그 순간, 누가복음 말씀이 뇌리를 스쳤다.

주의 성령이 내게 임하셨으니 이는 가난한 자에게 복음을 전하게 하시려고 내게 기름을 부으시고 나를 보내사 포로 된 자에게 자유를, 눈먼 자에게 다시 보게 함을 전파하며 눌린 자를 자유롭게 하고 **주의 은혜의 해를 전파하게 하려 하심이라** 하였더라 눅 4:18,19

"주의 은혜의 해를 전파하게 하려 하심이라."

이 구절이 내 심장에 박혔다. 여기서 '주의 은혜의 해'는 모든 빚이 탕감되고 노예가 해방되는 '희년'을 의미한다.

주님은 내게 영적 희년을 선포하는 나팔수가 되라고 하신 것이다. 죄와 염려에 묶인 자들에게 책과 영상으로 참 자유이신 예수 그리스도를 전하는 것이 앞으로 규장과 갓피플이 감당해야 할 본질적인 사명이었다. 물론 이전에도 출판과 미디어 사역을 해왔지만, 이제는 차원이 달랐다.

'아, 복음이 없는 황무지에서 하나님의 사랑을 외칠 때, 바로 그 현장에 예수님이 나와 함께하시는구나!'

2013년 7월 26일 밤, 응급실에 실려 온 순간부터 영적 전쟁을 치르게 하시고, 퇴원 전날 밤 사명까지 확증해 주신 주님의 오묘한 섭리 앞에, 나는 그저 고개 숙여 감사할 뿐이었다.

그날 이후, 누가복음 4장 18,19절은 내 남은 생애를 이끄는 절대 기준이 되었다. 규장에서 나오는 모든 책은 반드시 이 질문을 통과해야 한다.

'과연 이 책이 영혼을 살리고 자유케 하는 복음의 도구인가?'

이 검증을 마친 책만이 독자를 만날 수 있다. 갓피플의 콘텐츠 역시 이 잣대 위에 세워졌고, 뒤에 소개할 유튜브 채널 〈롬팔이팔〉과 〈주마중〉도 이 사명 위에서 탄생했다.

내게 주님은 또 하나의 숙제를 남겨주셨다. 내가 목격한 영적 세계를 증언하는 일이다. 천국과 지옥은 동화 속 이야기가 아니다. 영적 세계는 지금 이 순간에도 실재하며, 우리는 죽음 이후 반드시 하나님 앞에 서게 된다. 너무나 많은 이가 이 엄연한 진실을 망각한 채 살아간다.

어느덧 13년의 세월이 흐른 지금, 나는 죽음 너머에서 마주했던 그날의 진실을 이 책에 담아 세상에 내놓는다. 비록 늦은 고백일지 모르나, 이 기록은 나를 기적처럼 살려주신 주님께 드리는 순종의 결과물이다.

chapter 13

새로운 파도에 몸을 맡기다

보라 내가 새 일을 행하리니 이제 나타낼 것이라
반드시 내가 광야에 길을 사막에 강을 내리니

사 43:19

인터넷 사역이라는 모험

덤으로 얻은 생명을 안고 다시 일터로 돌아왔을 때, 내 마음은 중환자실에서 주님이 보여주신 그 절박한 사명으로 가득 차 있었다.

"하나님, 영적으로 굶주린 저들을 위해 제가 무엇을 할 수 있을까요? 어떻게 사랑을 전해야 할까요?"

방법을 찾으려 기도의 자리를 지키던 중, 문득 지난 세월 내 삶에 새겨진 하나님의 독특한 '인도하심의 법칙'이 보이기 시작했다. 돌아보니 하나님은 내가 새로운 사명 앞에 설 때마다, 그 시대의 변화를 사역의 새로운 통로로 삼아 나를 인도하셨다. 주님은 이미 오래전부터 나를 당신의 일꾼으로 쓰기 위해 치밀하게 길을 닦아오셨던 것이다.

그 훈련의 서막이자 내 삶에 찾아온 첫 번째 도전은, 1998년 한국 기독교계에 전무후무했던 '인터넷 사역'이라는 미지의 땅에 첫발을 내딛는 일이었다.

당시 주님은 내게 새로운 일에 도전하라는 거룩한 부담감을 주셨다. 규장은 어느 정도 재정적 안정을 이룬 상태였기에, 나는 다음 스텝을 고민하며 세 가지 선택지를 놓고 기도에 들어갔다. 규장의 이름으로 내는 '종이 성경책', 매체 영향력을 위한 '기독교 잡지 창간', 아니면 안정적인 물류 보관을 위한 '창고 부지 매입'이었다.

내심 매체에 대한 욕심이 컸던 터라 잡지 창간을 거의 확정 짓고 실무 준비에 박차를 가하던 중이었다. 그런데 전혀 예상치 못한 순간에 내 모든 계획을 뒤집어 놓는 반전이 일어났다. 1998년, 미국 출장길에서 겪은 신선한 충격 때문이었다.

당시만 해도 해외 호텔 예약은 직접 국제전화를 걸어 서툰 영어로 씨름해야 하던 시절이었다. 그런데 한 직원이 이제는 인터넷으로도 예약이 가능하다는 게 아닌가. 지금처럼 초고속 인터넷이 깔린 시대도 아니고, 전화선을 연결해 쓰던 모뎀 시절이라 반신반의하며 시카고의 한 호텔 홈페이지에 접속했다. 한참을 기다려 어렵게 예약을 마쳤지만, 비행기에 몸을 실으면서도 내심 불안한 마음이 가시질 않았다.

'예약이 안 되어 있으면 어쩌지?'

그런데 웬걸, 호텔 로비에 도착하니 내 이름이 정확히 예약되어 있었다. 그때의 전율을 잊을 수 없다.

"야, 이게 정말 되는구나!"

그 낯선 경험은 내게 강렬한 사인으로 다가왔다. 하나님은 내가 준비하던 잡지나 부지 매입이 아닌 '인터넷 사역'이라는 새로운 영적 영토를 보여주신 것이다. 나는 귀국하자마자 모든 계획을 수정했다. 그리고 1년의 준비 끝에 1999년, 인터넷 포털 사이트 '갓피플'과 기독교 쇼핑몰 '갓피플몰'의 문을 열었다.

갓피플몰은 단순히 물건을 파는 곳이 아니다. 나는 이곳을 전 세계 곳곳의 교회와 성도들에게 영적 무기인 하나님의 마음이 담긴 책과 성경, 용품을 공급하는 '하나님나라의 병참기지'라고 정의한다. 1999년 창립 이후 지금까지 전 세계로 발송된 택배만 약 500만 건에 달한다.

우리의 가장 큰 자부심은 '함께 기도하는 사역'이라는 점이다. 갓피플몰 식구들은 주문받은 물품을 찾고 포장하는 모든 과정에서 이 물품들이 하나님의 통로가 되길 간절히 기도한다. 고객이 주문서에 남긴 기도 제목을 붙들고 함께 중보하며 택배 상자를 꾸리는 이 기도의 중심이야말로 갓피플몰을 움직이는 진짜 동력이다.

또한 미자립 농어촌교회와 장애인 단체의 생산품을 정직하게 판매하는 '푸른가게', 어려운 사역 현장에 물품을 흘려보내는 '플로잉마켓', 그리고 다음세대를 믿음으로 양육하는 데 필요한 자료를 엄선해 소개하는 '어린이 전문 매장'까지. 갓피플몰은 이 땅의 작은 교회와 신학생들을 위해 지금까지 약 30억 원이 넘는 후원을 이어오며 하나님나라의 든든한 보급로 역할을 감당하고 있다.

시간이 흘러 2009년, 한국에 아이폰이 상륙하며 스마트폰 시대가 열렸다. 나는 손안의 작은 기계를 보며 또다시 거룩한 부담감에 휩싸였다.

'이걸로 어떻게 하나님께 영광을 돌릴 수 있을까?'

기도하던 내게 하나님은 에스겔서 3장 3절 말씀을 주셨다.

내게 이르시되 인자야 내가 네게 주는 이 두루마리를 네 배에 넣으며 네 창자에 채우라 하시기에 내가 먹으니 그것이 내 입에서 달기가 꿀 같더라 겔 3:3

이 말씀을 묵상하던 중 무릎을 쳤다.

'아, 하나님의 말씀을 이 스마트폰에 담으라는 뜻이구나!'

사실 규장은 오랫동안 종이 성경책을 만들고 싶어 했지만, 하나님은 그때마다 묘하게 길을 막으셨다. 돌아보니 오프라인이 아닌, 언제 어디서나 하나님의 말씀을 먹을 수 있는 '디지털 성경'을 준비케 하신 하나님의 정교하고도 큰 그림이었다.

그렇게 우리 개발자들과 1년 넘게 기도하며 준비한 끝에 2012년 '갓피플성경' 앱이 탄생했다. 출시되자마자 쟁쟁한 게임들을 제치고 전체 유료 앱 1위에 오르며 괄목할 성과를 거두었고, 지금까지 200만 명이 넘는 성도들의 손안에 하나님의 말씀을 배달했다.

하나님의 말씀을 다루는 일이기에, 우리는 빠른 성장보다 '정직'이라는 가치를 무엇보다 소중히 여겼다. 2012년 앱 출시 당시, 저작권 계약 없이 무단으로 운영되는 성경 앱들이 많았음에도 우리는 모든 역본의 정식 계약과 정당한 저작권료 지불이라는 원칙을 결코 타협하지 않았다.

특히 NIV 역본 하나를 계약하기 위해 무려 9년을 기도하며 기다려야 했다. 저작권자인 비블리카(BIBLICA)에 끊임없이 연락하며 문을 두드린 끝에 2021년 7월, 마침내 국내 최초로 정식 계약을 체결했고, ESV 성경 역시 같은 해 1월, 한국 최초로 정식 계약하여 제공하기 시작했다. 정직함으로 승부 보겠다는 막내아들의 고집을 하나님께서 기특하게 여겨주신 덕분이었다.

이제 갓피플성경은 단순한 성경 앱을 넘어 '올인원 신앙 플랫폼'으로 새롭게 거듭나는 중이다. 다양한 역본 지원과 58가지 맞춤 설정, 묵상 노트, 원어 사전, 모임 통독 기능은 물론, 곧 출시될 기도 노트와 성경 암송, 그림 성경 기능까지 탄탄히 갖추며 개인의 영적 성장부터 공동체 신앙생활까지 아우르는 필수 신앙 메이트로 자리매김하고 있다.

나아가 주일에만 꺼내 보는 성경이 아니라 매일 하나님을 생각하고 은혜를 기록하는 성도들의 영적 동반자가 되길 소망한다. 최근에는 대형 메신저 회사에서도 제휴 제안이 올 만큼, 갓피플성경은 우리의 강력한 영적 파이프라인이자 최고의 무기가 되어가고 있다.

혹시 아직 이 앱을 써보지 못한 독자가 계신다면 꼭 한번 경험해 보시길 권한다. 개역개정, 새번역, 쉬운성경, 우리말성경, 개역한글 같은 한글 역본은 물론이고 NIV, ESV, NASB, NLT, KJV까지 거의 모든 역본을 한눈에 살펴볼 수 있다. 일단 써보면, 갓피플성경만이 가진 진가를 단박에 발견하게 될 것이다. 앞으로 규장과 갓피플의 모든 사역을 이 앱 안에 집대성할 계획인 만큼, 갓피플성경이 성도들의 손안에서 언제든 주님을 마주하게 돕는, 가장 필수적이고도 든든한 신앙의 도구가 되리라 확신한다.

새로운 사업도, 위기의 돌파구도 결국 기도를 통해 하나님이 열어주신다. 세상 트렌드를 좇는 대신 하나님께 구하고 두드릴 때, 그 시기에 가장 필요한 최선의 것을 공급하시는 하나님의 일하심을 보게 된다. 기도의 무릎으로 이 세밀한 인도하심을 받는 것, 이것이야말로 우리가 누리는 가장 큰 특권이다.

순종의 열매, 롬팔이팔

하지만 순종의 길이라고 해서 늘 평탄하지만은 않았다. 하나님은 종종 고난과 축복, 광야와 가나안을 한 세트로 묶어 우리에게 건네신다. 고난이라는 포장지를 믿음으로 뜯어내면, 그 안에는 반드시 하나님의 선물이 기다리고 있다. 그러니 나는 믿는다. 이 시련의 터널을 믿음으로 잘 통과하면, 하나님께서 예비하신 상급이 반드시 주어진다는 사실을 말이다. 하나님께 나아가는 자는 그분이 계신 것과 자기를 찾는 자들에게 상 주시는 분임을 믿어야 하기에(히 11:6), 나는 고난이 찾아오면 오히려 마음 한구석에 기대감을 품는다.

'아빠, 이번에는 또 어떤 새로운 은혜를 주시려고 이런 길을 지나게 하시나요?'

2022년은 개인적으로 참 혹독한 해였다. 내 인생을 통틀어 손에 꼽을 만큼 고통스러운 시간이었다. 믿었던 이들의 배신, 터무니없는 음해와 시기 질투로 마음이 매일같이 무너져 내렸다. 하루하루 흡사 전쟁터와 같았고, 그 혼란 속에서 나는 오직 하나님의 은혜만을 갈망했다.

내 앞에는 두 가지 선택지가 놓여 있었다. 하나는 상대의 무리한 요구를 들어주며 백번 양보하는 길이었고, 다른 하나는 정면 승부하여 법정으로 가는 길이었다. 전자를 택하면 재정적 타격이 컸고, 후자를 택하면 승소할 가능성은 높았지만 진흙탕 싸움을 피할 수 없었다.

2023년 초, 마지막 선택의 순간이 왔다. 세상은 당연히 후자를 권했다. 바보같이 당하지 말고 법적으로 대응하라는 목소리가 높았다. 하지만 기도 자리에 앉으면 주님은 전혀 다른 마음을 주셨다.

'네가 손해 보고 품어라.'

순종하기가 쉽지 않았다. 감당해야 할 손해의 규모가 너무나 컸다. 하지만 긴 고민 끝에 결단을 내렸다. 손해 보고 양보하기로, 바보가 되기로 작정했다. 재정적 피해는 뼈아팠지만, 하나님께 순종함으로 모든 다툼을 종결짓자 거짓말처럼 영혼에 평강이 찾아왔다. 말할 수 없는 기쁨이 내 안을 가득 채웠다.

내가 아버지의 계명을 지켜 그의 사랑 안에 거하는 것같이 너희도 내 계명을 지키면 내 사랑 안에 거하리라 내가 이것을 너희에게 이름은 내 기쁨이 너희 안에 있어 너희 기쁨을 충만하게 하려 함이라 요 15:10,11

그즈음, 우리 회사는 '홍보 매체의 변화'라는 거대한 시대적 과제 앞에 서 있었다. 시대가 변하면서 신문이나 잡지 같은 종이 매체의 영향력은 급격히 줄었고, 아무리 좋은 책을 만들어도 성도들에게 알릴 방법이 마땅치 않아 고민이 깊어갔다.

기도하며 대안을 찾던 중, 하나님께서 '유튜브'를 마음에 떠올려 주셨다. 당시 규장과 갓피플은 자체 채널을 운영하고 있었으나, 유명 목사님의 인터뷰조차 조회 수 1천 회를 넘기기 힘들 정도로 영향력이 미미했다.

'그런데도 왜 자꾸 유튜브를 보여주실까?'

기존에 올린 영상들을 연구해 보니, 대중의 외면을 받는 원인이 명확했다. 일단 재미가 없었다. 누구나 아는 교과서적인 이야기만 나열되어 나조차 굳이 찾아보고 싶은 마음이 들지 않았다. 그렇다고 세상의 자극적인 방식을 따를 수도 없고, 매번 유명인을 섭외하기도 현실적으로 어려웠다.

이 문제를 놓고 기도하던 중 주님의 마음이 전해졌다.

'내가 네게 기름부었다. 네가 직접 해라.'

나는 펄쩍 뛰며 완강히 거절했다.

"네? 주님, 무슨 말씀이십니까! 제가 유튜버라니요. 말도 안 됩니다."

나는 외모가 출중하지도 않고, 성향상 전면에 나서기보다 뒤에서 누군가를 세워줄 때 기쁨을 느끼는 사람이다. 게다가 얼굴이 알려질수록 시비나 어려움이 생긴다는 걸 알기에, 가능하면 집회나 간증 자리조차 피해왔다. 그런데 유튜버라니…. 하지만 하나님의 뜻은 거부할 수 없는 파도처럼 끊임없이 내 마음을 두드렸다.

결정적 계기는 유기성 목사님의 신간 인터뷰 날 찾아왔다. 유튜브에 대한 고민이 깊을 때라, 평소에는 관여하지 않던 질문지를 보여달라고 했다. 훑어보니 온통 '착한 질문'뿐이었다. 너무나 전형적이고 뻔한 질문들.

'이런 걸 물어본들 누가 궁금해할까. 성도들의 가려운 곳을 긁어줘야 하는데….'

그 순간, 불현듯 한 생각이 스쳤다.

‘오늘 내가 한번 해볼까?’

고개를 세차게 저었다.

‘아니야, 그건 아니지…. 하지만 하나님이 계속 마음을 주시잖아. 당장 질문지를 다시 만들라고 할 수도 없고.’

머릿속에서 치열하게 씨름하다가, 나는 내 사역의 운명을 건 마지막 승부수를 던졌다. 기드온의 양털 시험과 같은 심정이었다.

“하나님, 지금까지 저희 영상 중에 조회 수 1천 회를 넘는 게 없습니다. 오늘 제가 순종하는 마음으로 직접 인터뷰해 볼 테니, 만약 조회 수가 평소의 10배인 1만 회 이상 나온다면 제게 유튜브에 출연하라고 하시는 사인으로 받겠습니다. 하지만 그 이하로 나온다면 오늘이 제 처음이자 마지막 출연인 줄 알겠습니다.”

나는 즉시 성령님의 인도하심을 따라 질문지를 다시 짰다. 그리고 유기성 목사님 앞에 앉았다(당시에는 내가 전면에 나오지 않고 목사님만 비추고 내 뒷모습만 나오게 했다).

첫 질문부터 다른 이들과는 다르게 접근했다.

“목사님, 예수님과 동행하고 싶은데 솔직히 잘 안 됩니다. 저 같은 사람은 어떻게 해야 합니까?”

가장 현실적인 질문을 던지며 성도들의 갈급함을 대변하려 노력했다. 사전에 약속된 질문이 아니었지만, 목사님은 당황하지 않고 매 순간 하나님이 주시는 마음을 정직하게 나눠주셨다. 각본 없는 대화는 오히려 더 현장감이 넘쳤고 깊은 울림이 있었다.

머칠 뒤, 유튜브에 인터뷰 영상이 업로드되었다. 내 운명이 걸린 날이었다. 초반에는 조회 수가 더디게 올라서 내심 안도의 한숨을 쉬었다.

'휴, 다행이다.'

그런데 웬걸, 얼마 지나지 않아 1천 회가 되더니, 1만 회를 훌쩍 넘기고, 단숨에 10만 회, 20만 회를 돌파했다. 기준치의 200배를 능가하는 수치였다. 나는 허탈하게 웃으며 하늘을 보았다.

"하나님, 이건 너무 명확하네요. 조회 수가 잘 나와서 기쁘긴 한데… 정말 저보고 하라고요?"

나는 마지막으로 하나님의 사인을 구했다.

"주님, 직원들이 전부 찬성하면 하고, 한 사람이라도 반대하면 안 하겠습니다. 직원들의 반응을 주님의 뜻으로 알겠습니다."

내심 한 사람쯤은 반대하거나 뜨뜻미지근한 반응을 보일 줄 알았다. 그런데 결과는 만장일치 찬성이었다. 전 직원이 쌍수를 들고 지지해 주었다.

편집부의 한 직원은 격한 응원을 보내왔다.

"대표님, 제가 제일 흥미로운 순간이 언제인지 아세요? 대표님이 저자들과 '찐 토크'를 나누실 때예요. 저자들을 어려워하지 않고 신앙에 대해 진솔하고 깊은 대화를 나누시는 모습을 보면서 큰 인사이트를 얻거든요."

내공이 깊은 신앙 고수들의 이야기를 들으며 나 역시 배우는 게

많은데, 그 대화의 현장을 보여주는 것 자체가 콘텐츠가 될 수 있겠구나 싶었다. 직원들의 뜨거운 성원, 그리고 조회 수 20만 회라는 부인할 수 없는 하나님의 사인 앞에서 더 이상 도망칠 수 없었다.

"알겠습니다. 하나님, 일단 시도는 해보겠습니다."

그렇게 탄생한 채널이 바로 유튜브 '롬팔이팔'이다. 채널명을 정할 때가 마침 고 여운학 장로님의 소천 1주기였다. 아버님이 생전에 가장 사랑하셨던 말씀인 로마서 8장 28절에서 이름을 따왔다. 이 채널을 통해 하나님의 크고 비밀한 일이 나타나고, 오직 합력하여 선을 이루시는 하나님만 드러나기를 바라는 마음을 담았다.

주 1회 업로드를 목표로 시작했다. 첫 번째 인터뷰이로 누구를 모실지 여쭈었더니, 하나님이 지금은 소천한 천정은 자매를 떠올려 주셨다. 그녀는 10여 년간 암 투병을 하면서도 소천 직전까지 복음을 전하러 다닌, 세상에서 가장 용감한 전도자였다. 연락했더니 그녀는 흔쾌히 응해주었고, 2023년 4월 5일 대망의 'Ep.01 - 천정은 자매' 편이 세상에 공개되었다.

그 후로 매주 신간을 낸 저자들을 초청해 치열한 신앙 토크를 이어갔다. 놀랍게도 조회 수는 2만 회에서 55만 회까지 치솟았고, 영상을 보고 은혜를 받아 책을 구매하는 독자들도 늘어났다. 내 능력이 아니었다. 전적인 하나님의 기름부으심이었다.

채널 개설 3주년을 맞이하는 2026년 현재, 롬팔이팔은 구독자 14만 7천여 명을 돌파하며 독보적인 기독 토크쇼로 자리 잡았다.

재미있게도, 목사님이나 교계 관계자가 아닌 평신도들이 나를 알아보기 시작했다. 초면임에도 "유튜브, 잘 보고 있습니다"라며 반갑게 인사를 건네는 이들을 만날 때면, 하나님이 나도 모르는 사이에 나를 '기독 인플루언서'로 만들어 놓으셨음을 실감한다.

무엇보다 기쁜 건, 책을 알릴 수 있는 확실한 소통 창구가 생겼다는 점이다. 예전에는 신간이 나오면 반짝 관심을 끌다 사라지기 일쑤였는데, 이제는 저자가 직접 출연하여 책에 담긴 눈물과 은혜, 비하인드 스토리를 진솔하게 풀어내니 독자들의 마음이 움직였다.

단순히 책만 팔리는 게 아니었다. 영상을 통해 규장의 문서 사역을 이해하고, 함께 눈물로 중보해 주는 든든한 동역자들이 불일 듯 일어났다. 그들의 댓글을 읽을 때마다 가슴 먹먹한 감동을 느낀다.

재정적 손실을 감수하며 바보처럼 순종했더니, 하나님은 '새로운 기회'와 '수만 명의 기도 동역자'를 선물로 주셨다. 고난 뒤에 숨겨두신 하나님의 선물은, 내 좁은 생각으로는 상상조차 할 수 없을 만큼 크고 놀라웠다.

네 길에 빛이 비치리라

롬팔이팔이 순항하던 2023년 12월 초, 다가올 새해 사역을 놓고 기도 자리에 엎드렸다. 그때 주님은 내 마음에 거룩한 부담을 주셨다.

'확장하라.'

그 마음을 품고 사역을 돌아보니, 주 1회 업로드되는 롬팔이팔만으로는 구독자들과의 영적 소통에 공백이 느껴졌다. 성도들의 삶에 더 깊숙이 다가갈 통로가 절실했다.

"주님, 제가 어떻게 해야 할까요?"

주님의 대답은 심플했다.

'매일 해라.'

유튜브를 찾아보니 매일 아침 큐티 묵상을 나누는 채널들이 이미 여럿 있었다. 대단한 열정이었다. 하지만 목회자도 신학자도 아닌 내가 과연 매일 무엇을 나눌 수 있을지 막막함이 앞섰다.

나는 구체적인 비전이 담긴 말씀을 구했다. 신실하신 주님은 당시 통독 중이던 욥기에서 흔들리지 않는 약속의 말씀을 보여주셨다.

네가 무엇을 결정하면 이루어질 것이요 네 길에 빛이 비치리라 **욥 22:28**

가슴이 뛰었다. 비록 욥의 친구 엘리바스가 한 말이었지만, 나는 그것을 성령께서 주시는 '레마'의 말씀으로 받았다. '내가 무엇을 결정하든 하나님이 그 길을 비춰주시겠다는 거구나!' 하는 확신이 들었다.

문제는 내가 결정해야 할 그 '무엇'이 무엇인지 모른다는 점이었다. 다시 욥기 22장을 꼼꼼히 읽어 내려갔고, 21절에서 시선이 멈췄다.

쉬운성경으로 보니 의미가 훨씬 직관적으로 다가왔다.

"이제 하나님께 굴복하고 화해하게나. 그러면 좋은 일이 기다릴 걸세."

순간, 지난 1년의 시간이 주마등처럼 스쳐 지나갔다. 억울함 속에서도 하나님 뜻에 순종하여 막대한 손해를 감수했던 시간. 그 결과로 주님과 더 "화목"해졌고, 놀라운 "평안"이 임했으며, '롬팔이팔'이라는 상상치 못한 "복"을 받지 않았는가! 모든 것이 말씀 그대로였다.

'하나님과 화목하고 평안을 누리는 것이 크리스천의 참된 목표구나. 그렇다면 내가 할 일은 다른 이들도 하나님께 순종하여 그 평안을 누리도록 돕는 것이겠구나.'

그 구체적인 지침이 다음 구절인 22절에 명확히 적혀 있었다.

"하나님의 말씀을 네 마음에 두라."

이 구절을 붙들고 씨름하던 중, 문득 갓피플 홈페이지의 '오늘의 테마' 코너가 떠올랐다. 19년 전, 하나님께서 첫 화면의 광고를 빼라고 하셨을 때 만든 코너였다. 매일 새로운 설교를 올릴 수 없어 고민하던 내게 주님은 '이미 다 주었다'라고 하셨고, 규장이 가진 수많은 책에서 보석 같은 문장들을 발췌해 올린 것이 그 시작이었다.

아이디어가 꼬리에 꼬리를 물고 이어졌다.

'그래! 매일 아침 오늘의 테마 발췌문을 읽어주고, 그와 관련된 성경 말씀을 선포한 뒤, 내 간증이나 묵상을 짧게 덧붙여 보자!'

흩어져 있던 조각들이 마치 로봇이 합체하듯 '착, 착, 착' 소리를 내며 하나로 맞춰졌다. 내 머리에서는 나올 수 없는, 성령님의 완벽한 설계도였다.

방향은 잡혔지만 현실적인 두려움은 여전했다.

'롬팔이팔은 질문만 하면 되지만, 이건 매일 혼자 메시지를 전하며 영상을 채워야 하는데… 내가 과연 할 수 있을까?'

부담감이 어깨를 짓눌렀다. 이 염려를 안고 기도 자리에 나아갔을 때, 주님은 한 장면을 보여주셨다. 바로 회사 아침 예배 광경이었다. 아버님이 은퇴하신 뒤, 나는 20년 가까이 매일 아침 직원들 앞에서 말씀을 나누고 기도를 인도해 왔다. 주님은 그 익숙한 풍경을 비춰주시며 따뜻하게 말씀하셨다.

'진구야, 내가 이미 너를 20년이나 훈련시켰지 않니. 내 말을 전하는 일, 너도 충분히 할 수 있다.'

강산이 두 번 변하는 시간 동안, 하나님은 나도 모르게 나를 '말씀 전하는 자'로 훈련하고 계셨던 것이다. 나눌 간증이 없다고 생각했지만, 돌아보니 인생의 굽이굽이마다 주님과의 진한 추억들이 차고 넘쳤다. 그제야 자신감이 생겼다.

"네, 주님! 한번 해보겠습니다!"

최종 결단을 내린 건 12월 중순이었다. 새해 첫날인 1월 1일에 맞춰 새로운 소통을 시작하고 싶은 열망이 타올랐다. 나는 곧장 뉴미디어 팀 직원들을 소집했다.

"여러분, 우리 1월 1일부터 매일 아침 방송합니다!"

새해를 불과 보름 앞두고 떨어진 날벼락 같은 미션이었다. 지금 생각해도 팀원들에게 미안하고 고마운 마음뿐이다. 당시 그들은 불평 한마디 없이 프로다운 사명감으로 이 무모해 보이는 도전에 기꺼이 동참해 주었다. 그때 시작된 걸음은 지금까지 이어져, 그들은 최고의 호흡으로 내 손과 발이 되어 이 사역을 든든하게 지탱해 주고 있다.

주마중의 시작

콘텐츠의 방향은 선명해졌지만, 정작 가장 중요한 '이름'이 정해지지 않은 상태였다. '여진구와 함께하는 말씀 묵상'이라고 하자니 너무 평범했고, '규장 책 읽어드려요'는 사역이라기보다 노골적인 홍보처럼 보일까 우려됐다. 롬팔이팔처럼 성경 구절에서 따오는 방법도 고민해 보았지만, 마땅히 떠오르는 게 없었다. 이름을 두고 기도하던 어느 날, 하나님께서 내 마음에 역으로 질문을 던지시는 듯했다.

'이 채널을 통해 네가 진짜 전하고 싶은 본질이 무엇이니?'

그 순간, 내 영혼 깊은 곳에 있던 갈망이 툭 튀어나왔다.

"주님의 마음을 받고 싶습니다."

주님 뜻대로 살아가기 위해서는 무엇보다 그분의 마음을 아는 것이 우선이었기에, 내게 이보다 중요한 가치는 없었다.

'그렇다면 주님의 마음을 받는… 줄여서 주마?'

여기까지는 좋았으나 뒷마무리가 어색했다. '주마시'(주님의 마음을 받는 시간)도 고려해 보았지만, 이미 유명 TV 프로그램이나 타 유튜브 채널과 어감이 겹쳐서 내려놓았다. 우리 사역만의 고유한 명칭이 절실했다.

며칠을 끙끙대며 고민하던 중, 아내와 함께 차를 타고 이동할 일이 생겼다. 규장의 저자이자 303비전성경암송학교 강사인 이형동 목사님(백은실 사모님)의 교회 이전 감사예배에 참석하러 가는 길이었다. 운전대를 잡은 채 곁에 앉은 아내에게 고민을 털어놓았다.

"여보, 내년에 새로 시작할 유튜브 채널 이름 때문에 골치가 아프네. '주님의 마음을 받는다'는 뜻을 담아서 '주마'까지는 생각했는데, 그 뒤에 뭘 붙여야 찰떡일까?"

아내가 대수롭지 않다는 듯 툭 던졌다.

"중!"

"응? 주마…중?"

내가 고개를 갸우뚱하며 되묻자, 아내가 웃으며 답했다.

"어감이 좋잖아, 주마중! 우리가 주님을 마중 나가고, 또 주님이 우리를 마중 나오시는 시간이라는 뜻이지."

무릎을 쳤다. 기가 막힌 이름이었다.

"와, 정말 좋은데! 그럼 '주님의 마음을 받는…'에서 '중'은 어떤 의미로 풀면 좋을까?"

아내는 이번에도 1초의 망설임 없이 대답했다.

"중요한 시간!"

"주님의 마음을 받는 중요한 시간, 주마중!"

입안에서 굴려보니 리듬감 있게 착 감겼다. 의미도, 어감도 완벽했다. 하나님께서 돕는 배필인 아내의 입술을 통해 이 사역의 정체성을 확정해 주신 듯했다.

이름이 정해지자 모든 준비가 일사천리로 진행되었다. 이제 대망의 첫 촬영만이 남았다. 공교롭게도 2024년 1월에 출간될 첫 책이 유기성 목사님의 《내 안에 거하라》였다. 롬팔이팔의 시작을 열어주셨던 목사님의 메시지로 '주마중'의 문도 열게 되니, 하나님의 섬세한 배려가 느껴져 가슴이 뭉클했다.

촬영 전날, 나는 마치 수험생처럼 발췌문을 읽고 또 읽었다. 말씀을 깊이 곱씹던 중 갈라디아서 2장 20절이 마음에 머물렀다.

내가 그리스도와 함께 십자가에 못 박혔나니 그런즉 이제는 내가 사는 것이 아니요 오직 내 안에 그리스도께서 사시는 것이라 …

'나는 죽고 예수로 사는 복음.'

이것이야말로 십자가 복음의 핵심이자, 내가 평생 붙들어야 할 단 하나의 진리였다. 주님의 마음이 부어지자 꽉 막혀 있던 말문이 트이기 시작했다. 내 삶의 에피소드와 말씀의 조각들이 퍼즐처럼 맞춰지며 선명한 기승전결이 완성되었다.

다음 날, 첫 촬영은 떨렸지만 순조로웠다. 카메라 앞이었음에도 나는 마치 골방에서 주님과 대화하듯 깊은 은혜에 잠겨 말씀을 나눴다.

2024년 1월 1일 첫 방송을 시작으로, 주마중은 이 글을 쓰는 지금 어느덧 660편을 돌파했다. 매일 아침 660번의 은혜가 부어진 셈이다. 롬팔이팔이 저자와의 깊이 있는 대화라면, 주마중은 매일의 삶과 묵상을 나누는 고백의 장이다. 그래서인지 구독자들과의 유대감이 유독 끈끈하다. 이제는 서로의 안부를 묻는 내밀한 영적 가족, 한 식구가 된 기분이다.

오프라인에서 만나는 구독자들의 반응도 내게는 매번 새롭고 가슴 벅찬 경험이다. 나는 초면인데, 그 분들은 마치 십년지기 친구를 만난 듯 환한 미소로 먼저 반겨주신다(한번은 동네에서 무릎 나온 추리닝 차림에 슬리퍼를 끌고 가다가 구독자를 마주친 적이 있다. 그 민망

함이란! 그날 이후 나는 집 앞 슈퍼를 가더라도 옷매무새를 살피고 언행을 조심하는 '인플루언서의 애환'(?)을 겪고 있다).

가끔 영적 침체가 오거나 마음이 지칠 때면, 하나님은 약속이라도 한 듯 주마중 식구들을 만나게 하신다.

"대표님, 주마중 덕분에 다시 일어설 힘을 얻었습니다. 매일 아침이 기다려집니다."

그 진심 어린 한마디에 방전됐던 배터리가 다시 충전된다.

구독자들은 하나님이 내게 붙여주신 귀한 동역자다. 나는 그들의 댓글과 기도 제목을 하나하나 읽으며 마음을 다해 중보한다. 비록 얼굴 한 번 본 적 없는 사이지만, 우리는 말씀과 기도로 연결된 가장 끈끈한 믿음의 식구다. 이 소중한 영적 가족을 허락하신 주님께, 오늘도 감사의 고백을 올린다.

세상을 끄고 주님을 켜는 시간

하나님께서는 내 삶의 무대를 시시각각 옮기셨다. 처음에는 규장이라는 출판의 장에서 책을 만들게 하시더니, 갓피플을 통해 디지털이라는 광활한 세상으로 이끄셨고, 이제는 유튜브라는 거친 파도에 올라타게 하셨다.

하나님은 누구보다 나를 잘 아시는 분이다. 내가 얼마나 타인의 시선을 즐기고 존재감을 드러내고 싶어 하는지, 그 기질을 꿰뚫고

롬팔이팔 프로필

롬팔이팔 · 주마중 썸네일

계시기에 지난 20여 년간 나를 철저히 세상에 드러나지 않게 감추셨다. 간혹 방송 출연이나 인터뷰 요청이 올 때마다 완강하게 막으셨다.

그때마다 '나도 나가면 잘할 수 있는데' 하는 치기 어린 마음과 서운함이 올라왔지만, 돌이켜보면 참으로 다행스러운 일이었다. 만약 그때 세간의 조명을 받았더라면, 나의 설익은 열정과 교만함 탓에 어김없이 넘어졌을 것이다.

주님께서 나를 세상과 단절시키고 당신 품에 깊이 머물게 하신 덕분에, 나는 그분과 내밀하게 소통하며 인생의 중요한 진리들을 체득할 수 있었다.

이제 주님이 나를 무대 중앙에 세우신다. 젊은 날, 근거 없이 차오르던 자신감은 온데간데없고 지금은 두렵고 떨리는 마음뿐이다. 앞으로 나를 어떻게 이끄실지 알 수 없으나, 더 이상 내 힘으로 노를 젓지 않기로 했다. 교만을 경계하고 기도로 방향을 잡으며 오직 성령의 바람에 몸을 맡길 따름이다.

주마중은 내 삶에 행하신 하나님의 일들을 나누는 공간이다. 감사의 고백뿐 아니라 실패와 처절한 회개까지 숨김없이 털어놓는다. 신기하게도 내 부끄러운 민낯을 드러낼 때, 구독자들은 더 깊은 위로와 도전을 받는 듯하다. 성경 말씀 그대로, 나는 쇠하고 오직 주님만 흥하시기를, 그리하여 주님의 영광만이 드러나기를 간절히 소망한다.

종종 사람들이 묻는다.

"도대체 주마중은 언제 준비하세요?"

사실 회사 업무와 기존의 일상을 지켜내면서 매일 묵상과 촬영 시간을 확보하는 건 결코 쉬운 일이 아니다. 하지만 누구에게나 공평하게 주어지는 24시간 중 무의미하게 흘려보냈던 시간을 아끼고, 하루를 조금 더 일찍 시작하면 충분히 감당할 수 있다.

요즘은 개인적인 모임이나 약속을 거의 잡지 않고 오롯이 주마중에만 집중한다. 하나님 안에서 주마중 식구들과만 영적 데이트를 즐기는 셈이다. 덕분에 라이프스타일이 한결 단순하고 효율적으로 정돈되었다.

그래서 이 사역의 가장 큰 수혜자는 다름 아닌 '나' 자신이다. 주님의 마음을 온전히 받기 위해, 매 순간 그분 생각으로만 내면을 채우고 있기 때문이다. 다른 곳에 한눈팔 겨를이 없으니 잡념이 파고들 틈이 없다. 물론 시간이 부족해서이기도 하지만, 의지적으로도 세상적인 생각에 마음을 뺏기지 않으려 애쓴다. 유혹과 시험이 틈타 영적 초점이 흐려지면, 다시 하나님께 맞추는 데 너무나 큰 에너지가 소모되기 때문이다.

'하나님의 주파수'는 고정되어 있지 않다. 라디오 채널처럼 숫자로 딱 맞출 수 있는 게 아니다. 오직 하나님께 집중하고 몰입할 때만 영적인 세계로 접속할 수 있다. 그러기에 나는 가능한 한 세상으로 채널을 돌리지 않고, 계속 그분께 연결되어 있으려 몸부림친다.

주님과 나란히 걷고 그분의 마음을 마중 나가는 매일이 내 인생에 허락된 최고의 축복임을 고백한다. 오늘도 나는 세상을 끄고 주님을 켜며, 이 아름다운 동행을 벅찬 감사로 이어간다.

비전의 실현

오랫동안 사역의 길을 걸어오며, 하나님께서 가장 기뻐하시는 단어 하나를 발견했다. 바로 '자원하는 마음'이다. 이것은 하나님나라의 비밀을 푸는 강력한 열쇠다.

많은 사람이 주님의 일을 감당하지만, 각자에게 임하는 은혜의 크기는 저마다 다르다. 그 차이는 어디서 오는 걸까? 나는 '자원함의 유무'에 있다고 본다. 하나님은 우리가 일궈낸 섬김의 성과보다, 그 일을 행하는 마음의 숨은 동기를 살피신다. 억지로, 의무감으로, 혹은 타인의 시선이나 인정 욕구 때문에 하는 일은 아무리 거창해 보여도 주님이 기뻐하시는 향기로운 제물이 될 수 없다.

반면, 누가 시키지 않아도 영혼의 깊은 즐거움으로 자원하여 드린다면, 설령 과부의 두 렙돈처럼 작고 초라해 보일지라도 주님은 세상 그 무엇보다 가치 있게 여기신다. 이름도 빛도 없이 헌신하는 수많은 목회자와 선교사님의 눈물을 주님이 빠짐없이 헤아리고 계신 이유가 바로 여기에 있다.

나 역시 이 마음을 잃지 않으려 매일 기도의 자리에서 내 심중을 점검한다. 내면의 동기를 깨끗하게 정비하고 주님만을 향할 때, 비로소 하늘의 복이 임하는 것을 경험하기 때문이다.

각각 그 마음에 정한 대로 할 것이요 인색함으로나 억지로 하지 말지니 하나님은 즐겨 내는 자를 사랑하시느니라 하나님이 능히 모든 은혜를 너희에게 넘치게 하시나니 이는 너희로 모든 일에 항상 모든 것이 넉넉하여 모든 착한 일을 넘치게 하게 하려 하심이라 **고후 9:7,8**

최근 하나님께서는 주마중을 통해 놀라운 역사를 써 내려가고 계신다. 내 머리로는 상상조차 할 수 없었던 일들이다. 그저 말씀에 순종하며 기쁨으로 걸어왔을 뿐인데, 생각지도 못한 은혜의 폭포수가 쏟아지고 있다.

과거 심근경색으로 생사의 기로에 섰을 때 중환자실에서 붙들었던 말씀이, 지금의 롬팔이팔과 주마중을 향한 하나님의 예언적 선포였음을 이제야 깨닫는다.

주의 성령이 내게 임하셨으니 이는 가난한 자에게 복음을 전하게 하시려고 내게 기름을 부으시고 나를 보내사 포로 된 자에게 자유를, 눈먼 자에게 다시 보게 함을 전파하며 눌린 자를 자유롭게 하고 주의 은혜의 해

전에는 이 말씀이 영적으로 결핍된 이들에게 복음을 전해 자유케 하는 사명만을 의미한다고 생각했다. 그러나 주님은 나의 좁은 시야를 넓히셨다. 하나님나라의 일을 하면서도 물리적인 결핍으로 고통받는 이들을 실제적인 재정으로 섬기도록 이끄신 것이다. 바로 '돌항아리 프로젝트'를 통해서 말이다.

이 프로젝트는 성령님의 감동을 따라 후원 대상자를 선정하고, 주마중을 통해 그들의 절실한 사연을 소개하여 사랑의 마음을 모으는 사역이다. 영상 하단에 대상자의 계좌를 공개해, 구독자들이 보내는 소중한 후원금이 어떤 중간 과정도 없이 수혜자에게 전달되도록 연결하는 다리 역할을 한다.

이 일을 한다고 해서 내게 돌아오는 몫은 전혀 없다. 하지만 나는 돈으로 환산할 수 없는 최고의 보상, 곧 '비전이 현실이 되는 기적'을 목도하고 있다. 그렇기에 더욱 깨끗한 통로가 되어 이 사랑을 흘려보내야겠다고 다짐한다. 나아가 더 큰 꿈을 품게 되었다.

'훗날 구독자가 30만, 60만, 100만이 된다면, 지금보다 더 풍성한 재정이 모여 이 땅의 교회와 선교단체들을 얼마나 더 강력하게 도울 수 있을까!'

하나님이 이 일을 어떻게 펼쳐가실지 생각만 해도 벌써 가슴이 벅차오른다.

지금부터 돌항아리 프로젝트 위에 부어주신 하나님의 구체적이고
도 생생한 은혜를 나누어보려 한다.

chapter 14

빈 항아리를 채우는 기적

너희 안에서 착한 일을 시작하신 이가
그리스도 예수의 날까지 이루실 줄을 우리는 확신하노라
빌 1:6

세움 : 담장 밖, 남겨진 아이들을 품다

2024년 봄이었다. 매주 신간 저자를 초대해 인터뷰를 진행하는 롬팔이팔 일정에 예기치 않은 공백이 생겼다. 편집부 사정으로 한 주가 비게 된 것이다. 나는 이 갑작스러운 상황이 단순한 우연이 아님을 직감했다.

"하나님, 당신께는 결코 우연이 없으시지요. 이 비어 있는 시간에 꼭 만나게 하실 누군가가 있는 것입니까? 주님, 제가 누구를 만나야 합니까?"

하지만 하루가 지나고 이틀이 가도 침묵만 흘렀다. 제작 일정상 인터뷰이를 서둘러 섭외해야 하는 긴박한 상황이었지만, 나는 기도의 끈을 놓지 않았다. 응답이 올 때까지 매달리는 것이 내가 아는 기도의 유일한 비결이기 때문이다.

사람들은 흔히 조금 기도해 보고 응답이 없으면 쉽게 낙심하곤 한다. 하지만 하나님은 우리가 정말 전심으로 당신을 신뢰하고 구하는지를 달아보신다. 그리고 가장 완벽한 타이밍에 응답하신다. 우리의 조급한 시간표와 하나님의 영원한 시간 사이에 시차가 존재할 뿐이다.

업무 중에도 쉼 없이 주님께 여쭈었다.

"이 사람입니까? 저 사람입니까?"

그러던 어느 날 아침, 기도 중에 전혀 예상치 못한 얼굴이 스치듯 떠올랐다. 아동복지실천회 '세움'의 이경림 대표였다.

세움은 수용자 자녀, 즉 부모가 교도소에 수감된 아이들을 돕는 단체다. 이 아이들은 세상 가장 낮은 곳에서도 가장 어두운 그늘에 놓여 있다. 보통 범죄 피해자의 가족은 사회적 관심과 지원을 받지만, 가해자의 자녀들은 '범죄자의 핏줄'이라는 낙인 속에 철저히 방치된다.

부모의 수감은 곧 가정의 해체를 의미한다. 대다수 수용자 가정이 이혼이나 별거로 무너지기에, 아이들은 하루아침에 보호자를 잃고 당장의 끼니를 걱정해야 하는 생존의 사각지대로 내몰린다. 더 심각한 문제는 이들이 범죄의 유혹에 무방비로 노출된다는 점이다. 그럼에도 사회는 이들을 보듬기보다 부모의 죄를 덧씌워 차가운 시선을 보낼 뿐이다.

누구에게도 도움을 청할 수 없는 외로운 아이들. 이경림 대표는

2015년, 그들을 품으라는 소명을 받고 세움을 설립해 10여 년간 고독한 사역의 자리를 묵묵히 지켜온 분이었다.

기도를 마치자마자 이 대표에게 전화를 걸었다. 안부를 묻고 통화를 마칠 무렵, 조심스럽게 물었다.

"대표님, 요즘 특별한 기도 제목이 있나요?"

잠시 머뭇거리던 그녀가 어렵게 입을 뗐다.

"사실… 사무실을 옮겨야 하는데 재정이 6천만 원 정도 부족해요. 달리 들어올 곳은 없는데 날짜는 다가오고… 그저 기도만 하고 있습니다."

평소 아쉬운 소리를 하지 못하는 그녀의 성품을 잘 알기에, 그간 얼마나 홀로 속을 태웠을지 짐작이 갔다. 그 순간, 내 안에서 뜨거운 감동이 솟구쳤다. 나는 호기롭게 선포했다.

"하나님이 옮기라고 하셨으면, 하나님이 책임지시겠죠!"

이 대표가 힘없는 목소리로 대답했다.

"아무리 기도해도 연락 한 통이 없어서요… 어쩌면 좋을까요."

그때 성령께서 내 마음에 강한 확신을 심어주셨다.

'이 사람이다.'

하나님의 사인을 확인한 나는 즉시 제안했다.

"잘됐네요! 이번 주 롬팔이팔에 나오셔서 세움의 이야기를 들려주세요."

그렇게 급작스럽게 촬영이 이루어졌다. 이 대표는 인터뷰를 통해 수용자 자녀들이 처한 참혹한 현실과 세움의 사역, 그리고 이사에 필요한 재정 상황을 담담하게 나누었다. 만약 조금의 여유가 더 생긴다면 아이들이 마음 놓고 쉴 수 있는 상담 공간까지 마련하고 싶다는 소망도 덧붙였다.

2024년 4월 10일, 영상이 공개되었다. 나는 주마중을 통해서도 이 사연을 소개하며, 구독자들에게 하나님의 마음을 함께 흘려보내자고 독려했다. 영상 하단에는 세움의 계좌번호를 공개해 직접 후원할 길을 열었다.

며칠 뒤, 이른 아침부터 휴대폰이 울렸다. 이경림 대표였다. 그녀의 목소리가 잔뜩 상기되어 있었다.

"대표님, 기적이 일어났어요!"

원래 목표액은 6천만 원이었다. 사실 그녀는 '과연 사람들이 수용자 자녀를 위해 선뜻 지갑을 열까' 하는 염려로 확신을 갖지 못했고, 나 역시 만약 채워지지 않는다면 사비로라도 메꿀 각오를 하고 있었다. 그런데 영상이 나간 지 하루 만에 1억 원이 넘는 후원금이 쏟아져 들어온 것이다. 이 대표는 롬팔이팔과 주마중 식구들 덕분에 사무실은 물론, 아이들을 위한 상담실과 쉼터까지 마련하게 되었다며 울먹였다.

가장 놀란 건 나였다.

'와~ 그저 사연을 전하고 마음을 모았을 뿐인데, 1억 원이 넘는 거금이 순식간에 모이다니!'

기쁨과 동시에 거룩한 두려움이 밀려왔다.

'하나님이 이렇게 즉각적으로 일하시는구나. 정말 깨끗한 통로로 깨어 있어야겠구나.'

은혜의 파도는 여기서 멈추지 않았다. 그해 겨울, 세움의 2차 후원 모금이 진행되었다. 세움 경상권 지부를 돕던 기업의 후원이 끊기면서, 당장 1년 치 운영비인 1억 5천만 원이 없어 문을 닫아야 할 위기였다. 이 안타까운 사연을 다시 주마중에 나누었고, 이번에는 단 33시간 만에 목표액이 전액 채워지는 기적 같은 역사가 일어났다. 이름 모를 수많은 이들의 선한 마음이 모여, 경상권 아이들의 보금자리를 지켜낸 것이다.

다음은 2차 모금이 달성된 직후, 이경림 대표가 보내온 감사 편지다.

너는 내게 부르짖으라 내가 네게 응답하겠고 네가 알지 못하는 크고 은밀한 일을 네게 보이리라 렘 33:3

할렐루야. 하나님께서는 다시 한번 일하셨습니다. 지난 12월 6일 금요일, 여 대표님께서 세움 경상권 아이들의 이야기를 주마중에서 나누어주셨습니다. 여 대표님의 눈물을 통해 부모의 수감으로 고통받으면서도 어디에도 도움을 요청할 곳 없는 가장 작은 자, 경상권 아이들을 향한 주님의 애통한 마음이 느껴졌습니다. 한 번 더 도와달라는,

힘을 실어달라는 그 간절한 요청을 들으며 저도 눈물을 흘렸습니다.

세움이 섬기는 경상권 아이들은 약 70명입니다. 부모의 수감으로 인해 말로 다할 수 없는 가정의 어려움과 마음의 상처, 경제적 빈곤 속에 살아가는 아이들입니다. 주마중 방송이 나간 뒤, 토요일(7일) 오후 4시경 2025년에 필요한 사업비가 모두 채워졌습니다. 900여 명의 후원자가 1억 5천만 원을 정성껏 모아주셨습니다. 단 33시간 만에 이루어진 기적이었습니다.

이 시간을 통과하며 저는 깊이 감사하는 동시에 많이 회개했습니다. 경상권 센터 운영을 고민하며 세상의 여러 단체에 제안서도 내보았지만, 번번이 거절당했습니다. 주변에서도 "세움의 능력으로는 무리다, 이제 문을 닫아야 한다"며 걱정 섞인 염려를 보내기도 했습니다. 현실은 참으로 막막했습니다. 그러나 주님의 계획과 방법은 달랐습니다.

지난 4월 리모델링 때, 이미 주마중 식구들의 큰 사랑을 받았기에, 여대표님께 다시 부탁할 생각은 감히 하지 못했습니다. 하지만 주님께서는 경상권의 아이들까지 꼭 품어 안기를 원하셨습니다. 기도하는 분들을 통해 이 아이들을 다시 세우길 바라셨고, 주님이 친히 그 일을 이루셨습니다.

예레미야서 33장 3절 말씀처럼 주님께서는 우리가 알지 못했던 크고 은밀한 일, 가장 작은 자를 세우는 일을 행하셨습니다. 그리고 세상의 방법이 아닌 오직 주님께만 간절히 부르짖으라고 말씀해 주셨습니다. 200개 넘는 댓글을 하나하나 읽으며 겸손하고 깨끗하게 아이들을 섬겨야겠다고 다시금 다짐했습니다. 좌절했던 제 마음에 큰 위로가 되었습니다.

후원해 주신 분들의 사연은 저마다 절절했습니다. 대출을 받아 생활하는 분, 빚 독촉에 시달리는 분, 간절히 취업을 준비하는 분들이 어려운 형편 속에서도 용돈을 아끼고, 겨울 코트 살 돈을 내어놓으며, 온 가족의 이름으로 후원해 주셨습니다. 하나님께 올린 너무나 소중한 기도의 헌물이었습니다.

세움도 여러분을 위해 중보하겠습니다. 세움 아이들을 지켜주신 주마중 식구들을 힘입어 주님의 심부름을 성실히 감당하겠습니다. 진심으로 감사합니다.

세움 이경림 드림

세움을 위한 돌항아리 프로젝트는 이후에도 몇 차례 더 이어졌고, 전체 모금액은 무려 6억 원에 달했다.

만약 그날 롬팔이팔 일정에 구멍이 나지 않았더라면, 내가 그 빈 시간을 두고 기도하지 않았더라면 이런 기적은 일어나지 않았을 것이다. 하나님은 우리의 작은 순종과 비워진 공간을 통해 일하신다.

무엇보다 감사한 것은, 부족한 내가 하나님의 거룩한 도구로, 축복을 흘려보내는 통로로 쓰임 받고 있다는 사실이다. 나는 그것만으로도 충분히 행복하다.

자카르타국제대학교 : 이슬람 땅에 심은 기적의 캠퍼스

첫 번째 돌항아리 프로젝트의 감격이 채 가시기도 전, 또다시 롬팔이팔 일정에 공백이 생겼다. 예전 같으면 신간을 제때 소개하지 못한다는 조바심이 앞섰겠지만, 이번에는 달랐다. 내 안에 기분 좋은 긴장감이 감돌았다.

'하나님이 또 어떤 놀라운 일을 예비하고 계신 걸까?'

나는 설레는 마음으로 주님의 인도하심을 구했다.

"하나님, 이번엔 누구입니까? 누구를 만나게 하시렵니까?"

주변에서 여러 인물을 추천받았지만, 이번에도 하나님께서는 침묵하셨다. 아무런 사인도 받지 못한 채 기다림의 시간을 지나고 있는데, 전화가 걸려 왔다. 《내려놓음》의 저자 이용규 선교사님이었다.

선교사님은 사정이 있어 잠시 귀국했다며, 책 이야기도 나눌 겸 한번 보자고 청해오셨다. 반가운 마음에 곧장 약속을 잡았다. 그런데 다음 날, 기도 중에 주님의 마음이 느껴졌다.

'내가 이미 너에게 답을 주지 않았느냐.'

'누구를 말씀하시는 거지?'

의아한 생각에 스케줄표를 찬찬히 들여다보았다. 그러다 "이용규 선교사님"이라는 이름 석 자가 눈에 들어오는 순간, 내 안에 어떤 확신이 차올랐다. 바로 이분이었다. 롬팔이팔에서 어떤 대화를 나누게 될지 아무런 밑그림도 없었지만, 앞서 경험한 '세움의 기적'을 기억하며 하나님이 이끄시는 대로 가보자는 담대함이 생겼다.

선교사님은 갑작스러운 출연 요청에도 흔쾌히 응해주셨고, 그렇게 즉흥 인터뷰가 시작되었다.

내가 단도직입적으로 물었다.

"선교사님, 요즘 가장 큰 기도 제목이 무엇입니까?"

그는 주저 없이 대답했다.

"인도네시아 자카르타국제대학교(JIU)에 새로운 건물을 짓고 있는데, 막대한 건축 재정이 필요한 상황입니다."

선교사님은 이슬람의 심장부인 인도네시아에서 현지 학생들과 아프가니스탄 난민, 그리고 무슬림 청년들이 기독교 교육을 통해 어떻게 변화되고 있는지, 가슴 벅찬 간증을 쏟아냈다. 특유의 차분한 어조로 말문을 열었지만, 변화된 아이들의 삶을 이야기하는 대목에서는 눈시울을 붉히며 열변을 토했다.

나도 그의 이야기를 듣는 내내 가슴이 뜨거웠다.

'하나님이 이번에는 소외된 아동을 넘어, 열방의 인재를 길러내는 일에 내 마음을 움직이시는구나.'

그런데 충격적인 이야기가 이어졌다. 건축비 마련을 위해 리더가 발이 부르트도록 뛰어다녀도 모자랄 판에, 하나님은 도리어 그에게 '모든 걸 내려놓고 안식년을 떠나라'고 명하셨다는 것이다. 현장에 남은 직원들은 리더의 부재를 걱정하며 만류했지만, 선교사님을 향한 하나님의 말씀은 단호했다.

'내 일은 내가 한다. 너는 안식년을 가져라.'

그는 그 말씀 하나 붙들고 하나님께 모든 짐을 맡긴 채 미국행을 준비 중이었다. 인간적인 계산과 상식으로는 도무지 답이 나오지 않는, 그야말로 대책 없는 순종이었다. 하지만 나는 오히려 확신했다. 리더가 자리를 완전히 비운 때야말로, 하나님이 친히 개입하실 최적의 타이밍이라는 사실을 말이다.

2024년 9월 4일, 영상이 공개되었고 주마중을 통해 세 차례에 걸쳐 모금이 진행되었다. 결과는 실로 경이로웠다. 무려 8억 4천만 원이 모였다.

더욱 감동적인 것은 재정이 채워지는 과정이었다. 특정 독지가가 거액의 기부금을 내놓은 게 아니었다. 1만 원, 5만 원, 10만 원…. 이름 모를 수많은 성도의 헌신과 손길이 모여 거대한 은혜의 파도를 만들어낸 것이다. 서로의 부족함을 사랑으로 채우는 그 현장이 바로 하나님나라요, 이 땅에서 맛보는 작은 천국이었다.

덕분에 이용규 선교사님은 미국에서 평안히 안식하며 《약속》 (2025년 2월) 집필에 전념할 수 있었다. 자카르타국제대학교의 학생과 직원들, 그리고 나를 포함한 주마중 식구 모두가 '하나님의 일은 하나님이 하신다'는 진리를 생생하게 목격한 증인이 되었다.

케냐 교회 개척 : 붉은 땅에 세운 예배 처소

2025년 초여름, 한동안 쉴 새 없이 돌아가던 롬팔이팔 스케줄에 다시 빈틈이 생겼다. 예전 같으면 당황했겠지만, 이제는 기대가 앞섰다. 새로운 일을 시작하시려는 하나님의 선명한 신호였기 때문이다.

'하나님이 이번엔 또 누구를 도우시려고 이 시간을 비워두셨을까?'

나는 영적인 긴장을 늦추지 않고 하나님의 인도하심을 기다렸다. 마침 가깝게 지내는 임은미 선교사님이 잠시 귀국하셨다는 소식을 듣고 식사 약속을 잡았다.

임 선교사님은 케냐에서 31년간 사역하며 아프리카 선교의 산증인이 된 분으로, 은퇴를 불과 4년 앞두고 있었다. 그녀는 '재정의 십의 십조'를 드리기로도 유명하다. 모든 소유가 주님의 것이기에, 자신의 필요를 챙기기보다 하나님께 전부를 드릴 때 오히려 모든 결핍이 넘치도록 채워지는 역설적인 풍요를 몸소 증명해 오셨다. 실제로 지난 '세움 프로젝트' 때도 가장 먼저 거액을 헌금하며 나눔의 마중물이 되어주시기도 했다.

약속 당일 아침, 나는 선교사님의 유튜브 채널에 올라온 묵상을 듣게 되었다. 그 속에는 케냐에서 입양한 막내아들 목사에게 교회를 세워주고 싶다는 간절한 소망이 담겨 있었다.

아침 기도 시간에 주님께 여쭈었다.

"하나님, 이번 빈자리에 세우실 사람이 임 선교사님입니까?"

그 순간, 주님의 마음이 파도처럼 밀려왔다.

'케냐 땅에 나의 예배 처소가 서기를 원한다.'

깊은 평안이 임했다. 나는 지체 없이 선교사님에게 연락해 출연을 제안했고, 선교사님은 기쁘게 응했다. 급작스럽게 진행된 촬영이었지만, 녹화 현장은 눈물과 은혜, 그리고 하나님의 세밀한 만지심으로 가득했다.

선교사님은 아프리카에서 9명의 아이를 입양해 훌륭하게 길러냈다. 그중 목회자가 된 막내아들이 현재 남의 땅을 빌려 사역하고 있는데, 성도들이 마음껏 찬양할 수 있는 번듯한 예배 처소가 절실한 상황이었다. 감동적인 것은 가난한 현지 목회자들조차 교회를 세우기 위해 없는 형편에 헌금을 작정하고 있다는 사실이었다. 선교사님은 그들의 중심을 보며, 은퇴 전 마지막 사명으로 아들에게 아름다운 성전을 지어주고 싶다며 간절함을 내비쳤다.

케냐는 예배를 사모하는 열기가 우리가 상상하는 것 이상으로 뜨거운 곳이다. 주말이면 아이들만 1천 명이 모여든다고 한다. 성인까지 수용하려면 최소 2천 명 규모의 공간이 필요했고, 대지 구입과 건축에 약 2억 원 상당의 자금이 소요될 것으로 예상되었다.

2025년 6월 11일, 세 번째 돌항아리 프로젝트인 '케냐 교회 개척'의 막이 올랐다. 돌이켜보니 하나님의 일하심은 내 좁은 생각보다 훨씬 정교했고, 그 무대는 전 세계로 뻗어 있었다.

첫 번째 프로젝트로 국내의 소외된 아이들을 살피게 하시더니, 두 번째는 아시아 이슬람권에 대학을 세우게 하셨고, 이제는 아프리카 대륙에 교회를 세우는 일로 지경을 넓히셨다. 내심 국내 개척 교회를 향한 소망도 있었지만, 하나님은 당신의 시간표에 따라 전 세계를 굽어살피고 계셨다.

　방송이 나가자마자 주마중 댓글 창은 성령의 감동으로 뜨겁게 달아올랐다.

퇴직금의 십일조 헌금했습니다. 내 것은 없습니다! _타로집사

아이들에게 이야기했더니 자기들도 용돈으로 선교하겠다며 케냐 아이들이 예배드릴 때 앉을 수 있도록 의자를 보내겠대요. '너는 케냐 교회의 의자가 되어라!' 선포하면서 헌금합니다. _킹덤

오늘 딱 예금 만기일인데 이 방송을 보네요. 하나님의 꿈인 케냐 교회 건축에 헌금 보낼 수 있어 감사합니다. _olive9540

지금은 실직 중이라 너무나 적은 금액이지만 꾸준히 하나님의 일하심에 동참하겠습니다. _mhs6341

하나님의 뜻이고 하나님이 하라시면 무조건 순종해야지 하는 맘으로 하늘은행에 저축합니다. _현숙한여인

롬팔이팔 임은미 선교사님 편을 보고 후원해야지 생각하고 있었는데 오늘 주마중으로 생각한 금액의 3배를 해야겠다고 결심했습니다. 내

평생에 교회 개척 10개 하고 싶다는 막연한 생각만 했었는데, 이렇게 벽돌 한 장 도울 수 있어서 감사드립니다. _unekim1003

결혼 10주년에 여행 가려고 조금씩 모으던 재정이 있었는데 마음에 감동 주셔서 케냐로 파송합니다! 하나님의 제사에 참여할 수 있는 기회 주셔서 감사합니다! _JJMOON0203

제게 500만 원 같은 5만 원을 보냅니다. 부끄럽지만 처음 심는 일에 동참해 봅니다. _브니엘

환갑이 되었습니다. 감사함으로 건축 헌금 할 수 있는 기회를 주심에 감사합니다. _장장미정

댓글 하나하나가 살아있는 간증이자 말씀의 성취였다.

오직 선을 행함과 서로 나누어 주기를 잊지 말라 하나님은 이 같은 제사를 기뻐하시느니라 히 13:16

가난한 자를 불쌍히 여기는 것은 여호와께 꾸어드리는 것이니 그의 선행을 그에게 갚아주시리라 잠 19:17

얼마 후, 임 선교사님으로부터 떨리는 목소리로 전화가 걸려 왔다. 후원금이 무려 6억 원이나 모였다는 소식이었다. 인터뷰 당시에는 2억 원이 필요하다고 했으나, 실제 현장 상황을 고려하면 훨씬 더 많은 비용이 필요한 실정이었다. 하나님은 그 숨겨진 필요와 형편까지 정확히 아시고, 오차 없이 넉넉하게 채워주셨다.

나는 아무것도 기획하지 않았다. 그저 하나님의 사인을 기다렸고, 보여주신 길로 축복의 통로를 열었을 뿐이다. 주님은 그렇게 또한 번, 당신의 역사를 친히 완성하셨다.

영화 〈부흥〉 : 성령의 불을 기록하다

2024년 12월, 손기철 장로님에게서 연락이 왔다. 모든 특별한 일은 늘 예고 없이, 마치 평범한 안부처럼 찾아오는 법이다. 그날의 통화도 그랬다.

"여 대표님, 혹시 윤학렬 감독님을 아세요?"

생소한 이름이었다. 장로님은 그에 대한 설명을 덧붙이셨다.

"약 2년 전 미국 애즈베리대학에서 일어난 부흥을 기점으로, 전 세계를 다니며 하나님나라의 부흥을 영상에 담고 계신 분입니다. 제가 직접 만나보니 정말 진실된 하나님의 사람이더군요. 기도하는 중에 여 대표님도 꼭 만나보면 좋겠다는 마음이 들었습니다."

솔직히 처음엔 반신반의했지만, 손 장로님의 추천이니 한번 만나

보겠노라 답했다. 그러나 일정은 자꾸만 어긋났고, 약속은 기약 없이 미뤄졌다.

며칠 뒤, 우연히 참석한 모임에 윤학렬 감독님도 온다는 소식을 들었다. 나는 기도로 만남을 준비했다. 그런데 의외로 주님은 내 안에 이유 모를 묘한 기대감을 부어주셨다.

감사하게도 모임에서 윤 감독님과 같은 테이블에 앉게 되었고 자연스럽게 인사를 나누었다. 나는 평소대로 이것저것을 천천히 질문하며 탐색에 들어갔다.

그는 평소 수줍음이 많고 조용했으나, 주님을 만나 기독 콘텐츠를 제작하게 된 과정을 이야기할 때만큼은 마치 불을 품은 사람처럼 뜨겁게 변했다. 특히 대화의 주제가 '영화 〈부흥〉'으로 넘어가자 그의 눈빛이 달라졌다. 소년처럼 눈을 반짝이다가도, 굵은 눈물을 뚝뚝 흘리며 쏟아내는 그의 간증에 진정성이 있었다.

2023년 2월 8일, 미국 켄터키주 애즈베리대학교에서 시작된 부흥의 불길이 세상을 뒤흔들었을 때, 윤 감독님은 깊은 고민에 빠졌다고 한다.

'진정한 부흥은 어떻게 오는가? 무엇이 부흥의 불씨를 꺼뜨리는가?'

그러던 중 한 교회 집사님으로부터 "감독님이 애즈베리에 가야 한다는 성령의 감동을 받았다"라며 비행기 표를 선물 받았고, 그는 무언가에 떠밀리듯 무작정 현장으로 날아갔다.

그곳에서 기이한 일들이 이어졌다. 절차가 까다롭기로 유명한 애즈베리 총장과의 면담이 극적으로 성사되는가 하면, 학교 관계자로부터 "어쩌면 당신이 하나님께서 선택하신 기록자일지도 모르겠다"라는 말을 듣기도 했다. 성령님의 강권적인 이끄심이었다.

윤 감독님은 현장에서 부흥의 중심에 선 참가자 대부분이 한국인 유학생이나 교포인 것을 보고 전율했다. 우리 민족 안에 흐르는 '부흥의 DNA'를 확인한 것이다. 그는 이를 단순한 현상을 넘어, 하나님이 다시 한국 교회와 청년 세대를 부르신다는 신호로 받아들였다. 그리고 이 거룩한 역사를 영상으로 기록해야 한다는 사명을 심장에 새겼다.

그렇게 시작된 영화 〈부흥〉은 1903년 원산대부흥과 1907년 평양대부흥을 중점으로 영국, 미국, 브라질, 인도, 나이지리아 등 5개 대륙, 120개 도시의 부흥 현장을 고증하며 그 거대한 여정을 담아냈다. 윤 감독님은 미국 남가주, 시카고, 콜로라도, 털사 등 대학 캠퍼스 집회부터 아프리카의 뜨거운 예배 현장까지, 성령의 역사가 일어나는 곳이라면 어디든 찾아가 그 생생한 현장을 카메라에 담았다.

부흥을 이야기하며 붉어지는 그의 눈시울, 순간적으로 차오르는 눈물은 결코 인위로 만들 수 있는 게 아니었다. 손 장로님 말씀대로 그는 머리부터 발끝까지 부흥을 갈망하는, 하나님나라에 전부를 건 '진짜 사명자'였다. 우리는 마치 오랜 친구처럼 깊은 대화가 통했다.

대화하는 내내 성령께 여쭈었다.

'오늘 만나게 하신 이 사람이, 주님이 예비하신 사람입니까?'

마음에 묵직한 기쁨이 밀려왔다.

몇 주 뒤 그를 회사로 초대해 영화 이야기를 더 자세히 들었다.

사실 내가 '부흥'이라는 주제에 이토록 가슴 뛰었던 데는 이유가 있었다. 2024년 11월 말, 2025년에 붙들고 나아갈 약속의 말씀을 구할 때, 주님이 섬광처럼 보여주신 구절이 있었기 때문이다.

모세가 이르되 원하건대 **주의 영광을 내게 보이소서** 여호와께서 이르시되 내가 내 모든 선한 것을 네 앞으로 지나가게 하고 여호와의 이름을 네 앞에 선포하리라 나는 은혜 베풀 자에게 은혜를 베풀고 긍휼히 여길 자에게 긍휼을 베푸느니라 출 33:18,19

"주의 영광을 내게 보이소서."

내 평생의 기도 제목이 클로즈업되듯 가슴에 박혔다. 그런데 윤 감독님과 대화할수록 깨달아졌다. 이 땅에 주님의 영광이 가시적으로 나타나는 현상, 그것이 바로 '부흥'이었다. 우리가 영광을 보여 달라고 부르짖을 때 주님이 행하신 일들이 곧 부흥의 역사였다.

2025년의 말씀은 이미 부흥을 계시하고 있었고, 윤 감독님과의 만남은 주님의 치밀한 예비하심이었다. 나는 확신에 차서 제안했다.

"〈부흥〉이 완성될 즈음, 규장에서 이 여정을 담은 책을 냅시다."

윤 감독님은 다시금 눈물을 글썽이며 말했다.

"사실 부흥에 관한 책을 꼭 규장에서 내고 싶어 다른 출판사의 제안을 모두 거절해 왔습니다. 주님의 뜻이라면 대표님께 직접 출간 제의를 받게 해달라고 기도하고 있었는데, 이 모든 게 응답입니다."

다큐멘터리 특성상 방대한 내레이션 원고는 책 한 권 분량으로 충분했다. 우리는 영화 개봉에 맞춰 2025년 겨울로 출간 시기를 잡고, 함께 하나님나라의 부흥을 향해 가보자고 결의를 다졌다.

그러나 2025년 7월, 다시 마주한 윤 감독님의 얼굴에는 짙은 그림자가 드리워져 있었다. 조심스레 안부를 묻는 내게, 그는 영화 제작팀이 현재 벼랑 끝에 서 있음을 무겁게 털어놓았다.

윤 감독님을 포함한 8명의 스태프는 그동안 제대로 된 투자나 후원 없이, 오직 사명 하나로 자비량 선교사처럼 자신들의 삶을 통째로 갈아 넣어 촬영을 이어왔다. 그렇게 온몸을 던져 가까스로 촬영은 마쳤지만, 전문 기술이 필수적인 후반 작업과 녹음은 재정 없이는 불가능한 영역이었다. 3년 가까이 함께 고생한 스태프들에게 급여는커녕 밥값조차 제때 챙겨주지 못했다는 자책감, 그리고 사방에서 조여오는 빚 독촉에 그는 모든 기력을 소진한 상태였다.

제작 중단의 위기 앞에서도 하나님은 그저 '기도하라'고만 하셨기에, 그는 오랜 시간 홀로 현실의 압박을 견뎌내다가 그날 내게 처음으로 고백한 것이었다.

나는 본론부터 물었다.

"얼마가 필요한데요?"

"한 1억 7,8천만 원 정도요⋯."

"넉넉히 2억은 있어야겠네요."

감독님은 착잡한 표정으로 고개를 끄덕였다. 그와 헤어지고 곧장 기도실로 향했다.

"하나님, 〈부흥〉 작업이 멈추게 생겼습니다. 어찌합니까?"

주님은 다른 말씀 없이 내 눈앞에 '돌항아리' 하나를 뚜렷이 보여 주셨다. 성령의 평안 속에서 다시금 명령이 임했다.

'부흥에 대해서 나눠라.'

나는 윤 감독님에게 주님이 주신 감동을 전했고, 우리는 롬팔이팔 촬영을 기도로 준비했다. 하나님은 윤 감독님이 현장에서 외친다는 구호를 내 마음에 떠올려 주셨다.

"God's casting, One soul!"

하나님이 한 영혼을 택해 부흥을 이루신다는 메시지였다. 윤 감독님의 사명이 영화로 부흥을 기록하는 것이라면, 나의 미션은 그 기록이 세상에 나오도록 재정과 지혜의 통로가 되는 것이었다.

윤 감독님은 롬팔이팔 카메라 앞에서 영화 제작 계기와 부르심, 전 세계를 다니며 부흥의 현장에서 목격한 하나님의 전율적인 역사를 온몸으로 토해내듯 쏟아냈다.

2025년 8월 6일, 영상이 공개되며 네 번째 돌항아리 프로젝트가 시작되었다. 놀랍게도 눈 깜짝할 사이에 약 2억 5천만 원이 모였다. 밀린 제작비와 인건비 2억 원, 개봉 후 마케팅 비용 5천만 원까지 주님은 치밀하게 계산하여 채워주셨다. 동시에 영화를 위해 600여 명의 중보자가 모인 그룹채팅방이 개설되었다.

모금 소식을 들은 윤 감독님과 스태프들은 몹시 감격했다. 아무도 인정해 주지 않던 외로운 싸움에 생명수 같은 재정이 공급되는 것을 보며, 주님이 이 영화를 기뻐하신다는 확신을 얻었기 때문이다. 주님은 당신의 일을 하는 자들을 결코 부끄럽게 하지 않으신다.

다시 힘을 얻은 윤 감독님은 후반 작업과 집필에 박차를 가했다. 그 결과물인 책 《부흥》(2025년 12월)은 부흥의 성경적 해석과 영화의 내밀한 이야기까지 담아내며 출간 직후 큰 주목을 받았다. 그리고 대망의 영화 개봉(2026년 1월 1일)이 다가오고 있었다.

개봉을 앞두고 현실적인 고민에 부딪혔다. 배급사를 알아봤지만, '기독교 다큐멘터리'라는 꼬리표 때문에 모두 난색을 보였다. 기도하는 수밖에 없었다.

"하나님, 세상 방식으로는 승산이 없습니다. 지혜를 주십시오."

세상은 마케팅비만 수십억 원을 쓰고 유명 연예인, 인플루언서들을 앞세운다. 그래도 흥행이 안 되면 OTT 시장으로 직행하는 추세다. 이런 방법을 따르자니 한계가 명확하고, 그러지 않으면 대안이 없었다.

머리를 싸매고 기도하던 중, 고린도전서 말씀이 뇌리를 스쳤다.

십자가의 도가 멸망하는 자들에게는 미련한 것이요 구원을 받는 우리에게는 하나님의 능력이라 ··· 하나님께서 전도의 미련한 것으로 믿는 자들을 구원하시기를 기뻐하셨도다 ··· 그리스도는 하나님의 능력이요 하나님의 지혜니라 하나님의 어리석음이 사람보다 지혜롭고 하나님의 약하심이 사람보다 강하니라 **고전 1:18,21,24,25**

말씀을 묵상할수록 확신이 굳어졌다.

'그래, 십자가의 도를 전하는 우리는 하나님의 능력만 믿고 가야 한다. 주님이 주신 5천만 원으로 세상 마케팅을 흉내 내는 건 바보 같은 짓이다. 우리는 철저히 하나님의 방법을 따르자. 세상이 미련하다 손가락질해도 상관없다!'

하나님은 기도 가운데 구체적인 전략을 알려주셨고, 나는 윤 감독님에게 제안했다.

"감독님, 이 영화의 성공 기준을 다시 세웁시다. 세상은 손익분기점을 넘기거나 천만 관객을 달성해야 성공했다고 말하지요. 하지만 영화 〈부흥〉은 감독님이 시간과 열정은 남김없이 쏟아부으셨지만, 직접 부담하신 재정적 비용은 그리 많지 않잖아요. 하나님이 돌항아리로 제작비를 다 채워주셨으니 이 영화는 애초에 손익분기점이 존재하지 않는 셈입니다. 그러니 관객 수가 성공의 척도가 아니라,

부흥의 메시지를 꼭 들어야 할 한 영혼에게 닿는다면 그것이 성공입니다. 세상이 보기에 망하는 길이 우리가 가야 할 길입니다."

하나님께서 윤 감독님에게 주신 마음은 '전 세계가 보게 하라'였다. 그래서 우리는 넷플릭스 등 글로벌 OTT 진입을 기도하되, 만일 막히면 유튜브에 풀어 전 세계인이 보게 하자고 결단했다.

개봉 시기 또한 대작들이 쏟아져 나와 모두가 기피하는 크리스마스 시즌과 1월 초를 정면 돌파하기로 했다. 2026년을 부흥의 해로 선포하는 상징적 의미를 담아 1월 1일로 못 박은 것이다.

마지막으로 시사회 초청 명단에 대한 아이디어도 주님이 주셨다.

"하나님, 시사회에 누구를 불러야 할까요?"

'하나님나라의 인플루언서를 불러라.'

"그게 누구입니까?"

'중보자들이다.'

무릎을 쳤다. 골방에서 이름 없이 기도하는 중보자야말로 하나님나라의 진정한 실세였다. 세상 영화는 유명 연예인을 부르지만, 우리는 하나님나라의 VIP인 무명의 중보자들을 초청해 하나님의 도우심을 구하기로 했다. 영화 제작에 헌금한 주마중 식구 1,700여 명과 중보자 600여 명을 초대해 영화를 보고 함께 기도하는 '시사기도회'를 열기로 한 것이다.

그렇게 세상과 정반대 길을 택했다. 기독교 영화 최초로 유명 인사가 아닌 헌금자와 중보자를 초청한 기도의 축제가 열렸다.

2025년 12월, 시사회 첫날. 극장 안은 낯설지만 감동적인 풍경으로 가득했다. 화려한 조명도, 레드카펫도, 포토월에 서는 연예인도 없었다. 대신 이름 없는 기도 용사들이 그 자리를 채웠다.

영화 상영 후, 거룩한 함성이 방음벽을 뚫을 듯 울려 퍼졌다.

"주여! 주여! 주여!"

시사회가 아니라 뜨거운 부흥 집회였다. 이 땅과 열방의 회복을 부르짖는 통성기도가 객석을 가득 메웠다. 역사상 최초로 영화관에 부흥의 불이 점화된 순간이었다.

마침내 2026년 1월 1일, 영화가 전국 극장가에 걸렸고, 결과는 하나님의 압승이었다. 시사기도회에 참석했던 중보자들이 각자의 삶의 터전으로 돌아가 옮겨 붙인 기도의 불씨는 이내 들불처럼 번져 나갔다. 영화에 등장했던 나이지리아와 브라질 현지 교회에서는 벌써부터 수백만 성도가 해외 보급판이 출시되기만을 간절히 기다리고 있다는 소식이 들려왔다.

이제 우리의 소망은 영화 〈부흥〉이 넷플릭스 등 글로벌 OTT를 타고 국경을 넘어, 전 세계인이 하나님의 부흥을 목도하게 되는 것이다.

돌항아리 프로젝트는 이제 개교회의 담을 넘어 문화 사역으로 확장되었고, 전 세계로 하나님나라의 포도주를 실어 나르고 있다. 하나님께서 친히 빈 항아리에 기름을 부으시며, 당신의 거룩한 열망인 '부흥'을 완성해 가고 계신다.

청룡사 인수 : 절터에 세운 십자가

2025년 8월 중순, 출간 예정이던 책에 차질이 생겨 또다시 롬팔이 팔 스케줄이 비었다. 가슴이 뛰기 시작했다.

'하나님께서 이번에는 누구를 통해, 어떤 빈 항아리를 채우시려는 걸까?'

저녁 무렵 탄천을 걸으며 기도하던 중, 불현듯 한창수 목사님이 떠올랐다. 마침 303비전성경암송학교가 개강할 시기이기도 해서, 목사님을 모셔 암송학교 소식을 나누면 좋겠다는 생각이 들었다. 곧장 전화를 걸었다.

"목사님, 이번 주 롬팔이팔에서 암송학교 이야기를 좀 나눠주시지요."

한 목사님은 흔쾌히 수락했고, 나는 넌지시 덧붙여 물었다.

"혹시 최근에 말씀 암송을 통해 삶이 변화된 특별한 간증이 있을까요?"

한 목사님은 기다렸다는 듯 이야기를 풀어내기 시작했다.

"대표님, 사실 지난여름 가족캠프에서 정석용이라는 젊은 목회자를 만났는데, 그 분이 걷고 있는 길이 참 예사롭지 않더군요."

목사님의 설명에 따르면, 정 목사님은 강원도 정선, 강원랜드 인근에서 긍휼과 섬김 사역을 이어가고 있었다. 비닐하우스를 개조해 만든 '새일감리교회'에서 중독자들을 돌보는데, 그 지독한 굴레를 끊어낼 가장 강력한 무기로 '말씀 암송'을 붙들고 있다는 것이었다.

그런데 진짜 놀라운 이야기는 그다음부터였다. 정 목사님의 교회 근처, 연간 50만 명이 찾는 관광지인 민둥산 초입에는 '청룡사'라는 사찰이 버티고 있었다. 200여 평 규모의 이 절에서 매일같이 불경과 목탁 소리를 확성기에 대고 틀어놓는다고 했다.

"그곳 지명이 왜 '뱀머릿골'인 줄 아세요? 항공 사진으로 보면 산길이 구불구불한 뱀 형상인데, 청룡사가 딱 그 뱀의 머리 자리에 앉아 있거든요."

목사님은 이 일대가 예부터 기가 세기로 유명해 무당들이 굿판을 벌이던 영적 요새였다며 혀를 내둘렀다. 끊이지 않는 액운을 막으려 절이 들어섰으니, 그야말로 악한 영이 진을 치고 있는 형국이었다. 그런데 2023년 10월, 정 목사님이 기도하던 중 성령님으로부터 도무지 믿기 힘든 명령을 받았다는 것이다.

'청룡사 주지에게 가서 주가 쓰시겠다 하라.'

정 목사님은 처음에 자신의 귀를 의심했다고 한다. 주지승을 찾아가 "주님이 이 절을 쓰시겠답니다"라고 말하는 건, 사실상 영적 선전 포고와 다름없었기 때문이다. 하지만 성령의 강권하심에 떠밀린 정 목사님은 결국 청룡사 문을 두드렸다.

첫날은 차마 입이 떨어지지 않아 주지의 인생사만 듣고 돌아왔고, 이튿날 다시 아내와 함께 사찰을 찾아가자 주지의 눈에 경계심이 가득했다고 한다. 정 목사님은 용기를 내어 조심스럽게 본론을 꺼냈다.

"스님, 오해하지 말고 들어주십시오. 사실 저는 목사입니다. 기도 중에 하나님께서 스님을 찾아가 '주가 쓰시겠다' 하라고 말씀하셔서 이렇게 왔습니다."

소금 세례를 맞거나 문전박대를 당할 각오로 던진 말이었다. 그런데 주지의 반응이 뜻밖이었다. 한참을 심각하게 듣더니, 깜짝 놀랄 대답을 내놓았다.

"그 말씀을 정말 하나님이 하셨습니까? 그렇다면 그대로 이루어지겠네요. 사실 저도 젊은 시절엔 신학도였습니다. 사연이 있어 불교에 귀의했지만…. 안 그래도 나이가 들고 인적도 끊겨 절을 정리하려던 참이었습니다. 술집이나 카페 업자들이 눈독을 들였지만 종교적 양심상 차마 넘길 수 없었는데, 목사님이라면 넘길 의향이 있습니다. 하나님이 말씀하셨다니, 이제 이곳은 하나님의 것이 되겠지요."

상상을 초월하는 대답이었다. 어떻게 이런 일이 가능할까! 듣고 있는 정 목사님조차 믿기지 않을 만큼, 어쩌면 주지의 믿음이 더 좋아 보일 정도였다고 한다.

대화 말미에 주지는 자신의 은퇴 자금으로 필요한 3억 원 정도만 있으면 절터를 넘기겠다는 파격적인 제안을 했다. 하지만 비닐하우스 예배당도 근근이 유지하는 정 목사님에게 3억 원은 천문학적인 금액이었다. 한 목사님은 정 목사님이 그때부터 포기하지 않고 1년 반 동안 끈질기게 기도 줄을 붙들고 있다고 했다.

이야기를 듣는 내내, 나는 성령님께 여쭈었다.

'주님, 왜 제게 이 이야기를 듣게 하십니까? 제가 도와야 할까요?'

그때 마음속에 선명한 돌항아리 그림이 보였다. 성령의 감동이었다. 동시에 이사야서 말씀이 떠올랐다.

> 그날에 여호와께서 그의 견고하고 크고 강한 칼로 날랜 뱀 리워야단 곧 꼬불꼬불한 뱀 리워야단을 벌하시며 바다에 있는 용을 죽이시리라
>
> 사 27:1

'뱀머릿골'에 십자가를 꽂길 원하시는 하나님의 강력한 의지가 전해졌다. 나는 즉시 한 목사님에게 제안했다.

"이번엔 암송학교 홍보보다 청룡사 이야기를 나눕시다. 하나님이 돌항아리 프로젝트를 하라고 하시네요. 정 목사님도 꼭 모셔와 주세요."

그 주 금요일, 정 목사님 부부가 규장을 찾았다. 선한 인상 속에 단단한 믿음이 엿보이는 분들이었다.

그날 촬영 현장은 그야말로 은혜의 도가니였다. 중독자 사역의 애환, 말씀 암송의 능력, 그리고 청룡사 주지와의 담판 일화까지…. 악한 영이 지배하는 땅에 찬양과 기도가 울려 퍼지길 바라는 간절함이 카메라 렌즈를 넘어 생생하게 전달되었다. 절터를 인수해 교회를 세우는 일, 그것은 가히 전무후무한 영적 승리이자 강원도의 영적 기류를 뒤바꿀 중대한 전환점이 될 터였다.

2025년 9월 3일, 롬팔이팔 영상이 올라간 후 주마중에서도 그 사연을 나누며 돌항아리 프로젝트를 진행했다. 그러자 놀라운 역사가 일어났다. 일주일 만에 목표액 3억 원이 모두 채워진 것이다.

그때 문득 아브라함이 막벨라 굴을 살 때 값을 깎지 않고 정가를 다 치렀던 장면이 떠올랐다(창 23:16-19). 하나님의 일을 할 때는 누구에게도 흠 잡히지 않아야 한다. 나는 정 목사님에게 값을 깎지 말고 즉시 계약하라고 권했다. 다행히 주지가 1년 반 동안 수많은 유혹을 뿌리치고 약속을 지켜준 덕분에 인수가 가능했다. 하나님께서 주지의 마음을 붙들어 주셨음을 알 수 있었다(정 목사님은 지금도 그 주지의 구원을 놓고 기도하고 있다).

벅찬 감격을 안고 우리는 청룡사 대웅전 앞에서 두 번째 롬팔이팔을 촬영했다. 2025년 10월 8일 업로드된 이 영상은 조회 수 18만 회를 기록하며 폭발적인 반응을 불러일으켰고, 이를 통해 4억 6천만 원이 추가로 모금되었다. 이로써 총 7억 6천만 원이라는 놀라운 재정이 마련되었다(2025년 12월 기준). 하나님은 땅값뿐만 아니라, 기존 건물의 철거와 새 성전 건축을 위한 비용까지 넉넉하고 세밀하게 채워주셨다.

정 목사님은 그 재정으로 단층이나 2층 규모의 아담한 교회를 지을 예정이며, 2026년 올해 본격적인 건축을 앞두고 있다. 현재는 주지가 머물던 사택을 임시 예배처로 사용 중이다(우리나라 산 곳곳에 자리한 수많은 암자와 사찰 중 운영이 힘든 곳들을 지역 교회가 인수한다

면, 이 땅에 만연한 우상의 기류를 바꿀 수 있지 않을까 조심스레 소망해
본다).

2025년 10월 25일, 우리는 옛 절터이자 미래의 교회 터에서 감격
적인 '입땅감사예배'를 드렸다. 우상이 가득했던 자리에 예배의 제
단이 쌓이는 역사적인 순간이었다. 전국 각지에서 모여든 200여 명
의 돌항아리 프로젝트 후원자와 주마중 식구들이 함께했다. 불신자
가족의 손을 잡고 온 성도, 절에 다니는 어머니를 모시고 온 딸 등
다양한 이들이 한데 어우러져 하나님나라의 잔치를 벌였다.

기념비적인 날인 만큼, 이전 프로젝트의 수혜자들과 든든한 지원
군을 초청했다. 여는 기도는 이경림 대표가, 성경 봉독은 최기수 목
사님이, 말씀 선포는 한창수 목사님이, 땅의 영적 상징성에 대한 설
명은 윤학렬 감독님이 맡아주었고, 내가 마무리 인사를 전했다.

섬김의 손길도 풍성했다. 세움에서 다과를, 한 목사님이 떡을, 주
마중 식구 한 분이 200인분의 비빔밥을 정성껏 준비해 오셨고, 나는
따뜻한 커피차를 대절했다.

그날, 유독 눈에 띄는 한 부부가 있었다. 환한 미소로 내게 인사
를 건넸지만, 웃음 뒤에 깊은 슬픔이 배어 있었다. 알고 보니 몇 달
전 갑작스러운 사고로 큰아들을 잃은 부부였다. 그들은 매일 주마
중을 들으며, 말로는 다할 수 없는 상실의 아픔을 하루하루 견뎌내
고 있다고 했다.

서울로 돌아온 뒤에도 그 부부의 얼굴이 잊히지 않았다. 나는 그들을 초청해 차를 나누며 위로의 시간을 가졌다. 며칠 뒤, 남편 현훈 집사님으로부터 긴 문자 메시지가 도착했다. 그 속에는 아들을 먼저 보낸 아버지의 절절한 아픔과 고통 속에서 하나님을 만나는 과정이 고스란히 담겨 있었다.

… 지난 일주일 식중독과 몸살로 앓아누워 있으니, 작년 이맘때 수능을 앞두고 아팠던 아들 승빈이 생각이 많이 났습니다. 주마중에서 저희 가정 이야기를 해주셔서 많은 위로를 받았습니다. … 중환자실에 있던 승빈이에게 제가 영접기도를 해준 날이 2025년 2월 20일이었습니다. 그날 제가 기도 중에 뱉은 말씀을 찾아보니 갈라디아서 2장 20절이더군요. 아, 이날은 승빈이가 다시 태어난 날일 뿐 아니라, 내 자아가 죽고 예수 그리스도로 다시 태어난 날이구나 깨달았습니다. … 롬팔이팔을 보며 하나님이 만나게 하시는 일들, 대표님의 말씀과 간증을 접하고 승빈이 친구들에게 못다 한 말을 전하게 된 과정들… 이 모든 반복되는 우연들이 실은 하나님이 당신의 모습을 드러내지 않고 일하시는 방식인 것 같습니다. 승빈이와 저희 가정이 생각날 때마다, 우리의 하나님께서 위로와 사랑으로 각자의 삶에 동행하고 계심을 믿는 계기가 되면 좋겠습니다.

승빈, 은빈 아빠 현훈 드림

가슴이 먹먹해졌다. 그렇다. 세상에 우연한 만남이란 없다. C. S. 루이스의 말처럼 '우연은 하나님이 익명으로 행하시는 기적'이다. 절터에 교회가 세워진 것도, 고통받는 한 부부가 주마중을 통해 위로를 얻고 다시 일어선 것도 모두 하나님의 선하신 섭리 안에 있었다.

나는 깨달았다. 하나님께서 주마중과 롬팔이팔을 단순히 신앙 콘텐츠를 나누는 채널을 넘어, 아프고 지친 영혼들을 싸매고 일으키는 치유의 통로로 쓰고 계심을.

어깨가 무거워진다. 아니, 거룩한 책임감이 솟구친다. 더욱 마음을 다해 주님 앞에 엎드리며, 그분이 부어주시는 위로와 사랑을 맑게 흘려보내는 정결한 통로가 되어야겠다고 다시금 다짐한다.

덕천빌리지 : 산골짜기 작은 천국의 꿈

청룡사 인수를 기념해 현장에서 롬팔이팔을 촬영하기로 한 바로 전날이었다. 강원도에서 목회하시는 최기수 목사님(《부름 받아 나선 이 몸 어디든지 가오리다》 저자)으로부터 전화가 왔다. 명절을 앞두고 보내드린 작은 선물에 대한 감사 인사였다.

마침 다음 날 정선에 내려간다고 하니, 목사님은 청룡사에서 30분 거리에 있는 본인의 사역지 '덕천교회'에도 꼭 한번 들러 달라고 청하셨다. 워낙 깊은 산골이라 늘 생각만 간절했을 뿐 그동안 찾아뵙지 못한 것이 마음의 빚이었기에, 나는 그 제안을 기쁘게 받았다. 이왕

가는 길, 낮에는 청룡사에서 촬영하고 오후에는 덕천교회로 넘어가기로 일정을 조율했다.

전화를 끊기 전, 습관처럼 물었다.

"목사님, 혹시 요즘 특별히 품고 계신 기도 제목이 있으신가요?"

목사님의 목소리가 금세 상기되었다.

"안 그래도 요즘 하나님께서 제 마음에 새겨주신 꿈을 조금씩 이루고 계십니다. 내일 오시면 찬찬히 말씀드리겠습니다."

다음 날, 청룡사 촬영을 마치고 덕천교회로 향하는 길. 차창 밖으로 펼쳐지는 경관은 웅장하고 아름다웠지만, 한편으론 가슴이 먹먹했다. 택배 하나를 받으려 해도 시내 우체국까지 한참을 나와야 하는 오지 중의 오지. 골짜기마다 띄엄띄엄 흩어져 사는 이곳에서 목회하기란 여간 고단한 일이 아닐 터였다.

한참을 달려 굽이치는 동강을 건너자 덕천교회가 모습을 드러냈다. 최 목사님 내외와 딸 율이 반갑게 마중을 나왔다. 목사님은 우리를 곧장 '연포분교'라는 곳으로 안내했다. 차에서 내리자 병풍처럼 둘러선 돌산 아래, 아담한 폐교 건물과 운동장이 한눈에 들어왔다. 영화 〈선생 김봉두〉의 촬영지이기도 한 이곳은 깊은 산골 특유의 아늑함과 정겨움을 품고 있었다.

목사님은 그제야 전날 못다 한 이야기를 꺼냈다.

"연포분교는 나라에서 민간에 개방하기로 한 폐교입니다. 동강 근처라 레저 업체들이 눈독을 들였지요. 하지만 저는 이곳을 두고 오래도록 기도해 왔습니다. 사실 덕천교회가 처음 시작된 곳이 바로 연포분교 관사였거든요."

덕천교회는 20년 전인 2006년, "전도사 양반~ 예배드리면 나도 갈게"라던 할머니 한 분의 청에 힘입어 이곳 관사에서 첫 예배를 드리며 시작되었다. 하지만 불과 1년 반 만에 쫓겨나 지금의 자리로 밀려나야 했다. 지독한 영적 전쟁 때문이었다.

이곳은 무속 신앙의 뿌리가 매우 깊은 곳이었다. 하필 관사 앞에 주민들이 신처럼 모시는 '서낭당 신목(神木)'이 버티고 있었고, 무당들이 굿판을 벌이는 통에 교회가 자랄 틈이 없었다. 더구나 마을에 안 좋은 일이 생기면 죄다 교회 탓으로 돌려 버티기가 쉽지 않았다.

그러던 2018년 여름, 기이한 일이 벌어졌다. 벼락이 내리쳐 그 견고하던 신목이 쩍 하고 갈라진 것이다. 마을 노인들은 신의 진노라며 벌벌 떨었고, 전깃줄을 누르는 나무를 치우러 온 한전 직원들조차 고사를 지내야 한다며 손사래를 쳤다.

그때 최 목사님이 당당히 나섰다.

"제가 목사입니다. 제가 하겠습니다."

그는 직접 스카이차에 올라 전기톱으로 그 귀신나무를 과감하게 베어버렸다. 마을을 짓누르던 미신에 금이 가기 시작한 순간이었다.

영적 승리의 물결은 여기서 멈추지 않았다. 이 지역에는 집집마다 신줏단지를 모시는 경우가 많았는데, 주민들은 그것을 함부로 만지거나 옮기면 큰 화를 입는다는 두려움에 사로잡혀 있었다. 심지어 이사조차 마음대로 가지 못한 채 곤란해하는 이들이 부지기수였다.

최 목사님은 요청하는 집에 찾아가 쇠망치로 그 신줏단지를 가차없이 부숴버렸다. 그러고는 귀신을 섬기려고 단지 안에 넣어둔 돈으로 쓰레기봉투를 사서, 부서진 우상의 파편들을 담아 내다 버렸다.

그 후로 마을의 영적 기류가 확 바뀌었다. 주민들은 더 이상 교회를 배척하지 않고 최 목사님을 신뢰하기 시작했다. 이처럼 연포분교는 이 지역의 영적 흐름을 보여주는 상징적인 장소였다.

무엇보다 목사님이 연포분교를 되찾으려 기도한 가장 큰 이유는 '노치원'(노인 유치원)의 꿈 때문이었다. 이곳은 차를 타고 산을 20분 정도 넘어가야 집이 한 채 나오고, 거기서 10분을 더 들어가야 겨우 한두 채가 보이는 첩첩산중이다. 그 외딴집들에는 대부분 거동이 불편하거나 치매를 앓는 독거노인들이 살고 있다.

평생을 무속 신앙에 매여 살다가, 누구의 돌봄도 받지 못한 채 쓸쓸히 생을 마감하는 그들. 최 목사님은 그 노인들이 이곳에 와서 따뜻한 밥을 먹고, 함께 어울리며 자연스럽게 복음을 들을 수 있는 '작은 천국'을 만들고 싶어 했다.

"이 단층 건물에 교실이 서너 개 있으니, 평일에는 아이들과 어르신들을 모셔 와서 쉼터로 쓰고, 주일에는 교회로 쓸 생각입니다. 죽음을 앞둔 분들에게 자연스럽게 복음을 전해 구원의 길로 인도하는 것이 제 사명입니다."

목사님은 이 비전을 위해 1년 넘게 기도해 왔으며, 마침내 2025년 그 꿈이 실현되기 시작했다고 전했다.

"감사하게도 덕천교회가 이 공간을 사용할 수 있는 첫 번째 기회를 얻었고, 주님의 은혜로 낙찰받았습니다."

연포분교를 되찾는 과정은 드라마틱했다. 본래 이곳에는 한 캠핑 업체가 들어왔으나 얼마 못 가 부도를 내고 자취를 감추는 사건이 있었다. 그 일로 주민들은 외지인을 향한 불신과 경계심을 품게 되었다.

반면 덕천교회는 수시로 반찬을 나누고 이불 빨래를 해주는 등 하나님께 순종하는 마음으로 마을을 섬겨왔기에, 구청에서도 교회에 유리한 조건을 제시했다. 단, 가장 까다로운 장벽이 하나 있었으니 '마을 주민 전원의 동의 도장'을 받아오는 것이었다.

외지인에게는 불가능해 보이는 미션이었고, 최 목사님에게도 쉬운 일은 아니었다. 그런데 하나님께서는 이미 결정적인 조력자를 예비해 두셨다. 바로 마을 이장이었다.

2025년 여름, 덕천교회를 찾은 한 청년 봉사팀이 집집마다 다니며 궂은일을 도맡고 어르신들의 말동무가 되어드렸다. 이에 감동한 이장이 답례 차원에서 교회에 한 번 방문했다. 평소 귀신에 눌려 두려움에 떨던 그는, 예배당에 발을 들이자마자 말할 수 없는 평안함을 느꼈고 계속 출석하고 싶다는 마음을 갖게 되었다.

그다음 주일, 찬양의 열기가 가득하던 예배당에 갑자기 '쿵' 하는 소리가 났다. 이장이 심정지로 쓰러진 것이다. 한 달 전에도 밭에서 일하던 노인이 심정지로 사망한 터라, 교회는 순식간에 긴장감에 휩싸였다. 최 목사님은 강단에서 뛰어 내려와 심폐소생술을 시작했다. 온몸이 땀에 젖도록 가슴을 압박하며 그는 속으로 부르짖었다.

'주님, 살려주십시오! 이분이 여기서 돌아가시면 교회 문은 닫히고 말 것입니다. 반대로 살려주신다면, 하나님의 영광이 될 것입니다!'

1시간 만에 읍내에서 구급차가 도착했고, 다행히 이장은 응급 처치 덕분에 호흡이 돌아와 병원으로 이송되었다. 죽음의 문턱에서 살아 돌아온 그는 며칠 후 퇴원하여 최 목사님에게 눈물로 감사를 표했다. 목사님은 그를 위해 기도해 주며 강권했다.

"이장님, 이제 교회에 꾸준히 나오세요. 예수님을 믿으면 모든 귀신이 떠나갑니다."

사실 그때까지도 이장은 꿈속에 죽은 가족의 형상을 한 귀신이 나타나 괴롭히는 통에 고통받고 있었다. 그러나 목사님의 기도로 용기를 얻어 가족 묘지에 찾아가 선포했다.

"그만 찾아와라! 난 이제 하나님 믿는다!"

놀랍게도 그 뒤로 귀신의 역사는 완전히 끊어졌다.

그 후 이장은 신실한 성도가 되어 마을 유력자 9명을 전도해 교회로 인도했다. 기존 성도가 10명 남짓이었으니 배가의 부흥이 일어난 셈이었다.

연포분교 입찰을 위해 주민 전원의 사인이 필요했을 때, 해결사로 나선 것도 그였다.

"목사님, 걱정 마세요. 도장은 제가 다 받아오겠습니다!"

하나님의 예비하심은 이토록 치밀했다. 청년 봉사팀의 방문, 이장의 심정지와 기적적인 회생, 그리고 그가 발로 뛰며 주민들을 설득해 낸 헌신까지. 이 모든 것은 연포분교를 통해 산골 마을의 죽어가는 영혼들을 구원하시려는 하나님의 큰 그림이었다.

최 목사님의 간증을 듣는 내내 가슴이 뜨거웠다. 그 묵직한 여운을 안고, 우리는 함께 연포분교를 둘러보았다. 낙찰은 받았지만 낡은 건물을 고쳐 쓰려면 적지 않은 건축비가 필요해 보였다.

"리모델링 비용은 얼마나 듭니까?"

"저를 포함해 기술 있는 목사님들 네다섯 분이 '건축 어벤져스 팀'을 꾸렸습니다. 저희끼리 공사하면 3천에서 5천만 원 정도면 됩니다."

"자금은 마련하셨나요?"

"하나님이 주시겠지요."

평안한 목사님의 얼굴 뒤로 병풍처럼 둘러선 거대한 돌산이 보였다. 나는 그 산을 가리키며 말했다.

"목사님, 오늘부터 저 산은 '그레이스 락'(Grace Rock), 줄여서 '그락'이라고 부르죠. 은혜의 돌, 믿음의 반석이라는 뜻입니다!"

그 순간 하나님께서 내 마음에 돌항아리를 보여주셨다. 이곳을 도우라는 성령의 감동이 강력하게 밀려왔다. 하지만 고민이 되었다. 바로 전날 청룡사 인수를 위한 프로젝트를 마쳤고, 다음은 '선한울 타리'를 도우려던 참이었기에, 연달아 모금을 진행하는 것이 주마중 식구들에게 부담이 될까 봐 걱정이 앞섰다.

하나님은 내 생각을 읽으신 듯 분명한 마음을 부어주셨다.

'재정은 내 영역이다. 너는 내가 시키는 일만 해라.'

나는 즉시 순종했다. 목사님과 스태프들에게 계획에도 없던 롬팔 이팔 촬영을 제안했다. 그 자리에서 카메라 앞에 선 최 목사님은 노 치원의 비전과 영혼 구원의 사명을 '덕천빌리지'라는 이름으로 진솔 하게 나누어 주었다.

2025년 10월 15일, 영상이 공개되자 일주일 만에 1억 원 가까운 후원금이 모였다. 리모델링 비용을 훌쩍 넘는 금액이었다. 목사님은 기뻐했지만, 내 마음 한구석에는 아쉬움이 남았다.

연포분교 앞에는 500평 규모의 운동장이 있다. 개인 사유지인 그 땅까지 매입한다면 어르신들을 위한 산책로와 아이들의 놀이 공간을 조성해 훨씬 풍성한 사역이 가능할 터였다. 땅값과 주인의 거주 공간 까지 포함하면 최소 3억 원이 필요했기에 1억 원으로는 어림도 없었 다. 이를 두고 간절히 기도했지만, 하나님은 한동안 침묵하셨다.

얼마 뒤, 새일감리교회 입땅감사예배 참석차 다시 강원도로 향했 다. 차 안에서 스태프가 물었다.

"대표님, 오늘 예배 마치고 덕천교회도 들르시나요?"

나는 속으로 하나님께 조건을 걸었다.

'주님, 제가 먼저 말하진 않겠습니다. 만약 최 목사님이나 사모님이 와달라고 하시면 주님의 사인으로 알고 가겠습니다.'

그런데 예배 장소에 도착하자마자 최 목사님의 사모님이 나를 보며 외쳤다.

"대표님~ 강원도까지 오셨는데 덕천교회도 와서 기도해 주셔야죠!"

하나님의 유머러스하고도 즉각적인 응답에 웃음이 터져 나왔다. 나는 예배 마지막 순서에 마이크를 잡고 선포해 버렸다.

"여러분, 저는 예배 후 덕천교회로 갑니다. 시간 되시는 분들은 함께 가서 연포분교 땅을 밟으며 기도하고 축복합시다!"

즉흥적인 제안이었음에도 무려 40여 명의 중보자가 동행했다. 우리는 덕천교회로 이동해 현장에서 즉석 공개 방송을 진행했다. 중보자들을 배경으로 최기수 목사님, 한창수 목사님, 윤학렬 감독님이 나란히 섰다. 대본도 기획도 없었지만, 성령의 인도하심은 완벽했다.

최 목사님은 서낭당 신목 사건과 이장의 회심 스토리를 생생하게 전했고, 한창수 목사님은 아가서 말씀으로 하나님의 마음을 풀어 주었다. 윤학렬 감독님은 연포분교의 지형적 특성과 영적 상징성을 흥미진진하게 설명해 주었다. 그 어느 때보다 뜨겁고 풍성한 인터뷰였다.

2025년 11월 7일, 덕천교회의 두 번째 영상이 공개되었다. 그리고 기적이 시작되었다. 영상 업로드 10일 만에 2억 5천만 원이 모이더니, 이후에도 후원의 손길이 끊임없이 이어져 최종적으로 4억 원이 넘는 금액이 모였다. 운동장과 부속 토지를 매입하고도 남을 만큼, 하나님께서는 차고 넘치도록 채워주셨다.

하나님이 부르시면 "아멘" 하고 오직 믿음 하나 들고 산골 오지로 들어간 최 목사님 부부. 그들의 순종 뒤에는 이토록 놀라운 예비하심이 있었다.

이제 덕천빌리지에는 노인들과 아이들의 웃음소리가, 그리고 구원의 찬송 소리가 끊이지 않을 것이다. 하나님의 꿈이 이 땅에 아름답게 펼쳐지는 그 영광스러운 현장에, 나와 우리 주마중 식구들이 쓰임 받을 수 있다는 사실이 그저 벅찰 따름이다.

선한울타리 : 세상에 홀로 선 '18세 어른'의 가족

성경을 읽다 보면 하나님의 시선이 유독 머무는 이들이 있다. 바로 '고아와 과부와 나그네'다. 하나님의 마음이 늘 향해 있는 이 소외된 자들을 품는 일은 내게도 오랜 기도 제목이었다.

그들을 위한 사역을 간절히 소망하며 기도하던 중, 하나님께서는 마치 예비해 두셨다는 듯 고아 사역을 감당하는 귀한 단체를 연결해 주셨다.

어느 날 교회에서 우연히 긍휼 사역에 헌신하시는 집사님 한 분을 만났다. 인사를 나누던 중, 그 분이 롬팔이팔과 주마중을 통해 소개된 '세움'을 돕기 시작했다는 반가운 소식을 들려주었다. 나는 감사를 표하며 넌지시 물었다.

"집사님, 혹시 후원하시는 다른 단체도 있나요? 저도 관심을 두고 기도하는 분야라 여쭤봅니다."

그는 주저 없이 '선한울타리'를 소개해 주었다. 보육원이나 위탁 가정에 있다가 만 18세가 되면 홀로 서야 하는 '자립준비청년'들을 돕는 곳이라고 했다. 멘토링과 후원은 물론, 아이들에게 복음을 전하며 실질적인 가족이 되어주는 단체라는 설명에 직감적으로 '여기다' 싶었다. 고아 사역을 놓고 구체적으로 기도하던 차에 하나님이 정확한 응답으로 인도하신다는 확신이 들었기 때문이다.

무엇보다 그곳의 대표가 최상규 장로님이라는 말을 듣고 다시 한 번 놀랐다. 예전에 CBS 〈새롭게 하소서〉에 출연하신 장로님의 간증을 보며 깊은 울림을 느꼈던 기억이 났기 때문이다. 화면 너머로 전해지던 선한 인상과 오직 비전 하나로 살아가는 그 분의 삶이 뇌리에 선명하게 박혀 있었다.

나는 망설임 없이 연락처를 받아 다음 날 최 장로님을 만났다. 장로님은 차분한 목소리로 자립준비청년들이 처한 냉혹한 현실을 들려주었다.

만 18세. 보호 종료로 시설에서 퇴소해야 하는 아이들은 세상 물정 모르는 순진한 상태로 정글 같은 사회에 던져진다. 정서적 결핍도 깊은데 경제관념이나 사회 경험도 전무하다 보니, 사회에 첫발을 내딛는 순간부터 온갖 범죄의 표적이 되기 일쑤다. 정부가 지원하는 정착금을 노리거나 아이들의 명의로 거액의 대출을 받아 잠적하는 사기꾼부터 성적 유혹과 정서적 학대로 옭아매는 범죄자들까지, 세상은 아이들에게 결코 호의적이지 않다.

개중에는 특수 전형으로 대학에 진학하는 아이들도 있지만, 기초 학습 능력의 차이로 수업을 따라가지 못해 중도 포기하는 경우가 허다하다. 결국 당장의 생계를 위해 몸을 쓰는 고된 일터나 유흥업소의 유혹에 빠지게 된다.

'가정'이라는 울타리 없이 망망대해를 홀로 표류하는 아이들. 차가운 현실의 벽 앞에서 설 자리를 잃은 그들은 마음의 병을 앓다가 끝내 스스로 생을 마감하는 극단적인 선택을 하기도 한다.

선한울타리는 이 위태로운 아이들에게 예수 그리스도의 사랑으로 다가가 든든한 비빌 언덕이 되어주는 곳이다. 신앙 안에서 일대일 멘토링을 맺어주고, 주거 공간과 생활비를 지원하며, 취업과 진로를 안내한다. 필요하다면 법률적, 의료적 지원까지 아끼지 않으며 실질적인 가족이 되어준다.

세상에서 이리 치이고 저리 치이는 아이들의 이야기를 전하는 최 장로님의 눈시울이 붉어졌다.

'어떻게 하면 이 아이들을 지켜내고 건강하게 자립시킬 수 있을까?'

오직 그 고민 하나를 붙들고 치열하게 답을 찾아온 장로님의 삶 앞에서, 존경심과 함께 먹먹한 감동이 밀려왔다.

이야기를 다 듣고 나서 제안했다.

"장로님, 책을 씁시다. 이 사역은 세상에 더 알려져야 합니다. 사역의 비전과 아이들을 돕는 현장의 이야기, 그리고 그 속에서 하나님이 하신 일들을 책으로 남겨주세요."

내 말에 장로님 눈가에 다시금 눈물이 고였다. 툭 건드리면 금방이라도 쏟아질 것 같은 그 찰랑거리는 눈물을 보는데, 문득 내 마음에 '돌항아리에 가득 찬 포도주'가 겹쳐 보였다. 나는 속으로 주님께 여쭈었다.

'하나님, 이분이군요. 이분의 눈물을 받으셨군요!'

이후 장로님은 집필에 들어갔고, 나는 책 출간일에 맞춰 여섯 번째 돌항아리 프로젝트를 준비했다. 그러다 예기치 않게 '덕천빌리지 프로젝트'가 먼저 진행되면서 순서가 조금 조정되었으나, 덕분에 책 《선한울타리》(2025년 10월)가 먼저 세상에 나와 이 귀한 사역을 널리 알릴 수 있었다.

2025년 10월 29일, 마침내 '선한울타리 후원'을 위한 돌항아리 프로젝트가 시작되었다. 롬팔이팔과 주마중 영상을 통해 아이들의 아픈 현실을 마주한 구독자들이 선한 마음으로 동참했고, 현재까지 약 2억 3천만 원의 후원금이 모였다. 장로님은 아이들의 삶을 세우는 데 너무나 큰 힘이 된다며 기뻐하셨다.

사실 이전의 프로젝트들에 비해 모금액이 적다는 인간적인 아쉬움이 스치기도 했다. 하지만 기도 가운데 주님은 분명한 마음을 주셨다.

'나는 필요한 만큼, 정확하게 채운다.'

그렇다. 돌항아리를 향한 계획과 규모는 오직 주님만이 아신다. 우리는 그저 말씀에 의지하여 물을 떠 나르는 하인이 되어, 주님이 일으키시는 기적을 맛보고 증언할 뿐이다.

연회장은 물로 된 포도주를 맛보고도 어디서 났는지 알지 못하되 물 떠 온 하인들은 알더라 … **요 2:9**

돌항아리 100차 비전

돌이켜보면 모든 것이 기적이었다. 하나님은 투박한 '돌항아리'라는 통로를 통해 나의 좁은 상상을 뛰어넘는 위대한 일들을 행하고 계신다. 그 순종의 열매는 실로 눈부셨다.

'세움'은 든든한 본부를 구축해 수용자 자녀들을 안전한 사랑의 품에서 길러내고 있으며, 인도네시아 '자카르타국제대학교' 캠퍼스에서는 수많은 난민과 무슬림 청년들이 하나님나라의 인재로 성장하고 있다. 케냐의 붉은 땅 위에 세워진 교회에서는 날마다 뜨거운 찬양이 울려 퍼지고, 그곳에서 아프리카의 다음세대가 믿음의 용사

돌항아리 프로젝트 포스터 1차 - 7차

로 자라나고 있다.

영화 〈부흥〉은 한국을 넘어 열방으로 성령의 불씨를 옮겨 심을 채비를 마쳤고, 불경 소리 가득하던 청룡사 터에는 '새일감리교회'라는 거룩한 예배의 제단이 세워지고 있다. 오지의 폐교였던 연포분교 역시 '덕천빌리지'라는 이름으로 노인과 아이들을 품을 작은 천국으로 빚어지는 중이다. 아울러 '선한울타리'는 세상에 홀로 선 청년들의 든든한 버팀목이 되어, 그들의 상처를 사명으로 꽃피우고 있다.

어느 날 기도하는 중에 주님께서 놀라운 그림을 보여주셨다. 눈앞에 수많은 돌항아리가 끝도 없이 펼쳐져 있었다. 어림잡아도 100개는 족히 되어 보였다.

'주님, 이 프로젝트를 100차까지 이어가라는 뜻입니까?'

심장이 쿵쾅거렸다. 만약 이 비전이 현실이 된다면, 전 세계 100곳에 하나님나라의 깃발이 꽂히게 될 것이다. 우리가 기꺼이 흘려보낸 '두 렙돈'이 누군가를 살리고, 살아난 그가 또 다른 누군가를 돕는 '사랑의 선순환'이 꼬리에 꼬리를 물고 이어질 것이다. 맹물 같던 우리의 작은 헌신이 극상품 포도주가 되어, 하나님나라의 잔칫상을 풍성히 채우게 될 것이다.

통상 1,000억 원 규모의 기금을 보유한 재단이 한 해에 집행하는 장학금이나 후원비가 20-30억 원 수준이라고 한다. 가만히 헤아려보니, 우리가 지금까지 돌항아리 프로젝트를 통해 모아 흘려보낸 재정이 얼추 그 규모에 달하고 있다. 자본금 한 푼 없이 오직 기도로만 움직이는 재단. 우리는 지금 세상의 기금이 아닌, '기도로 세워진 하나님의 재단'을 함께 운영하고 있는 셈이다.

'돌항아리 프로젝트 100차 달성.'

이것은 하나님의 꿈이자, 나의 남은 생을 걸고 완수하고 싶은 비전이다. 숨겨진 하나님의 사람들과 이름 없이 헌신하는 교회, 선교 공동체들을 세상에 소개하고, 롬팔이팔과 주마중 식구들이 한마음 되어 하나님나라를 세워가는 이 아름다운 동행이 더할 나위 없이 행복하다.

계산 없이 흘려보내고, 조건 없이 순종하는 삶. 그 여정의 끝에서 마주할 나의 주님. 그리고 '수고했다'는 한마디. 그 영광스러운 칭찬을 듣기 위해, 나는 오늘이라는 시간을 다시금 주님께 드린다.

잘하였도다 착하고 충성된 종아 네가 적은 일에 충성하였으매
내가 많은 것을 네게 맡기리니 네 주인의 즐거움에 참여할지어다

마 25:21

아빠 품에 안겨 걷는
기적의 길

제주도에서 원고의 마지막 장을 덮으며 긴 숨을 내쉰다.

지난 시간을 한 글자씩 기록해 내려가는 과정은

내게 집필이라기보다, 삶에 켜켜이 쌓인 하나님의 은혜를

하나하나 발견하는 보물찾기였다. 60년이라는 세월 동안

나를 집요하게 추격해 오신 그분의 사랑 앞에,

나는 다시 한번 처절하고도 행복한 항복을 선언한다.

솔직히 고백하자면,

나는 책을 쓰는 사람이 아니라 만드는 사람이다.

평생 출판사 대표로 살며 하나님이 쓰시는 사람들을 찾아내고,

그들의 삶을 책이라는 그릇에 담아 세상에 알리는 것이

나의 천직이라 믿어왔다.

그랬던 내가 직접 저자로 나선다는 것은
참으로 쑥스럽고 망설여지는 일이었다.
주변에서 "여 대표도 이제 책을 써야지"라고 권할 때마다
나는 한결같이 손사래를 쳤다.

그런데 이 권유가 반복될수록 묘한 상황에 직면했다.
평소 저자들에게 "하나님이 행하신 일을 기록하여
그분께 영광 돌리는 것은 우리에게 주어진 특권입니다!
당장 쓰셔야 합니다!"라며 열변을 토하던 내가,
정작 같은 이유로 밀려오는 권면 앞에서는
이런저런 핑계로 도망 다니고 있었던 것이다.

하지만 기도하는 가운데 성령께서
내 안에 강한 마음을 부어주셨다.
'네가 누린 이 은혜를 혼자 간직하지 말고,
지치고 억눌린 자들과 기쁘게 나누어라.'
이 명령에 순종하며 나는 마침내 펜을 들었다.

이 책을 통해 내가 전하고 싶었던 진심은 두 가지다.

첫째는, 성령님께 통치권을 내어드릴 때 누리는 진정한 행복이다.
내 인생 말씀인 시편 37편 5절처럼,
주께 모든 것을 맡기는 삶이
얼마나 흥분되고 신나는지를 증언하고 싶었다.

성령님을 만나기 전, 내 삶의 주인은 나 자신이었다.
하지만 내가 계획하며 고군분투한 끝에 남은 것은
스트레스와 걱정, 분노와 좌절뿐이었다.
그러다 성령님을 깊이 만나 인생의 운전대를
그분께 넘겨드린 순간부터 내 삶은 완전히 바뀌었다.
스트레스가 있던 자리에는 형용할 수 없는
기쁨과 기대, 환희가 차올랐다.
내가 주인이 아닌 성령님이 이끄시는 삶이 얼마나 즐거운지,
나는 이 책을 통해 그 생생한 증인이 되고 싶었다.

둘째는, '하나님의 막내아들'이라는 정체성이다.
사역 현장에서 만난 수많은 크리스천이 사탄의 속임수에 묶여
여전히 우울하고 무겁게 살아가는 것을 보았다.
그 원인은 하나님과 자신의 관계를 오해하고 있었기 때문이다.

성경에는 하나님과 우리의 관계를 나타내는 여러 표현이 등장한다.
창조주와 피조물, 주인과 종, 왕과 백성, 스승과 제자….
그러나 그 모든 것 이전에 그분은 우리의 '아빠 아버지'이시고,
우리는 하나님의 '존귀한 아들딸'이다.

특히 나는 나 자신을 '하나님의 막내아들'로 정의한다.
이 정체성을 붙들 때 진정한 자유를 맛본다.
여기서 '막내'는 순서상의 꼴찌가 아니다.
그저 존재만으로 아빠의 사랑을 독차지하며,
아빠 품이라면 언제든 달려가 안길 수 있는 '특권을 가진 존재'다.

이 책을 읽는 당신이
"나도 하나님의 막내야!"라고 고백하며
주님께 '앵기는' 삶을 살길 바란다.
무엇을 해드려야 한다는 압박에서 벗어나,
그저 아버지를 즐거워하고 기뻐하는 삶을 누리길 바란다.
하나님은 우리의 철없는 어리광조차 기도로 받으시는
참 좋으신 아빠 아버지이시기 때문이다.

최근 내 인생 후반전의 가장 큰 화두는 '부흥'이다.
올 초부터 전국을 돌며 영화 〈부흥〉 시사회를 진행하고 있는데,
하나님께서는 이 여정을 통해 내 시선을 개인의 회복을 넘어
'예수님의 몸 된 교회'로 확장하셨다.
한 영혼이 주께로 돌아오는 기쁨을 넘어,
이 땅의 교회가 건강하게 세워지고 회복되는 것이야말로
하나님이 꿈꾸시는 진짜 부흥임을 깨닫게 하신 것이다.

에베소서 말씀처럼, 교회는 그리스도의 몸이니
만물 안에서 만물을 충만하게 하시는 이의 충만함이다(엡 1:23).
개인의 영성에 머물던 시선을 돌려
교회를 살리라는 마음을 부어주신 것은,
내 좁은 세계를 깨고 하나님의 더 큰 꿈을 보게 하신
실로 오묘하고 감사한 선물이다.

이제 내 남은 사명은 명확하다.
깨진 질그릇 같은 삶에 부어주신 성령의 기적을
일터와 열방, 그리고 이 땅의 교회들을 세우는 일에
아낌없이 흘려보내는 것이다.

지나온 길을 돌아보니 감사할 이들이 너무나 많다.
나의 영적 뿌리가 되어주신
아버지 고 여운학 장로님과 어머니 고 배정희 권사님,
당신들의 눈물 어린 기도가 오늘의 저를 만들었습니다.

무엇보다 내가 교만해지려 할 때마다
나단 선지자처럼 곁에서 일깨워주고,
내 목숨을 구해준 사랑하는 아내 김은수 권사와
큰아들 인환과 며느리 유진, 딸 혜리와 막내 인규에게도
사랑한다는 말을 전하고 싶다.

또한 묵묵히 곁을 지켜준 규장과 갓피플의 모든 임직원은
내 평생의 귀한 동역자다. 가족보다 더 가까이 지내며
따뜻하게 동행해 준 한 명 한 명의 이름을
내 가슴에 소중히 새겨본다.

조영석, 김상순, 조한상, 최인섭, 김구현, 김혜경, 안수경, 김아진,

강성민, 송정은, 김희동, 최영배, 이영주, 허병용, 김병숙, 김홍기,

장석경, 임규완, 한윤희, 안지영, 한동일, 김경희, 정나영, 마영애,

최현수, 윤현수, 최지연, 주요섭, 김현성, 함명인, 유연정, 김한석,

김진아, 이연표, 이영은, 박은하, 권혁준, 이태윤, 홍은화, 김영하,

노지현, 조은혜, 김도연, 박은영, 함성현, 강형석, 박세준, 김성훈,

진효지, 주슬아, 김태용, 김하은, 구주은, 정은혜, 배예담

그리고 지금의 나를 있게 해준 고마운 분들이 있다.

이름도 얼굴도 모르지만, 매일 아침 "어제는 어떠셨어요?"

내 인사 한마디에 때로 울고 웃으며

늘 응원과 격려를 아끼지 않는 우리 주마중 식구들이다.

온라인을 넘어 오프라인 현장에서 마주칠 때에도

살갑게 미소 지으며 반겨주는 분들이 있어 너무나 감사하다.

앞으로의 발걸음도 그들과 기쁘게, 오래도록 동행하고 싶다.

"오늘도 블레싱!!"

더불어 이 책의 산고를 함께하며,

거친 원고를 정교하게 다듬어준 정아혜 편집자에게도

각별한 고마움을 전한다.

나는 내일 일을 모른다. 사실 알고 싶지도 않다.
내일 일은 내일이 걱정할 몫이기 때문이다.
그러니 미래의 지도를 그리려 애쓰기보다
아침마다 주님이 들려주시는 그 한마디에 전부를 거는 것,
이 '오늘의 순종' 하나면 충분하다.

심장이 멈췄던 아찔한 밤에도,
성령의 불이 임했던 뜨거운 밤에도
주님은 늘 곁에 계셨다.

이제 나는 아빠 아버지의 손을 잡고
그분의 보폭에 내 발자국을 포개어,
주님이 내어주신 길을 따라 즐겁게 걸어가려 한다.

그 길 위에서
하나님의 사랑스러운 막내아들과 막내딸이 된
당신을 만날 수 있기를 간절히 기도한다.

하나님의 막내아들

초판 1쇄 발행   2026년 3월 6일

지은이   여진구

펴낸이   여진구
책임편집   김아진 배예담
편집   이영주 진효지 최현수 구주은 안수경 김도연
책임디자인   마영애 조은혜 | 노지현 정은혜
마케팅   김상순 강성민   마케팅지원   최영배 정나영
제작   조영석 허병용   경영지원   김혜경 김경희 김영하

303비전성경암송학교 유니게 과정
이슬비전도학교 / 303비전성경암송학교 / 303비전꿈나무장학회

펴낸곳   (주)규장갓피플

주소 06770 서울시 서초구 매헌로 16길 20(양재2동) 규장선교센터
전화 02)578-0003   팩스 02)578-7332
이메일 kyujang0691@gmail.com   홈페이지 www.kyujang.com
페이스북 facebook.com/kyujangbook   인스타그램 instagram.com/kyujang_com
카카오스토리 story.kakao.com/kyujangbook
등록번호 제2026-000001호
since 1978.08.14

책값   뒤표지에 있습니다.
ISBN 979-11-6504-684-2 03230

규 | 장 | 수 | 칙

1. 기도로 기획하고 기도로 제작한다.
2. 오직 그리스도의 성품을 사모하는 독자가 원하고 필요로 하는 책만을 출판한다.
3. 한 활자 한 문장에 온 정성을 쏟는다.
4. 성실과 정확을 생명으로 삼고 일한다.
5. 긍정적이며 적극적인 신앙과 신행일치에의 안내자의 사명을 다한다.
6. 충고와 조언을 항상 감사로 경청한다.
7. 지상목표는 문서선교에 있다.

하나님을 사랑하는 자 곧 그의 뜻대로 부르심을 입은 자들에게는 모든 것이 合力하여 善을 이루느니라(롬 8:28)